U0662710

Treasures of the Present and the Past

今古风华

青岛市非物质文化遗产图鉴

The Illustrated Handbook of Intangible Cultural Heritage of Qingdao City

青岛市文化馆 编著

中国海洋大学出版社
CHINA OCEAN UNIVERSITY PRESS
· 青岛 ·

图书在版编目（CIP）数据

今古风华：青岛市非物质文化遗产图鉴 / 青岛市文化馆编著.—青岛：中国海洋大学出版社，2022.11

ISBN 978-7-5670-3345-0

Ⅰ.①今⋯ Ⅱ.①青⋯ Ⅲ.①非物质文化遗产－青岛－图集 Ⅳ.①G127.523-64

中国版本图书馆CIP数据核字（2022）第225033号

出版发行	中国海洋大学出版社	
社　　　址	青岛市香港东路23号　邮政编码　266071	
网　　　址	http://pub.ouc.edu.cn	
出 版 人	刘文菁	
责任编辑	董　超	
电　　话	0532-85902342	
电子信箱	465407097@qq.com	
印　　制	青岛新华印刷有限公司	
版　　次	2022年11月第1版	
印　　次	2022年11月第1次印刷	
成品尺寸	210 mm×285 mm	
印　　张	14	
字　　数	359千	
印　　数	1—2000	
定　　价	185.00元	
订购电话	0532-82032573（传真）	

发现印刷质量问题，请致电0532-87872799，由印刷厂负责调换。

《今古风华 —— 青岛市非物质文化遗产图鉴》编委会

主　　编：张　军　陆　玲

副 主 编：李国荣　王睿璇

执行主编：巩升起

编　　委：张洪祥　李　刚　陈洪坤　许广中　董　婷
　　　　　林　刚　武云鹏　于伟东　吕　达　张亮亮
　　　　　史祖津　范立恩　李　强　张舟舟　王　卓

撰　　稿：王睿璇　张　萍　戴玉婷　杨惠麟　李凤艳
　　　　　张家乐　卓　然

摄　　影：张志瑞　孙文丽　魏　明　姜兆荣　路　泉
　　　　　高　越

插　　图：刘宗林　魏子贺

翻　　译：黄　亚　李　莉

特约审校：万泽娟　杨明海

工作人员：李　峰　戴玉婷　杨　成　陈　健　孙瑞祥
　　　　　唐莉莉　吴文凯　刘世超

出版说明

Publication notes

　　长期以来，青岛市高度重视非物质文化遗产的保护传承工作，2007年青岛市文化馆设立了青岛市非物质文化遗产保护中心，2018年市文化和旅游局设立了非物质文化遗产处，各区市均设有专门负责非物质文化遗产保护的机构。在市委市政府、省文化和旅游厅、市文化和旅游局的领导下，在各区市和有关部门的积极配合下，在广大非遗项目传承人和相关负责人、参与者的共同努力下，青岛的非物质文化遗产保护与传承工作卓有成效，取得了丰硕成果。从2006年至2021年，青岛市人民政府先后公布了六批207项非物质文化遗产代表性项目。截至目前，青岛市有16个项目入选国家级非物质文化遗产代表性项目名录，74项入选省级非物质文化遗产代表性项目名录。

　　《今古风华——青岛市非物质文化遗产图鉴》（以下简称"《图鉴》"）即将付梓。《图鉴》收录了2018年6月及之前公布的非物质文化遗产代表性项目共160余项，包括民间文学、传统音乐、传统舞蹈、传统戏剧、曲艺、传统体育、游艺与竞技、传统美术、传统技艺、传统医药、民俗共十大类别。依照上述各大类别形成了本书的十个部分，各部分中，基本依照项目主题类别排列先后顺序，如传统技艺部分，将工艺美术类、酿酒类、食品类等予以相对集中介绍；同一主题下，基本依照国家级、省级、市级的次序予以介绍；对部分在名称、历史渊源和基本特点方面相同或相近的项目，列入同一标题下予以介绍。2018年至今，其中部分市级项目晋升省级和国家级项目，则依照最新级别予以标注。《图鉴》所采纳的照片，多由各区市文化部门提供，书中恕不一一列明拍摄者姓名。《图鉴》对相关非物质文化遗产的历史渊源、传承脉络、主要内涵和基本特色做出客观、简明的介绍，并对其内在的文化精神做出合乎逻辑的阐释，力求达到纪实性、学术性与可读性的结合。虽力求完整呈现青岛市非物质文化遗产的全貌，然终无以面面俱到，难免有挂一漏万之处，尚祈各位方家和广大读者不吝指正！

　　作为青岛市非物质文化遗产保护传承的成果结集，《图鉴》的编纂委实不易，经过了多年的研究、整理与撰稿，特别是在考证非遗项目之历史渊源、概括非遗项目基本特点、提炼非遗文化精神及配备合适图片等方面费力尤巨。在此，对关心、支持《图鉴》的各级领导和专家，对非物质文化遗产传承人，对从事非物质文化遗产保护、传承的工作者，对提供相关资料的单位，对所有参与实地调研、资料整理、文稿撰述、图片拍摄、装帧设计、校对审阅、编辑合成等工作的人员，一并表示诚挚的感谢！

编委会

2021年12月

前言：今古历史与非遗精神

Preface: Present and Past History and Intangible Cultural Heritage Spirit of Qingdao

巩升起

青岛历史悠久，人文荟萃，是一座人文与自然、东方与西方、古典与现代交相辉映的城市。1994年，青岛被国务院命名为国家历史文化名城。2014年，青岛被评定为东亚文化之都。目前，青岛正致力于建设全球海洋中心城市。青岛环胶州湾分布，现辖市南、市北、李沧、崂山、城阳、青岛西海岸新区和即墨七区，代管胶州、平度、莱西三市，区域总面积11293平方千米，常住人口逾千万。这是一片海陆并尊的形胜之地，形成了十分深厚的历史文化积淀，不仅有着独树一帜的近现代城市文明，而且有着内蕴深厚的古代文明，在历史复杂性和文化多元化上的表现令人印象深刻。总览青岛的历史文化体系，非物质文化遗产是其中的重要组成部分，体现了城市的自然禀赋、历史底蕴与文化个性。欲全面了解青岛非物质文化遗产的缘起、流变轨迹与基本特点，当对其衍生、发展和存续的历史环境有所洞察，以明其渊源所自，以知其人文底蕴，以辨其艺术风神。着眼于此，当首先回顾一下青岛这座城市今古历史的大致脉络，打开从历史通向未来的大门。

1. 青岛的历史脉络

从千古波浪中出世的青岛，带着万方星空的深情关注抵达今天，连接起过去、现在和未来。山海交会，今古贯通，中西融合，这就是青岛的文化性格。青岛，在陆海交接处参与了中国和世界历史大循环，有着内蕴深厚的古代文明积淀和独树一帜的近现代文化形象。于是，历史视野中就叠合着两个青岛的形象，有一个年轻的以青岛老城区为主体的百年青岛，还有一个古老的环胶州湾分布的大青岛，两者同样令人印象深刻。虽然两个青岛在人文地理上有着不同的时空范畴，也呈现出不同的历史演进方式，但依然可察见某种共同底蕴。要之，这种贯通今古的共同底蕴可归结为海陆一体化精神，缘此而透现了城市的灵魂。海陆并尊，异峰突起，文化之发生力度震撼人心。今天，我们要有博古通今的视野，既要精准把握青岛的近现代特质，也要深刻洞察其古代文明精神，打破今古历史认知的二元化分裂，建构今古一体化的人文地理格局和历史文化逻辑。青岛的文化自觉，从这里开始。

1.1 古代文明

追溯历史，青岛地区的古代文明璀璨多姿。大珠山遗址已有60000年以上历史，是胶东地区已知最早的旧石器时代遗存。彼时，古人类从高山走向海洋，寻找日出圣地的足音就在这片海岸线上回荡。进入新石器时代，东夷先民踏勘洪荒，伟大而艰难的探索行动撼人心魄，胶州湾地区成为海洋性东夷文化的发祥地，北阡遗址、三里河遗址、西寺遗址、赵家庄遗址、城子遗址、东岳石遗址等相互衔接，在公元前5000年到公元前1500年间的漫长岁月之中，在中国东方延展着中华民族拓荒文明的道路，构成了中国文化起源序列中的重要一环。古代城市文明和海洋文明相得益彰。周秦汉时期，青岛地区为中国沿海古代城邑分布最为密集的区域之一，为中国早期海洋文明中心。《史记》中"齐，东有琅邪、即墨之饶"云云，点出了当时城市文明的发达，两大城邑威震东方，标举着当时中国的先进生产力。以即墨和琅琊为标志，青岛地区的建城史可追溯至2580年以前，而开港史则可追溯得更远。即墨治在即墨故城（位于今平度市古岘镇大朱毛村）标志着胶东半岛城市文明的渊薮，给出了春秋时代以来青岛暨半岛地区建城史的开端。琅琊为文明津渡，位列春秋战国时期形成的中国五大古港之首，为海上丝绸之路亮明了源头。自此始，海事流转，代不绝书。秦一统天下后，实行郡县制，琅琊郡为当时繁荣的海上大郡，集结着中国航海、道教起源及中外文化交流等多重至为深刻而重要的历史文化内涵。琅琊郡治在今青岛西海岸新区范围内，其辖域几乎囊括山东半岛，后析其东部另置胶东郡。秦始皇移民三万户修筑琅琊台和琅琊港，大一统帝国的海外视野由此开启。以琅琊港为起点的徐福东渡，是见诸《史记》等正史的有航海者姓名和人数等明确记载的中国面向海外世界的第一次大规模航海行动，带有海外探险和文明拓荒属性。汉初三分即墨，秦即墨县主体设为胶东国，东南海滨地带新置不其县和皋虞县。汉武东巡，四登琅琊台，巡幸不其并敕建明堂、太一祠和交门宫，不其文化异峰突起。当其时，天下明堂有三，一在长安南郊，一在泰山脚下，一在不其海边。太一祠为道教史前史堂奥，交门宫则象征着汉帝国的东方之门。历史地看，秦汉琅琊郡所在地，为中国道教起源地，亦为佛教海上入华登陆地。东晋高僧法显西行求法，海路归国，九死一生之际在崂山南岸登陆，这是佛教中国化和海上丝绸之路的里程碑。唐宋名港板桥镇为当时中国北方航运中心，为东亚文化交流中心，北宋在此设置了北方唯一的管理海上贸易的市舶司。元朝开辟胶莱运河，是中国与世界上第一条海洋运河。明清之际，青岛地区深受卫所制度和海禁政策的影响，成为海防前沿。明洪武三十一年（1398年），青岛地区设立了鳌山卫和灵山卫。鳌山卫分布于区域东部，下辖浮山备御千户所和雄崖守御千户所。灵山卫分布于区域西部，初辖五所，后调整为夏河城备御千户所和胶州守御千户所。万历年间（1573—1620年），即墨三口（金家口、女姑口、青岛口）开海通商，与胶州塔埠头等港口共兴海事，海禁政策相对突破，帆影飘扬之际，回荡着海上丝绸之路的光影。与千秋海事相呼应，青岛地区历史性地见证了儒、释、道"三教融合"的中国传统文化理想，在道教起源、两汉经学集结及佛教海上入华的维度上，集结着博大、雄奇、邃密的历史文化景深。

1.2 近现代城市文明

近代开埠以来，青岛面临着新的历史命运，呈现了新的历史风貌。19世纪末，青岛被推入了"三千年未有之变局"的风口浪尖，开始了近代化、城市化和工业化历程。1891年6月，清政府议决在胶州湾设防，青岛被纳入了北洋海防体系，青岛湾老城区开始成为近代城市中心。1897年11月，德国借"巨野教案"强占青岛，此即震惊中外的"胶州湾事件"，加快了戊戌变法进程。1898年3月，中德《胶澳租借条约》在北京签署，青岛被动地进入近代化与城市化的历史进程。1914年11月，日德战争发生，青岛成为第一次世界大战的亚洲主战场，日本取代德国对青岛进行殖民统治。战后，巴黎和会上"青岛问题"成为焦点，在国内引发了五四运动。可见，从1897年德占青岛到1922年中国收回青岛的这一段历史时期，青岛成为近现代史和中外关系史上的一大聚焦点，其历史背景之复杂、历史影响之深刻异乎寻常，可被视为一个独特的近代史标本，这也是青岛为国家历史文化名城的一个重要原因。客观地看，在近代史维度上，青岛成为第一座先有科学规划而后大规模兴建起来的城市。港口、交通、制造业、服务业与金融业兴起，典型反映了近现代工业文明的流变轨迹。随着工业文明的发展，工人运动在青岛蓬勃兴起，王尽美、邓恩铭、李慰农、刘少奇等党的先驱筚路蓝缕，传播马列主义，为青岛打上了鲜明的红色印记。从城市外观形象上看，欧洲城市思想和建筑艺术赋予青岛主城区以异域风貌，域外建筑与传统建筑各具特色，使青岛成为欧亚文化交汇地，渗透着"西学东渐"的因子。基督教传入青岛的同时，青岛观象台和德华大学则标志着近代科学与教育的历史高度。卫礼贤将《易经》《论语》《道德经》《庄子》《列子》《吕氏春秋》《礼记》《大学》《中庸》等中国文化原典译成德文，对西方知识界了解中国文化产生了深远的影响，青岛缘此而成为"东学西渐"的桥头堡。1928年国立青岛大学（后改称国立山东大学）创设，1931年青岛水族馆创设，现代大学与科学精神扎根青岛。回望20世纪二三十年代，康有为、蔡元培、杨振声、闻一多、梁实秋、沈从文、老舍、洪深、王统照等人文学者、作家和童第周、黄际遇、王淦昌、蒋丙然、高平子、汤腾汉、曾省、傅鹰、任之恭等科学家汇聚青岛，群星闪耀之际，青岛成为我国重要的学术中心和科研基地之一，人文与科学并盛，奇光异彩至今犹令人怀想不已。作为中国现代海洋科学的发祥地，青岛的海洋科学之路绵延至今，成为我国海洋科研力量的重要汇聚地，这也是青岛建设全球海洋中心城市的一个雄厚基础。

1.3 当代青岛

中华人民共和国成立，青岛迎来了新生，作为中国海军城、海洋科学城和轻纺工业基地，其为共和国的发展做出了重要贡献。改革开放以来，青岛在中国与世界的大背景上焕发新姿，身上闪耀着许多光环：首批沿海开放城市、计划单列市、副省级城市、国家沿海重要中心城市、滨海度假旅游城市、国际性港口城市、国家历史文化名城、啤酒之城、文明城市、品牌之都、奥运城市、帆船之都、电影之都、山东半岛蓝色经济区龙头、军民融合示范区、"一带一路"双节点城市等等，青岛西海岸新区为我国第九个国家级新区。2018年，习近平总书记对上合组织青岛峰会成功举办做出重要指示，要求青岛认真总结"办好一次会，搞活一座城"的有益经验。近年来，中央把对青岛的期许转化为国家战略的叠加，赋予青岛打造"一带一路"国际合作新平台的"国之重任"，在青岛建设上合经贸合作示范区，青岛成为山东自贸试验区的重要组成部分。与此同时，青岛正致力于建设成为全球海洋中心城市。所有定位之中，东西方文化对话与交融亦必然是题中应有之义，而非物质文化遗产恰是文明互鉴的基本路径之一。

2. 非物质文化遗产与青岛

上述历史脉络，在非物质文化遗产中有着深刻而生动的反映。可以说，非物质文化遗产是鉴照历史、感怀文化、洞察民风的一面明镜，透过那为深沉、朴素而神奇的光影，恰可对城市的今古道路，对漫长的文明拓荒与文化传承之路上的一代代行进者的生命传奇，对这片山海家园的创造者、憩居者和守望者的精神风貌，有所领会，有所印证。借着非物质文化遗产之眸，凝视山海人文，是一种享受，是一种情怀，当然对许多人特别是从事相关工作的人们来说，这也是一种责任。

2.1 非物质文化遗产的基本内涵与特点

关于非物质文化遗产，联合国教科文组织《保护非物质文化遗产公约》给出的定义是："'非物质文化遗产'，是指被各社区、群体，有时为个人，视为其文化遗产组成部分的各种社会实践、观念表达、表现形式、知识、技能及相关的工具、实物、手工艺品和文化场所。这种非物质文化遗产世代相传，在各社区和群体适应周围环境以及与自然和历史的互动中，被不断地再创造，为这些社区和群众提供持续的认同感，从而增强对文化多样性和人类创造力的尊重。"在《中华人民共和国非物质文化遗产法》中，有这样的界定："非物质文化遗产是指各族人民世代相传并视为其文化遗产组成部分的各种传统文化表现形式，以及与传统文化表现形式相关的实物和场所"。总体上看，非物质文化遗产（无形文化遗产）与物质文化遗产（有形文化遗产）相对应，合称"文化遗产"，共同昭显着民俗文化、城市文化和地方文化的深刻内涵与博大气象，是实现文化自觉、建立文化自信的重要基础和内在动力。其实，所有人的生活、记忆与想象俱在其中有所映现，是非物质文化遗产传承的本原动力。

非物质文化遗产是历史文化的活化石，是民族记忆的生动缩影，是集体无意识的直观写照，往往比物质文化遗产更加亲近现实人生，有着活在当下的魅力，有着活化历史的功效。非物质文化遗产的一个显著特点就是其活态性，与民族特殊的生产方式和生活方式息息相关，不脱离真实生活，是民族记忆、生活习惯、审美风尚、文化个性、精神趣味的活化显现，以语言、声音、形象、技艺和动作为表现手段，而且许多非物质文化遗产项目（以下简称非遗项目）常以口传心授的方式构成传播链，是活灵活现的文化遗产形态。这一活态属性决定了非物质文化遗产必然是在现实生活中动态延续的，也更加凸显了人在其中的作用。也就是说，非物质文化遗产主要是依靠人来传承和弘扬的，依托于人的存在而存在，亦会随着人的消亡而消亡。所以，非物质文化遗产保护过程中特别注重传承人谱系的澄清与传承体系的建设，以有效保持其生命力。

2.2 青岛非物质文化遗产的主题、类型与表现形式

青岛非物质文化遗产主题突出，类型丰富，表现形式多种多样。总体上看，这是一个内蕴深厚而特色鲜明的非物质文化遗产体系，主要形态有十大类。

第一大类是民间文学，主要包括：以历史事件为主题者，如琅琊台传说、田横民间故事；以历史人物为主题者，如徐福传说、即墨大夫传说、王吉传说故事、童恢传说、郑玄与康成书院传说、王邦直与《律吕正声》的传说、郭琇传说；以神话人物或带有神话、仙话色彩的历史人物为主题者，如秃尾巴老李传说、灵山老母传说、盐宗凤沙氏煮海成盐传说、胡峰阳传说、陈姑传说；以山川风物为载体者，如崂山民间故事、大珠山传说、小珠山传说、大泽山民间故事、九龙泉传说，这一类传说内容繁复，往往包含着上述各种类型的民间文学，如崂山民间故事中就有许多涉及秦始皇、李白、张三丰、丘处机、蒲松龄等历史人物的内容；以特殊语言为内涵者，如胶东反切语，这是一种独具特色的地方语言。

第二大类是传统音乐，主要包括：宗教音乐，如崂山道教音乐；民间鼓吹乐，如胶州八角鼓、莱西鼓吹乐；民间打击乐，如洼里锣鼓；民歌，如平度民歌、胶州民歌；古琴，如九嶷派古琴、广陵派古琴。

第三大类是传统舞蹈，主要包括：秧歌类，如胶州秧歌、莱西秧歌、即墨大秧歌、闫家山地秧歌、宝山地秧歌；舞龙舞狮类，如孙家下庄舞龙、九狮图；高跷类，如沟崖高跷；带有特殊道具或戏剧成分者，如莱西花棍、烛竹马、扛阁。

第四大类是传统戏剧，主要包括：古已有之的地方特色剧种，如胶州茂腔、即墨柳腔；青岛近代开埠以后传入的剧种，如京剧；木偶戏类，如莱西木偶戏。

第五大类是传统曲艺，主要包括：独具地方特色的说唱艺术，如胶东大鼓、山东八角鼓。

第六大类是传统体育、游艺与竞技，主要包括：宗教武术，如崂山道教武术；民间武术，如孙膑拳、螳螂拳、鸳鸯螳螂拳、鸳鸯内家功、太极梅花螳螂拳、七星螳螂拳、三铺龙拳、傅士古短拳、崂山九水梅花长拳、少林太祖长拳、武当太乙门、查拳、徐氏太祖拳、地功拳、尹式八卦掌；戏法，如古彩戏法二十四孝。

第七大类是传统美术，主要包括：年画类，如宗家庄木版年画、胶南年画；水墨画类，如指墨画；烙画，如黄氏烙画；金属画，如辛氏锓金画；剪纸类，如胶州剪纸；泥塑类，如刘氏泥塑、糨模人泥塑、平度泥塑；面塑类，如崂山面塑、流亭大馒头；带有微雕特点的植物外壳雕刻，如付氏核雕、葫芦雕刻；玩具类，如周氏布老虎。

第八大类是传统技艺，主要包括：酿酒技艺，如黄酒传统酿造技艺、地瓜酒制作技艺、胶州黄酒制作技艺、寺后老烧锅酒传统酿制技艺、琅琊酿酒工艺；茶叶制作技艺，如崂山绿茶制作技艺；海鲜制作技艺如沙子口金钩海米加工技艺、石花菜凉粉加工技艺、海鲜传统腌制技艺；海盐生产技艺，如胶州湾海盐制作技艺；榨油技艺，如古法花生油压榨技艺；食品制作技艺，如周氏流亭猪蹄、万和春排骨砂锅米饭、泊里烧肉、城阳大面子、青岛糖球、即墨麻片、水煎包的传统制作技艺；日用品与工艺美术品制作技艺，如大欧鸟笼制作技艺、泊里红席编织技艺、果模（榼子）制作技艺、泥老虎传统制作工艺、虎头鞋虎头帽、平度草编工艺、手工花灯、即墨发制品传统制作工艺、即墨花边传统手工技艺、盖巾花边传统技艺、黑陶制作技艺（城阳西城汇）、胶州大沽河黑陶的制作技艺、土陶烧制技艺、匾额雕刻工艺、麦草画手工技艺、传统香制作技艺；器物修补技艺，如陈氏锅艺、王门锔、代氏锔艺；生产工具制作技艺，如木质渔船制作技艺、渔网编制技艺；建材与建筑技艺，如莱西民间砖雕、崂山石砌房建筑技艺；古典家具制作技艺，如胶州作古典家具制作技艺；文房用品制作技艺，如田横砚制作技艺；乐器制作技艺，如九嶷派斫琴法。

第九大类是传统医药，主要包括：推拿与灸法，如三字经流派推拿疗法、李氏小儿推拿秘笈、张氏小儿推拿技法、班氏外科——针灸推拿法灸法、周氏艾灸法；接骨与骨伤疗法，如郭氏秘传接骨、李氏非固定学派骨伤疗法；驻颜技法，如八白散传统驻颜技法。

第十大类是民俗，主要包括：祭海，如周戈庄上网节（田横祭海节）、龙王节、琅琊祭海；生活礼仪，如崂山鲅鱼礼俗；民俗庙会与节庆活动，如萝卜会、海云庵糖球会、天后宫新正民俗文化庙会、东夷渔祖郎君庙会、玄阳观庙会、沙子口庙会、大士寺庙会、灵珠山庙会；传统集市，如胶南泊里大集、李村大集；市井民俗，如劈柴院市井民俗。

2.3 青岛非物质文化遗产的特点与价值

非物质文化遗产深刻反映了青岛的自然地理逻辑与人文历史脉络，典型反映了青岛的山海气象、历史渊源与文化个性，具有鲜明的地方特色和地域精神。渊源有自，青岛的自然地理与人文历史的诸多奥义，是可以在非物质文化遗产中找到的，而且往往表现得更为形象、更为透彻。青岛人的禀赋、性格与气质，亦可在非物质文化遗产中得到见证，而且往往表现得更加自由，更加洒脱。

作为一个伟大的传统文化体系的缩影，非物质文化遗产昭显着生生不息的文明精神，深刻见证了中国文化的独特性与融合力，将传统生命力展现于当下世界。天地之间，观察、体证和沉思的眼神与非物质文化遗产相遇，会相互感动，相互领悟。以青岛所拥有的国家级、省级和市级非遗项目为观照，如下十二个方面的表现令人印象深刻，缘此而显现的自然与文化精神意味深长。

其一，自然精神渗透于非遗记忆中，洋溢着海洋文化气息，充盈着海陆一体化气象。诸多非物质文化遗产事项（以下简称"非遗事项"）对青岛地区的山海气象、自然风貌有着精彩表达，一草一木、一山一石俱有故事，寄托着人间真意。许多民间故事是在山海一体化的维度上呈现出来的，几乎每座山都有一个带有非遗色彩的来源。长春真人邱处机喜称崂山为鳌山，于是这个说法在民间文学中就有了验证。首先是建立在实地观察基础上的，人们发现，从东南方海天之间俯瞰崂山，其状恰如一只雄踞海上的巨鳌，《崂山的来历》风物故事就说崂山本为鳌山，原是居住在海边的一对兄妹勇斗东海巨鳌的结果，那只巨鳌匍匐于海上，成为崂山之一端。大泽山中有青杨湖，传说少年英雄青杨为拯救黎民于大旱而劈石成湖，是为"青杨永留青杨湖"的故事。

其二，时间线甚为久远，表现出宏阔的历史包容力，具体而微地见证了中华文明起源的历史。如盐宗夙沙氏煮海成盐传说和胶州湾海盐制作技艺，其历史内涵均与典籍中关于东夷部族领袖夙沙氏"煮海为盐"的记载相吻合，以口传心授的形式将中国海盐史的创始时光，将胶州湾地区擅渔盐之利的历史图景描绘了出来。崂山道教音乐自成一派，溯其前缘，盖出东夷古乐，而岁月绵延，集结着汉、唐、宋、金、元、明、清的历史奥秘，诸如汉朝的郊祀曲、唐朝道士吴筠所创制的清平调、邱处机所带来的十方道乐、南宋妃子谢丽与谢安姐妹所调制的江南丝竹之音皆有所闻，在海上仙山倾诉着万千仙人往事，点染着"思念漫太古"的千秋心神。关于琅琊台和徐福东渡的民间传说，形象地反映了琅琊古港的存在和徐福率三千童男女东渡沧海的往事，反映了周秦汉时期青岛在中国航海史、海洋文明史和中外交通史上的地位，映现了海上丝绸之路的起源图景。

其三，对中华传统美德有着具体而生动的反映，是数千年来在日常生活中凝结而成的民族共同精神价值的表征。灵山老母、陈姑与海神妈祖有着某种一致性，她们原先都是普通的民间女子，俱是因孝称神。王邦直赤脚扶灵两千里接回亡父的故事，所见证的是为官为人的孝道。与之相比，崂山鲅鱼礼俗虽小，却亦是小中见大，是孝道在日常生活中的表征。石老人的故事讲的是坚若磐石的亲情，千年酸枣树的故事讲的是永世不灭的爱情，李白巧得相公砚的故事讲的是相遇相知的友情，一切故事中俱有人间真意。可以说，儒、释、道融合的传统文化理想形态在非遗事项中都有着精彩的印证，中华文明的基本价值观落实在日常生活的方方面面。如关于胡峄阳的《一捏米救了五人命》的故事，就深刻反映了扶危济困的传世大道。在传统医药领域，透过诸多非遗项目的传承之路，可以看到一代代良医的艰苦探索，是近现代中医式微过程中的亮点，启示人们要真正理解、珍视和弘扬传统文化，为当今中国的文化自觉探寻路径。

其四，城乡所在，渊源有自，非物质文化遗产揭示了一地之史、一方之人的由来。试问青岛人来自哪里？青岛的乡村和城市之衍生，渊源何在？这些问题即可在非物质文化遗产中得到答案。从种种非遗事项中，可以看见一幕大移民图景，亦可以看见一幕闯关东的图景，诸多民间传说和传统技艺中有"小云南"的影子，是明朝大移民的写照，是明清卫所制度的反映。而在秃尾巴老李的叙事中，展开了从即墨龙山到黑龙江的飞越之路，实质上亦是大移民的一个隐喻，从中恰可察见闯关东的历史心迹。

其五，参合正史与野史，具有较高的历史吻合度与可信性，可视之为历史在非物质文化遗产上的投射。诸多非遗事项恰是历史演变的写照，具有深刻的历史渊源，内在于宏阔的历史景深之中，以其非物质文化遗产所特有的魅力加深了历史记忆。关于即墨大夫、楚汉之际田横五百士、汉谏议大夫王吉、东汉不其令童恢、东汉经学大师郑玄、明朝音乐理论家王邦直、清朝清官郭琇等人的传说，均合乎正史，可在《史记》《战国策》《汉书》《后汉书》等正史典籍中找到可靠依据。其实，相关民间传说无非对历史事实的另一种表述而已。至于唐太宗李世民、诗仙李白及唐玄宗李隆基的传说，虽无以验证于正史，却也独具口传魅力，微妙地隐现了一段迷人的盛唐记忆。

其六，民间记忆在传世文献和经典文学作品中留下记载，给出了非物质文化遗产传承的卓越一面，从而使得出自地方的故事结合到了辽阔的民族记忆中。如童恢训虎的故事，就被完整地载入了国史，《后汉书》不吝笔墨，记下了不其令的一段奇闻，颇耐寻味，若此"伏虎异政"，当可视为政治隐喻，是为民除害、天下清平的象征。在郑玄讲经不其山的记忆中，书带草的故事别有灵思，屡屡被后世文人提及，唐陆龟蒙之《书带草赋》"彼碧之草，云书带名。先儒既没，后代还生"云云，以及宋苏轼《和文与可洋川园池三十首・书轩》中"庭下已生书带草，使君疑是郑康成"云云，无不是以草起兴而追怀前贤，已然道出天下文人之共同情怀。蒲松龄的《聊斋》中有《香玉》和《劳山道士》两篇，可谓带有非遗属性的经典小说，在古代文学史上留迹深远。缘此，崂山仙话广为人知，有效增强了地方文化的宏观传播力。口传之中，人们喜欢将种种山川风物与传世名作结合在一起，如李白的盛唐之歌"我昔东海上，劳山餐紫霞"就亮出了一重崂山气韵，缘此而诱发了不少民间故事。

其七，地方特色显著，乡土气息浓郁，地域精神强烈。特别值得关注的一点是，地方特色恰是在自我超越之中，在突破了一时一地之局限中，在大历史图景中形成的。看似微小的事项，有了更高智慧的贯注，则以其非凡内涵超越了地方性，得以在宏观体系中确立价值，微观中萌生宏大叙事之功。关于地方性，几乎所有的非遗事项都有所见证，其中一部分实现了自我超越。茂腔与柳腔作为传统戏剧，或者发源于本地，或者在本地完型，进而在周边地区广为流传，在全省、全国范围内具有了特殊的代表性。像流行于胶州、平度、即墨等地的大秧歌及胶东大鼓等亦复如是，而宗家庄木版年画、胶南年画、胶州剪纸等同样如此，曾经在无数乡村庭院中闪光，而今业已成为人们了解传统民间艺术的可靠媒介。至于灵山老母、秃尾巴老李、胡峄阳、陈姑等带有神话和仙话色彩的传说尤为珍奇，既是民间文学的典范之作，亦可被视为民间信仰的活化石，有着非常显著的地方化和个性化魅力，绝不与他者相混淆。古来民间生活中的重重隐秘真意，从中可见一斑。

其八，多样性与多元化内涵显著，具有今古融合、多元会通的特点，反映了近代以来城市化进程中的世俗真相。近代以来，多种多样的螳螂拳、鸳鸯内家功、孙膑拳、查拳等传统武术在青岛集结并臻于鼎盛，恰恰反映了20世纪30年代青岛在全国武术史上的地位，当时有"全国武术看山东，山东武术看青岛"的说法。青岛国术馆为全国三大国术馆之一，一度遐迩闻名，从这里走出了许多在全国比赛中获奖的武术大家。即墨花边传统手工技艺、即墨发制品传统工艺、平度草编工艺等传统技艺项目均有着悠久的起源，又无不受西洋工艺的影响，是随着近代港口的出现而大规模兴起的，其艺术风格是在中国传统工艺与西洋工艺的结合中形成的，可谓中西合璧的工艺美术品。九嶷派古琴及其斫琴法在20世纪20年代传入青岛，为这座近代城市拨起一缕怀古之音。京剧传入青岛，平衡了欧亚文化交汇地的精神趣味，"四大名旦"梅兰芳、程砚秋、尚小云、荀慧生和"四大须生"余叔岩、言菊朋、高庆奎、马连良，以及周信芳、唐韵笙等京剧大师均曾多次来青岛演出。和声社为票友组织，吸引了洪深、老舍、赵太侔等国立山东大学的教授们，实现了京剧文化与大学精神的融合。由是，自可对近代城市中的传统生活方式有所洞悉。李村大集长期存在于城乡接合部，萌生于古代而延续至今，成为认识今古民生风俗的一个活的历史标本。天后宫新正民俗文化庙会、萝卜会及海云庵糖球会等均在近代欧化城市之中散发着本土文化气息，对于青岛近代开埠后的民生面貌多有见证；而劈柴院市井民俗有着包罗市井百相的魅力，中西杂糅，可被视为青岛开埠后兼容中西之市井风俗的一个微型的全景化写照。

其九，非物质文化遗产适应时代发展，吸纳新元素、新技术和新思想，走出了一条古典传统与现代科技相结合的传承与创新之路，开展适应当代特点的推广活动。在传统医药领域，进行了中西医结合的有益探索，运用现代医学理论和医疗仪器来丰富和完善中医体系，以造福大众为目的的传承、创新和推广成为自觉行动。如张氏小儿推拿法，其传承人张汉臣将小儿推拿与现代实验研究相结合，开创性地进行了小儿推拿史上的三大科学实验，相关学术成果被收入全国中医学院教材。班氏外科——针灸推拿法，是传统家学与现代医学相结合的产物。作为近现代小儿推拿疗法的代表性流派，三字经流派推拿疗法特别注重对临床经验的总结，积极参与国家中医课题研究和对外交流，其学术成果纳入高等中医药院校教科书。

其十，看历史与当下的传播路径，非物质文化遗产有着顽强的生命力，社会化推广成为一个基本方向，网络时代兴起新的非物质文化遗产保护与传播方式。历史上，在宫廷与乡野之间，呈现出非物质文化遗产衍生与流传的一条特殊路径。如八白散传统驻颜技法，系从金代宫廷流传出来的。这种原本秘藏宫廷、传承800多年的养颜术如今已普惠民间。郭氏秘传接骨亦为宫廷秘法，从紫禁城经中原传至胶州，反映了一个帝国的黄昏心相。这是走出禁苑的流程，当然也存在着一个反向流程，如大欧鸟笼在晚清时期曾为京城达官贵人所追逐，一度成为紫禁城内皇族的稀罕之物。当下，许多非物质文化遗产项目都存在着如何走出七宝楼台而为大众所接受的问题，面向社会推广非遗文化、开展文化惠民公益活动业已成为诸多非物质文化遗产传承人的自觉行动，从社会获得文化传承的驱动力。鸳鸯螳螂拳和鸳鸯内家功着力在校园普及国术，常年在青岛燕儿岛路第一小学、青岛第一国际学校等学校举办培训班。李德修小儿推拿秘笈是一个传统医药类非遗产项目，注重面向社会推广祖传医术。每当春节、国庆节及各种传统庙会、节庆活动举办期间，非物质文化遗产就成为广大群众喜闻乐见的娱乐形式，各种传统戏剧、曲艺、舞蹈、武术等活动琳琅满目，精彩纷呈。在即墨古城内的鸭绿池戏台，时常可见茂腔、柳腔等表演活动。2021年春节，即墨古城成为央视"小春晚"——《我们的中国梦——2021年东西南北贺新春》特别节目的录制场地之一，多项非物质文化遗产项目与全国观众见面。非物质文化遗产成为区域文化名片，与文化旅游深度融合，与影视、音乐、动漫、节庆、展览、休闲等文化创意产业形成多样化联动，在城市文化发展与社会文明生态建设中发挥了良好作用。当下，"互联网+"非物质文化遗产主题平台初见端倪，数字化保护与传播新模式方兴未艾，种种作为均是激活传统文化及其内在价值的有效途径，非物质文化遗产与社会生活的结合度愈来愈紧密。

其十一，以文明互鉴为己任，适时参与国家重大外事礼仪活动，积极推进海内外文化交流，深度融入国际贸易中，成为中国文化走出去的活力元素，体现了"美美与共，天下大同"的愿景。2008年，许多非遗项目参与了配合上合峰会举办的展示活动。李氏非固定学派骨伤疗法传承人多次参与国际医学交流活动，其独特的自然疗法备受国内外同行赞誉，形成了国际影响力。辛氏锻金画注重文化交流，作品曾走进我国台湾，架起了海峡两岸的沟通之桥；另外，作品还被植入电影之中，亮相法国戛纳电影节。

其十二，人在其中，人与非物质文化遗产不离左右，人的精神气象成为非物质文化遗产演化生新的内在动力，诸多非遗事相生动呈现了青岛人的性格、气质与气度，典型反映了区域历史底蕴、人文精神和艺术风尚。从即墨黄酒（老酒）酿造技艺中，不难发现其精神因子在春秋战国之际已有闪烁，在"火牛阵"的冲天火焰中尚可领略那英雄盖世的豪情壮志。以田横五百士为中心的田横民间故事更显绝绝，那一曲万世为之回荡的英雄壮歌之中，所听闻的是历史往事，而又何尝不是青岛人乃至山东人古已有之的豪气、忠勇与仁义风神？

要言之，对于青岛这座往往更多被视为近现代城市而似乎并无多少传统底蕴的城市来说，非物质文化遗产的保护与传承显得尤为重要，是打破今古历史二元化分裂、重建今古一体化文化形象的必由之路。当下，在城市狂飙突进的发展历程中，非物质文化遗产的重要性进一步凸显。这是留住乡愁、弘扬传统、接触未来的奥秘所在，这是内在于一个文化共同体中的每个人的智慧觉思。所有人的日常生活都是相互关联的，都是彼此见证的，那一举一动，一颦一笑，又何尝不是某种非遗光影的默默闪烁，内在的精神气息贯通今古。从过去到现在，到将来，迷人的非遗芳华生生不息，感人心魄。可以说，非物质文化遗产并非仅仅属于过去的某种形态，并非仅仅是一种外在的可观赏之物，而是鲜活地存在于当下的文化瑰宝，是会心的眼神，是入心的韵律，是来自传统的问候，亦是属于未来的笑容。

愿非遗之花历久弥新，愿文化之眸照亮未来，愿岁月芳华永恒流转……

目 录

Catalogue

千秋风华千座山，万世豪情万重海。

从每一座山到每一片海，我们推开岁月之门，在点点露华中采撷着民间文学的花瓣，芳香四溢。时光滴滴答答，山海间的传说令人回味不已，像旧日朋友不期而遇的眼神，优美、忧郁而激扬。

作为千百年来集体创作的一种口头文学形态，作为文人与普通百姓双向创造的成果，民间文学珍藏着民族记忆的密码，体现着民间生活的艺术格调。你明白，这是集体无意识的结晶，每个人都是聆听者，也都是讲述者。青岛地区民间文学题材广泛，奇趣盎然，凝结着天人合一、心物合一的灵性光彩，包含着亲近自然与赞美生活的精神旨趣，是真善美的凝固，是漫长岁月的低诉。于是，一道光在天上人间持续地发出隐秘的回弹，因着历史之梦和幻想之光而默默闪烁。多么辽阔的山海，多么精良的回音，让漫长岁月在一刹那间珍藏！

你聆听，所以你就是一个传说，或者说你就是那最初的和那最后的闪光，穿越记忆和遗忘的漫漫长河而抵达此刻，就像万方星辰有所瞩望的眼神一样深沉而精妙……

今古风华——青岛市非物质文化遗产图鉴
Treasures of the Present and the Past
The Illustrated Handbook of Intangible Cultural Heritage of Qingdao City

第一部分 民间文学
Part I
Folk Literature

崂山民间故事

Folk Stories of Laoshan Mountain

海上仙境的诗意低诉

Poetic Whispers of the Fairyland on the Sea

国家级非物质文化遗产（崂山区）
市级非物质文化遗产（李沧区）

○ 崂山

　　崂山为中国大陆海岸线上的第一高峰，主峰巨峰海拔1133米。古来崂山即享有"海上名山第一"之美誉，晋朝古方志《齐记》"太山虽云高，不如东海劳"云云，道出了海上岩岩高山的魅力。人们喜欢将崂山视为海上仙境，于是就有了绵延不绝的海上仙话，这也就是崂山民间故事最为超绝的精神个性。

　　秦汉之际，崂山为琅琊郡属地，时称"不其山"。汉武东巡不其县，敕建明堂、太一祠与交门宫并祭祀太一神，标志着不其成为中国道教的发源地之一。晋时，亦称作"牢山"，有金刚坚固之意。高僧法显海上归来，在牢山南岸登陆，标举着佛教中国化和海上丝绸之路的历史荣光。山中有那罗延窟，为大乘佛典《大方广佛华严经》所载菩萨说法居住处。唐宋时期，多称"劳山"。诗仙李白"我昔东海上，劳山餐紫霞"的壮丽歌吟照亮了海上高山的心窝。唐玄宗派人入山采药，改崂山为"辅唐山"。至于苏东坡的崂山记忆，则充满仙境与仁里的双重光彩。金元之际，全真道的盛大集结标志着崂山成为"道教全真天下第二丛林"，遂以道教名山的形象传世，长春真人邱处机呼之曰"鳌山"。明清两朝，文人墨客相流连，僧道高士相领悟，光阴俯仰之际，"神仙宅窟"的形象愈加深入人心。蒲松龄与顾炎武等人对崂山民间故事做出了精彩演绎，谱写了崂山的人文华章。

　　光影变幻，崂山的历史底蕴在民间故事中有着精彩体现。山光海色浸润中，无数民间故事自然而然地发生了，业已成为海上名山的精神因子。山里人的生活中，这些故事是以"拉呱"的形式一代代传续下来的，是茶余饭后的谈资，也是四季轮回的风信子，集结着宗教文化和世俗人生的双重记忆。整体上看，崂山民间故事丰富多彩，涵盖自然神话、英雄神话、历史人物传说、鬼怪精灵故事、动物故事以及海洋故事等多种主题，总数达到五六千个。它们有的歌颂了除暴安民的英雄，有的记叙了人民同邪恶斗争的经历和业绩，有的展现了山河的自然风貌及地方的风土人情，有的表达了对忠臣义士的敬仰。而受自然、地理环境和道教文化的影响，在众多崂山的民间故事中，数量最多而且也最有崂山特色的当推风物传说、宗教人物传说以及鬼狐精怪故事等。千百年来，崂山人民以海洋和高山为题材集体创作了大量民间故事，包括"海及海洋生物故事""海岛、海礁故事""龙的传说"及"渔村民俗故事"等内容，是乡土大众文化与山海文化交汇融合的产物。潮起潮落之间，海洋民间故事连绵不绝，把时光像浪花一样传递。

历史地看，蒲松龄是古代崂山民间故事的伟大记录者之一，他在《聊斋志异》中留下《劳山道士》和《香玉》两篇极富传奇色彩的篇章，大大增强了崂山民间故事的传播力。

崂山区申报的"崂山民间故事"列入国家级非物质文化遗产保护名录，代表性传承人有张崇纲、宋宗科、曲新强等。李沧区申报的"崂山民间故事"列入青岛市非物质文化遗产保护名录。 多年来，崂山民间故事搜集整理取得丰硕成果，形成《崂山民间故事全集》《崂山餐紫霞》《刘思志民间故事集》《宋宗科故事集》《崂山歌谣集》《崂山谚语集》《崂山地方风物篇》《崂山道士》《崂山历代名人故事》《崂山民俗大观》《崂山民俗志》《崂山民间故事连环画》及《二龙山的传说》等集子。

其状如鳌的山势
从特定角度看崂山，状如一只雄踞海上的巨鳌，这诱发了如《崂山的来历》等许多民间故事。

崂山民间故事传承人张崇纲在讲述"石老人的传说"

崂山民间故事结集

香玉与崂山道士

精灵之花，人间之墙

清康熙年间（1662—1722年），蒲松龄两度来崂山。望尽浩茫海天，意兴飙举，抚琴以追太古，神思往还间，写下了《劳山道士》和《香玉》两篇具有非遗色彩的小说名作。

《香玉》写人与花仙子的故事，开篇言："劳山下清宫，耐冬高二丈，大数十围，牡丹高丈余，花时璀璨似锦。胶州黄生，舍读其中。一日，自窗中见女郎，素衣掩映花间。"文中"素衣"所指即为"香玉"，原型是上清宫的一株白牡丹，与太清宫名为"绛雪"的耐冬俱为通灵的奇花异木。黄生与香玉相恋成婚，然香玉因原型白牡丹被人盗掘而陨灭，黄生终日恸哭。化身为红衣女子的"绛雪"与之一同哭吊香玉。花神感动，让香玉复生。黄生死后，变成牡丹花下的一株赤芽，这是人向花的一转。故事婉转凄美，在生命与死亡的永恒回旋中诉说着花中至爱与人间至情。

《劳山道士》说的是青年王七慕名入劳山学道，求得"穿墙术"。返家后"自诩遇仙，坚壁所不能阻"，于是就表演了一番"穿墙术"，却碰壁出了丑。作者意在讽刺那些投机取巧的虚妄之徒，其实诸如王七之流不仅未能穿透可见的现实之墙，而且因自作聪明之故而构筑了一道更厚的自我意识之墙，阻碍了真诚智慧的通行。

绛雪（上）
蒲松龄（中左）
劳山道士图（中右）
铁瓦飞图（下）

铁瓦飞

人意精诚，神力助之

铁瓦殿位于巨峰南麓，传始于宋，明时重修，为防风吹瓦散，特以铁瓦覆顶，故当地人俗称其为"铁瓦殿"。所用铁瓦系从江南慕化定制，船载至栲栳岛海边，至于如何运上高山，则有神机妙算在焉。传言届时会有赵道长施法，邀神仙降临，役使铁瓦自海船飞上高山。吉日瞬至，前来观看神迹的善男信女和村民络绎于途。见状，赵道长向大家申明缘由，众皆哑然，反而乐之。于是手手相传，瓦片如飞，不久之后一船铁瓦便从码头运至山上。此乃"铁瓦飞"之传说，旨在人力与神力之汇合。清康熙二年（1663年），一场大火致殿宇焚毁，唯基址尚存。今犹可见石柱矗立，石阶横亘，一种特有的废墟之美令人印象深刻。

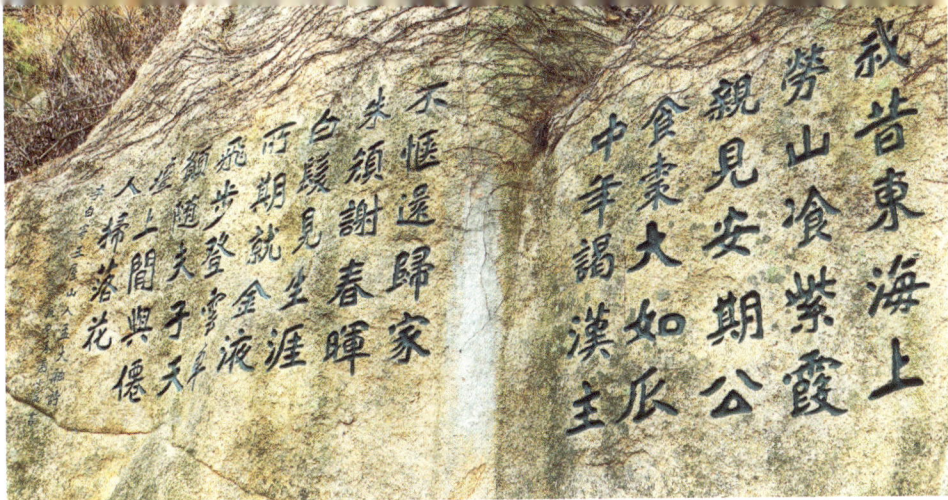

● 李白诗刻

李白钟情崂山，特作诗吟咏之，题《寄王屋山人孟大融》，诗曰："我昔东海上，劳山餐紫霞。亲见安期公，食枣大如瓜。中年谒汉主，不惬还归家。朱颜谢春晖，白发见生涯。所期就金液，飞步登云车。愿随夫子天坛上，闲与仙人扫落花。"

《石老人的传说》（上）
日出石老人（下）

李白巧得相公砚

紫霞之饮，相公之心

李白的紫霞诗篇，弥漫着博大幽秘的盛唐气象，昭显了海上仙山的卓荦风神。在崂山，流传着不少关于李白的民间故事，如《李白巧得相公砚》，说的是李白的一段崂山奇遇。时，李白游历崂山，住北九水草庵中。夜里独坐灯下饮酒作诗，忽听敲门声，一个书生闪进来，施礼后便要酒喝。于是，两人对饮，相当投缘，遂成知己。此后，书生常来草庵拜访。一天夜里，书生姗姗来迟，面露愁容，长吁短叹。天明临别时，从怀里掏出一块血红色石头，洒泪而言："太白兄，吾乃此山头上的相公石化身。只因今日山下有人要上山来掏吾心，好拿去进京献给皇上以捞取功名，吾不甘为此小人所取之，故留与兄台作纪念。望太白兄将它雕琢成一方砚台，长伴诗酒人生吧！"说罢，闪身而去。一番浩叹之余，李白依照托付，把这血红色石头磨成砚台，取名相公砚。尔后，李白终成风神飘逸、诗名盖世的一代诗仙。

石老人的传说

独坐沧海，思女成石

《石老人传说》讲述父女二人因反抗龙王而被施以法术化成礁石、只能隔海相望的故事。

这是一个源出自然而旨归人生的故事，每每令人扼腕长叹，黯然神伤之际，也对人间亲情有了真切感悟。说起来，这"石老人"原本是一座高17米的海蚀柱，兀立于崂山西南部午山以南断崖之外，距海岸线约百米。因其形如一位老人坐在碧波之上，故称之为"石老人"。相传，石老人原是居于午山脚下的一位勤劳善良的渔民，与聪明美丽的女儿相依为命。不料有一天，女儿被东海龙王太子抢进了龙宫，可怜的老人便日夜在海边呼唤，望眼欲穿，直盼得两鬓全白，腰弓背驼，却仍执着地守候在海边。一天，龙王施以魔法，将拄腮凝神中的老人僵化成石。女儿得知消息后，痛不欲生，拼死冲出龙宫，向已变作石头的老父亲奔去。风吹乱了头发，将头上佩戴的鲜花吹落到岛上，缘此长门岩、大管岛等岛屿长满了野生的耐冬花。眼看女儿就要靠近崂山了，龙王又施法将她变成一座礁岩，这也就是"女儿岛"的来历。从此之后，化作岩礁的老人和女儿只能隔海相望，不复相聚。天荒地老，山海为证，永恒的亲情不可磨灭。

秃尾巴老李的传说

往返于山东半岛和北大荒的龙光

Legends of Bald Tailed Lao Li
Dragon Light between Shandong Peninsula and the Great Northern Wilderness

○ 龙山龙王庙

　　数千年以来，龙的形象深深印刻在中华民族的记忆中，成为最重要的民族文化图腾，凝含着集体无意识的光影。龙在万方而倾情一方，现在，一条龙的故事就在我们身边发生了，跨越千万里岁月之路而闪耀于此时此刻，带着深沉的乡土记忆和辽阔的岁月回声发出召唤，声声龙吟激扬着岁月之光。

　　在即墨及其周边地区，秃尾巴老李备受百姓尊崇，可能这就是地域精神的魅力吧。故事缘起于即墨龙山，这是一座有龙光为之倾注的山。在山顶，有一座被当地老百姓称为"天井"的深坑，所以此山也被叫作天井山。这座"天井"亦被称为"龙池"，这就是秃尾巴老李故事的渊薮。秃尾巴老李，亦称没尾巴老李，是当地老百姓对一条龙的称呼。久经沉浸的岁月已然淡化了过去和现在的界限，而进入祈祷与祝福之中。

　　千年前的故事意味深长，说的是北宋初年，一条小黑龙在龙山诞生，尔后飞向了东北，一路飞到了黑龙江，在那里最终战胜了盘踞黑龙江行凶作恶的大白龙，成为新龙王。这就是秃尾巴老李的故事要点，化生人世的小黑龙终成龙王。缘此，即墨龙山成为龙兴之地。宋朝时，龙山龙池旁就建有龙王庙，供奉秃尾巴老李。每年农历六月十三，当地都会举行盛大庙会以庆祝龙王诞生。明万历版《即墨志》载："龙王庙，在天井山。有司岁二月二日、六月十三日祭。"当六月庙会之际，序属盛夏，龙山附近又经常下雨，于是传说与自然现象契合，使得秃尾巴老李的传说愈发神秘。

　　秃尾巴老李的传说起源于民间，其灵光浸润于老百姓的日常生活。旧时有"转磨推碾去汗布"之说，意思是家庭妇女带着孩子们碾米磨面，孩儿们疲劳时大人便讲没尾巴老李的故事，听着听着，孩儿们抖起精神，忘记了劳累，不知不觉间活儿就干完了，也都忘不了向那内心的龙光发出惊鸿一瞥。由于乡土气息浓厚，秃尾巴老李的故事越传越广，经久不衰，体现了非凡的文化价值与深沉的生活韵味。而祭祀祈祷秃尾巴老李的求雨活动，则带有地方民众顺应自然、敬天崇龙的某些民间信仰色彩，它反映了人民期盼丰收、渴望幸福的美好愿望。在漫长的历史过程中，秃尾巴老李的故事经文人骚客和平民百姓反复加工和创造，融合了文野双向创造的智慧。它是一组百世万民同颂共传的故事，历朝万代官民在秃尾巴老李祭母行雨期间的祈雨活动便是最大的明证。同时，这故事还隐含着另一重历史景深，是清朝至民国时期山东人闯关东的反映。从山东半岛到黑龙江，岁月之光持续弥漫，带着古老记忆和未来希望发出深沉的龙吟。

追溯千年前的北宋初年，龙山下居住着一李姓人家，妻子王氏快要临产了。平常的日子里居然有神奇的事情发生，一个婴儿，不，竟是一条小黑龙降生在家中。惊异之际，不小心削去了小黑龙的尾巴，因而有了"秃尾巴"之名。疼极了，小黑龙一爪掘向山顶，就掘出了龙山之巅的龙池。于是就有了瞬间与永恒的回转，不知道小黑龙在这渊深的龙池中待了多久，只在人间光影聚合之际，闻东北有灾，小黑龙便腾空而去，飞到了黑龙江，化身为小黑孩，寄居在一王姓老妈妈家中。每年生日期间，小黑龙都会飞回即墨老家探母报恩，一路行云施雨，济世安民，人们都亲切地称之为"秃尾巴老李"。

小黑龙诞生 生于龙山，飞向东北

龙山山顶的"天池"是如何形成的呢？

前面提到，小黑龙降生之际，误被削去了尾巴，因剧疼而掘地成池，遂有龙山之巅的天池出现。这是通常的说法，这天池成为小黑龙诞生的标志。

不过，也有另一版本认为，这是秃尾巴老李回家祭母之时所为。某一次返乡祭母时，秃尾巴老李见家乡旱灾肆虐，孽龙作恶，遂腾空探爪，掘出一眼深不见底的龙穴。他斗败了恶龙，成为新的龙王。在这说法中，天池是小黑龙成为龙王的标志。故事中，渗透着传统孝道和除暴安良的侠义精神。龙山之巅的"天池"成为一个神奇象征，珍藏着秃尾巴老李的生命奇迹。他是一条英勇善良的真龙，在故乡即墨，也在飞雪飘飘的北国斗败了恶龙，以为民除害的形象珍藏在广大老百姓的心目中。

抓池除孽 除暴安良，以孝成神

○ 龙池（右上）
○ 龙牌（右下）
○ 祭龙大典（左）

徐福传说

Legend of Xufu
A Mysterious Voyage through the Overseas World

凿通海外世界的神秘远航

国家级非物质文化遗产（青岛西海岸新区）

○ 徐福东渡图（琅琊台风景区藏）

徐福东渡，凿开了一个未知的海外世界，凝结着中国早期航海的历史奥秘。

青岛地区流传着许多关于徐福东渡的传说，这一次，我们把目光从琅琊台投向它北方的徐山。徐山，又名西洞山，因秦方士徐福而得名。民国版《增修胶志》言："小朱山又名东徐山，方士徐福将童男女二千会此入海，采药不返。"《三齐记》《胶州志》等古代典籍也有相似记载。至今，当地人仍视徐山为"神仙山"。

徐福，也写为徐市，字君房，齐人。《神仙传》上称他为方士之祖，道家称其为神仙。相传，徐福出游到此岸海山丘时，见风景秀丽，有山泉、奇花异草和洞窟，允为灵异之地，认定这是个炼丹的好地方。于是，他便决定在此山安家修行。从著名历史事件"徐福东渡"的视角中考察，这徐山与琅琊港一样也被认为是东渡出航地。想来，如此大规模的航海行动，必然要在多处港湾进行准备，所以徐福船队的一部分从这里出海，亦是顺理成章的事。据说，徐福命工匠来到徐山及周边山上伐木，在辛安后河造船，而三千童男童女驻扎在徐山长城以北、石屋洞以南的山顶平地上。

前面在《琅琊台传说》中，我们已经接触到了这个故事，试想出海以后徐福和三千童男童女究竟去了何方？这是一个问题，涉及诸多尚未澄清的历史奥秘。话说公元前

徐山本无名，恰因徐福而得名。

山上，有一个天然山洞，殊为奇特。洞门朝东，洞口有高2米、宽1米。从洞口进去，逐渐向上延伸，四五米远处向西南一拐，又出现了一个石屋。其内，南面有一个长3米、宽2米、高近1米的平坦的大石炕，北面是一块有两个石炕大小的平石板，西北角有个直径约1米的通气口，从此处亦可进入洞内。相传，当年秦方士徐福出游至此，见此山虽不高，然风景秀丽，山上长有奇花异木，各种草药满山遍野，离山洞不远处，有一泓山泉，清澈甘甜。徐福非常高兴，认为这是个炼丹的好地方。于是，他就决定在此处修行炼丹。

徐山之名，炼丹之所

210年，秦始皇第五次东巡，再度登临琅琊。此距徐福首度出海已九年了，然未有音信，不知仙药找到了没有。幸好这一次，徐福归来了，奏告始皇曰蓬莱仙山确有仙药，然出海时常遇大鲛鱼阻拦，所以不能到达。这是一个看似合理的理由，秦始皇就派徐福再度出海，弓箭手一同前往，见到大鲛鱼就用连弩射击。这一次，秦始皇自己也随船队航行了一段海路，由琅琊经荣成山，至芝罘时果然见到大鲛鱼，当即连弩齐射，大鲛鱼中箭而死，沉入海底。秦始皇认为此后当可无虞，仙药可期。可是徐福一去不复返。

据《史记·淮南衡山列传》载："徐福得平原广泽，止王不来。"一般认为，这所谓"平原广泽"之地在日本列岛，一说在熊野浦，至今那里还有徐福墓。在日本其他地方，如和歌山县有徐福庙、徐福宫、徐福驻屯中心遗址等相关遗迹。日本人中，象羽田、羽太、波多、幡多、八田等家族都自认为是徐福的后裔，每年要举行祭祖活动。日本的《神皇正统记》等典籍中也有关于徐福的相关记载。论及徐福，梁启超言其有"开化日本"之功。他把中国先进的耕种方式、百工技术与文化习俗等带到了那里，使日本很快由新石器时代跃入铜铁器时代，或曰由渔猎经济的绳纹时代转变为农耕经济的弥生时代，水稻、蚕桑、药物等种植得到了推广，促进了日本经济文化的大发展。在日本民间，徐福被尊称为农神、蚕桑神、医药神，也成为徐福到达日本的明证。

在海洋和陆地之间，徐福东渡的故事耐人寻味，既是历史又是传说。作为有史可稽最早的大规模航海事件，徐福东渡的实质是掩映在求仙迷雾中的海外文化拓殖事件，架起了中国与朝鲜半岛和日本列岛的文化沟通之桥，缘此而在东亚形成了一个徐福文化圈，从文化对话与文明传播的维度上观察，表现出独一无二的重要意义。

○ 徐福石雕像（上）
○ 徐福井（中上）
○ 徐福书屋遗址（中下）
○ 徐山齐长城遗址（下）

琅琊台传说

海洋中国的精神回响

Legend of Langyatai
The Spiritual Echo of Ocean China

省级非物质文化遗产（青岛西海岸新区）

千秋琅琊，文明津渡，一座海上高台标志着中国的海洋之梦。

琅琊台坐落于青岛西海岸新区东南部海岸，以其卓荦风神直面沧海。它处于泰山的正东方，处于中国的正东方，处于亚欧大陆的正东方，作为陆海交接与人神交汇之处而构成海洋中国的精神地标，在中国航海史上占有重要地位。

琅琊观日是中国记忆中的经典一幕，其历史光环起码可追溯至春秋战国时期。早在东夷文化中已发端的日出情结在此表现得撼人心魄，一种深远而庄严的精神光辉震古烁今，将太阳神崇拜的精神奥秘显现出来。伫立台上，目与海色相接，当新的太阳从灵山岛方向升起来，这是值得纪念的时刻，无数岁月沉浸在日出东方的恢宏气象中。缘此，琅琊台成为东方礼日与观日圣地，也被视为兼具祭祀、授时与历法属性的古观象台。

黄昏，日落余晖中，尚可见一幕幕浩大的历史剧在上演。公元前473年，越王勾践灭吴后，为称霸中原，从会稽（今绍兴）迁都琅琊，并在城东南琅琊山上筑起琅琊台，在此与秦、晋、齐、楚等国君主歃血为盟，共同尊辅周室。秦始皇统一中国后，于公元前219年东巡郡县，建造了他的海上行宫——琅琊台行宫。十年中，秦始皇三度登临琅琊台，移民30000户修筑琅琊港，派徐福东渡，出海求仙。

在民间传说中，琅琊台光影重现。透过历史云烟，帝王与海上方士的故事被一次次讲述。你看，那是2200多年以前的事，秦始皇首先重筑了琅琊台，建起了"礼日亭"和"御路"。岩岩高台之上，秦始皇隆重祭祀时间与季节之神"四时主"，命李斯撰文并

秦始皇遇见徐福，这是改变中国海洋史观的一件事。话说2000多年前某日，帝王在丞相李斯等陪同下，漫步海风中，接受了著名方士徐福的觐见。似乎是在有意无意之间，徐福向帝王描述了海上三神山的神奇景象，那儿有水晶般的结拜宫殿，有长生不死之药，得之即可确保帝王和帝国的万寿无疆。可想而知，这正中帝王下怀，他动心了，满足了方士的要求，赐给他3000名童男童女和五谷百工，于是就有了徐福东渡出海求仙的后续故事。徐福去往何方？日语中，"秦"与"羽田"的发音很相近，日本前首相羽田孜就认为自己是徐福后裔。有一种说法，认为日本神武天皇的原型就是徐福。

立《琅琊台刻石》。琅琊台意义重大，是帝王敕建的海上地标，以标举大一统帝国的远景，以缔结海外世界的密约。而周秦汉海事也缘此而有了一个盛大集结点，中国早期海洋文明也获得了一个非凡高度。

诸事中，徐福东渡最具奇幻色彩。公元前219年，封禅泰山之后，秦始皇首度登临琅琊台，在此遇见海上方士徐福。一番秘密交流后，秦始皇遣徐福率童男童女3000人，入海求仙。帝王为求长生不老和国祚恒久而沉迷于海外世界，方士率领3000名童男童女启动了朝向海外世界的壮丽远航。

透过历史迷雾，深刻的精神碰撞犹可听闻，帆影与浪花一起朝向海上三神山飞渡。寻找长生不老仙药，这是帝王的迷思，其中也隐含着大一统帝国的命运。一般说来，相对于历史记忆，民间文学更多具有想象或者假想的性质，而琅琊台传说的主体部分却具有很高的可信度，对此，《史记》等正史中都有着十分明确的记载。其实，故事本身也就是真实历史事件的民间口述版本。就此，我们看到了"琅琊台传说"有别于他者的基本性征，贯穿着历史和传说的双重景深，而历史也以传说的形式进入记忆中，被后世无数次提起，追溯那遥远的往事。海上，这是历史与传说的同一道光影的隐秘回旋。

千百年来，这一带演绎流传着诸如《始皇赶山》《秦始皇修筑琅琊台》《老湾哭坟》《清水湾、浊水湾与琅琊台神泉》《皇姑庵与烽火台》《海市与三神山》等众多民间传说，口口相传之间，历史记忆也变得鲜活了许多。

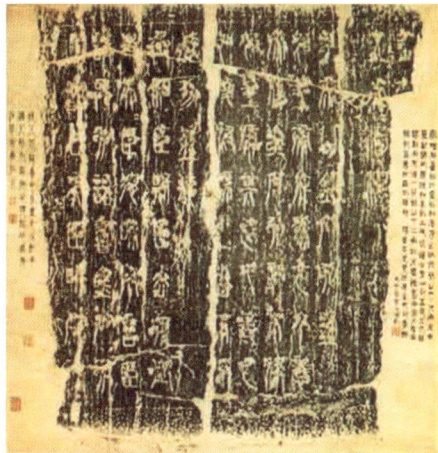

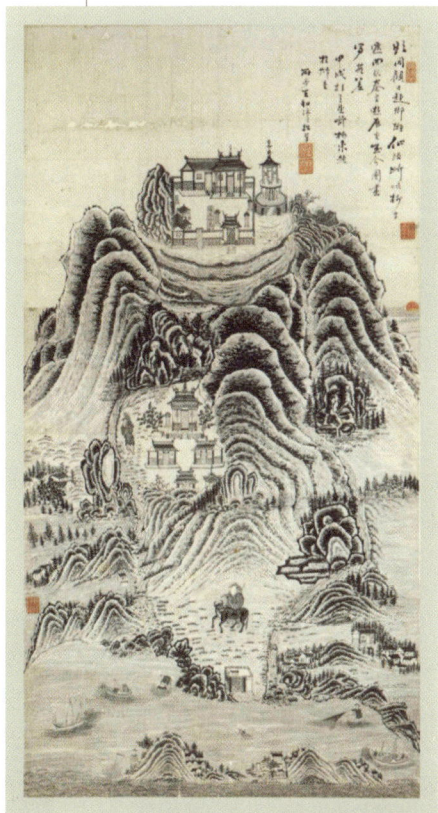

○ 琅琊台遗址出土"千秋万岁"秦瓦当（上，西海岸新区博物馆藏）
○ 秦琅琊刻石拓片（中）
○ 清王和沛绘《琅琊台图》（下，西海岸新区博物馆藏）
○ 徐福东渡起航处（左）

胡峄阳传说

布衣哲人的生命传奇

国家级非物质文化遗产（城阳区）

胡公祠内的胡公像

胡峄阳亦儒亦仙，保持着入世与出世的平衡。

胡峄阳（1639—1718），原名良桐，易名翔瀛，字峄阳，号云屿布衣，别号不其二劳山人，斋号竹庐。峄阳者，托意深远，其父胡际泰追慕孔子于峄山之阳，聚徒讲学，遂成荣光，故取"峄阳"为字；而峄山盛产梧桐，为凤凰栖居之良木，故取"良桐"为名。诗书礼乐之旨在焉，冀望儿子步圣人后尘而有所为。的确，胡峄阳做到了。古来多儒者，亦多仙客，独少亦儒亦仙之人。少时，他就读于慧炬院，渐成诗书文章。起初峄阳不弃功名，亦曾入科举一途。清顺治十年（1653年），他去莱州府应童子试，入考场前因不满监考官强制搜身之举，而怒出"视士子如盗，乌乎可"之言，乃拂袖而去，发愿终生不仕，不受封建礼教之束缚，专以著述、授徒为业，虽一世清贫，然怡然自得。人生有傲骨，此之谓也，后来成就了高山仰止的精神价值。他在易学和理学方面造诣精深，撰有《易象授蒙》《易经征实》《柳溪碎语》《解指蒙图说》《寒夜集》等，憾多已亡佚，如今仅有《易象授蒙》和《柳溪碎语》两部著作传世。乾隆版《即墨县志》"生有异禀，精研周易，于濂洛之学别有微契"云云，道出了其易学价值。

胡峄阳世居城阳流亭，仙逝后，族众感念有加，于乾隆九年（1744年）捐资建祠，供奉胡峄阳木主。祠内高悬百福庵道长蒋清山题联："欹而不欹，乱而不乱，居之唯崂山最稳；儒也为儒，仙也为仙，精神与墨水同长。"凝结地域意识，道出胡峄阳所特有的精神魅力。近年来胡氏族人重建胡公祠，并建观音殿和云屿阁，形成胡峄阳文化园，俨然一处特色小镇。斯人已逝300余年，然口碑不朽，八方百姓奉之以神明之礼。

纪念胡峄阳诞生379周年祈福大会

捏米有道，扶危济困

一捏米救了五人命

万物生长，一捏米能做什么呢？在胡峄阳和百姓之间，这是奇迹，是割不断的精神联结。故事说的是，某一天，五位出海打鱼的渔民遇到了风浪，渔船漂流到一座荒岛，渔民们饥寒交困，望着波涛汹涌的海面，不知谁将来拯救他们。生命奄奄一息之际，正在海岛上修炼的胡峄阳忽然出现了，以神仙之姿凌空降临。他用手指轻轻捏了一点米送给渔民，笑了笑，不说一句话。未想这米煮熟以后，却怎么也吃不完，就像无穷无尽的恩惠一样。渔民喜出望外，终于得救。此即"一捏米救了五人命"的故事，施法救度，已见异能，在胡峄阳传说中很有代表性。

青岛人鲜有不知"千难万难，不离崂山"这说法的，数百年来口口相传，已然成为妇孺咸知的口头禅。其实，此话即出自胡峄阳之口，是人与高山的精神互证。在他心目中，海上崂山意味着亲切、稳固与永恒的神意，大安之所系，万福之所在。人生时光飘荡山中，精研易理之际，他足迹踏遍山岳，访遍庙宇，看遍风云。那些年月，高山洋溢着"兰亭雅集"的知性风采，他与百福庵道长蒋清山私交甚笃，与远道而来的思想家顾炎武相识亦深，与佛道两教相处融洽，与即墨五大家族特别是黄氏家族往来密切，缔结诗社于玉蕊楼，享有并创造着这里的人文气候。春秋往复，真意推演天道人事，善心预测吉凶祸福，多有扶危济困之举。人们认为他是不死的，乃奉之为胡三太爷。所谓"死而不亡者寿"是也，显示了不朽的精神能量。他由乡间一名普通塾师，300年来在民间逐步被奉为神仙，轶闻逸事不胜枚举，扶危济困与救世度人之举体现了布衣神圣之功德。关于他的天赋异能至今仍在民间传诵，带着几抹儒者光芒，带着几分仙话色彩。

山海之间，留下了行迹，也留下了许多神异传说。诸事与民生息息相关，扶危救困中，照见了仁义的理想，照见了儒者的仙风。临终前，他预知其孙将遭狐祟，遂托蒋道长届时解救其孙，此即"除狐祟峄阳托清山"的故事。仙逝后，相传他亦常显灵度人，所以人们认定他成仙了。今青岛地区许多人笃信胡三太爷，传其原型即胡峄阳。

要言之，胡峄阳已被视为中华民族善良、智慧、正直、坚毅的人格化身，相关史迹与传说具有独特的历史认知价值，典型反映了易学思维、乡土格调、乡贤精神及民俗文化的内涵，300年来，已然成为一种文化理念和民间信仰。这是布衣生命的神奇一面，自号"不其二劳山人"，足见他深知广义和狭义上不其山的奥秘之所在，怀有一份深深的不其情结，这是尤其值得感念的一点。人文视野之中，他热爱这片山海之境，对居住地的地域精神阐发精微，达成了超越时空的心灵默契，无论在人间还是在仙界。

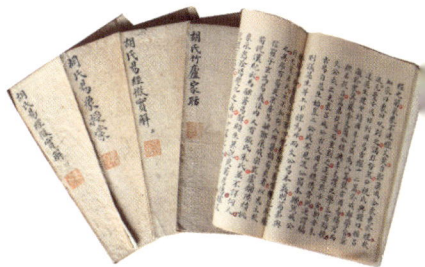

胡峄阳教书时常往返一条小路，冬无冰雪，夏无泥泞。行于其上，竟如踏棉锦一样，所以人们就亲切地称之为"神仙路"。在老百姓心目中，胡峄阳的形象已神仙化了。岁月依旧在路上，带着一位神仙老人的祝福。

○ 修德绘《胡峄阳师傅像》（上）
○ 宣统三年手抄本胡峄阳著述（中）
○ 胡峄阳故里的神仙路（下）
○ 月下百福庵与铁骑山（左）

王邦直与《律吕正声》的传说

追怀中国人的声律之梦

Legends of Wang Bangzhi and *Lulu Zhengsheng*

Fu Ji, Pronunciation and Meaning of the Two Words

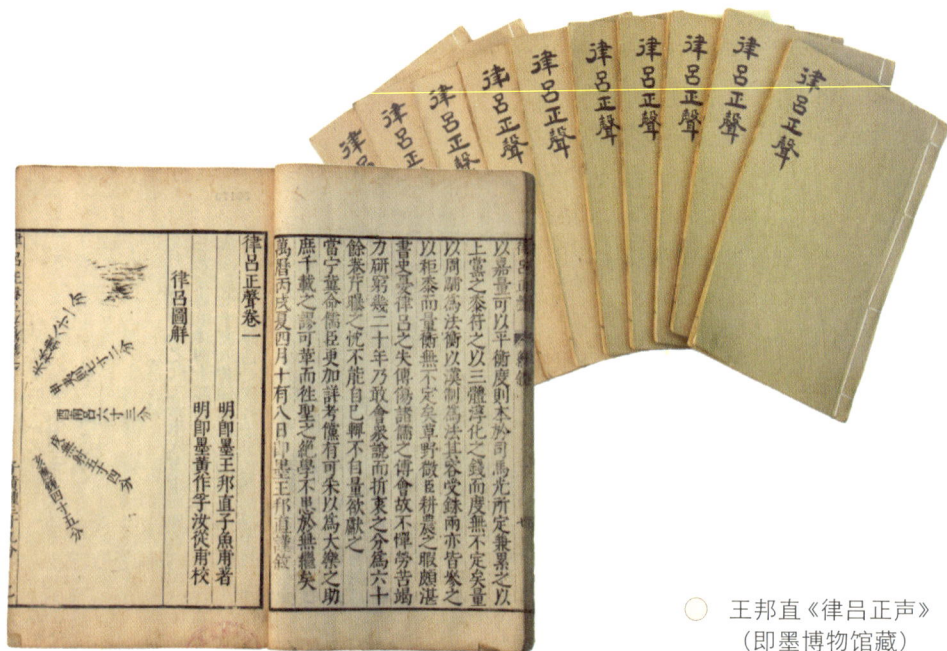

○ 王邦直《律吕正声》
（即墨博物馆藏）

天地之间，音乐之梦响起，万方星空发出和鸣。

明朝音乐理论家王邦直在中国和世界音乐史上奠立了一个伟大路标，所著《律吕正声》被誉为"悬诸日月不刊之书"。他在世界上最早创制了完整的律学体系，比朱载堉在《乐律全书》中提出的"十二平均率"早30年以上，比德国音乐家巴赫的律学思想早145年。岁月复现，东西方文化对话景深耐人寻味，花开花落之间，以光的姿态说出音律的秘密。王邦直后裔由即墨迁居惜福镇小庄村，遂以家族记忆的形式将这道音乐之光引来城阳。至今，小庄的人们津津乐道先祖荣光，这成为茶余饭后的经典时刻。

王邦直（1513—1600），字子鱼，号东溟，今惜福镇小庄王氏的八世祖。少读诗书，天资聪颖而文思敏捷。18岁时，母亲去世，他作多首《黄鸟》诗，以哀悼母亲。

天经地义应孝亲，慈母本分看家门。教诲在理胜圣人，仁义道德记在心。

失去方知慈母贤，报恩之日犹未晚。睡梦之中常相见，醒来述说求母安。

至今这些感人的诗句仍在小庄流传着。濡染儒家经典之际，立志效法古先贤之为，干一番"为天地立心，为生民立命，为往圣继绝学，为万世开太平"的不朽功业。这是儒家理想，是知识分子的初心。王邦直40岁后进京考取功名，被选为岁贡生，后任河北盐北县丞。他为官清廉，经常卖掉自己家产以贴补开销，救济灾民，当地也流传着不少关于王县丞勤政为民、铲除恶霸的传说故事。说起来，王邦直的人生并不复杂，做了几年官，不顺利，索性返归故里，潜心研究声律理论。这世上少了一位正直的官吏，却多了一位伟大的音乐理论家。

忆往昔峥嵘岁月稠，这同样是一个音乐英雄在战斗。镜镕山下，斗室之中，披肝沥胆，一位赤城的学者以一人之力担负起了中国音乐理论史的千秋重任。万世以来，此无非圣贤之为。他搜来万卷图籍，在日月星辰的陪伴下，书写着岁月，也书写着永恒，历二十载光阴而撰成了皇皇巨著《律吕正声》，彪炳中国与世界音乐史。这是一个故事的开始，邀来群星共同聆听。

《律吕正声》全书共12册60卷，约30万字，主要内容包括律政关系、律历关系和律学体系三部分，涵盖律学、乐学、舞蹈、天文、历法、数学、物理等方方面面，援引浩繁，论说精辟，详细梳理了我国声律学的发展史，自伏羲、神农、黄帝以来上下五千年

王邦直不仅是一位伟大的音乐家，而且是一位大孝子，尽行孝道。

王邦直的父亲在山西临县做官，突然去世。收悉噩耗，王邦直急忙从即墨赶往临县，接父灵回家。父亲为官清廉，是他的榜样。他依循传统，披麻戴孝，赤脚上路，扶灵两千多里，终于将父亲的灵柩运回了故里。一路走下来，脚磨破后化脓发炎，只能缠上布条继续赶路。王邦直赤脚扶灵两千多里的孝道精神传续下来，在城阳小庄一代代发扬着，尽孝成为后代们的自觉行动。小庄有一位耄耋老人，卧病在床，但无论多忙，家里的儿孙辈总留下一人时刻陪伴她，一直照顾了九年。这户人家被评为"青岛十佳孝星"。王氏族人的家训是从王邦直那里继承来的。

诚信是王邦直家训中的重要部分，这一点同样被后人传承下来。

王邦直为官清廉，治学严谨，一生清白，坦坦荡荡。他坚定地奉行"修身、齐家、治国、平天下"到儒家理想，这种君子之风对王氏家族生了很大影响，从古到今持守着诚信家训。有一件发生在清成丰年间（1851—1861年）的事，当时王邦直的后裔王永琭参加进士科考，为了能考上，一位朋友偷偷为他买到了答案，送饭时告诉他答案藏在了火烧里。可想而知，只要粗略看一下答案就能稳中进士。面对如此大的诱惑，王永琭一笑置之，直到考试结束也没看一眼答案。虽名落孙山，但是他不后悔，对帮他的朋友说，宁肯落榜也不会违背家训。

王邦直画像（上）
小庄王邦直后裔（中）
青岛市"王邦直杯"第二届民族音乐（器乐）比赛（下）

尽在掌握之中，完善了"律吕相应"等古代声乐学说，在世上首先创制完成"十二平均律"体系。明万历年间（1573—1620年），即墨同乡、翰林周如砥尝上其书于国史馆收藏，入载《明史·艺文志》。清康熙十八年（1679年），其书入载《四库全书》，列在"经部"第183册。 要说《律吕正声》在音乐史和文化史上的价值究竟有多高，看看明清学者的相关评价就明白了。明朝著名学者李维桢为《律吕正声》作序，言："孔子自卫返鲁，正乐，使雅颂得所。"将王邦直比作了孔子。又以"参伍折衷，最为精密，非以私臆索之无何有之乡，缪悠荒唐而无端崖也"诸语高度赞许王邦直的研究方法，勘定其书有着"成一朝未备之典，抉千古未发之秘"的卓越价值。要之，王邦直之《律吕正声》震古烁今。他所研究的领域，千年间几无人涉足过，"筚路蓝缕，以启山林"之功备矣。宋代理学家张载所言"为往圣继绝学"，此之谓也。

王邦直站在了中国和世界音乐理论史的巅峰，遗泽后世，百代为之回响。近年来，作为王邦直的后裔，小庄王氏采取自觉行动，致力于先祖文化遗产的保护和传承，建起王邦直纪念馆，整理王邦直著作、王氏家谱和相关文献典籍。城阳区开设了"王邦直音乐节"，青岛市举办了"王邦直杯"民族音乐（器乐）比赛。这是音乐灵魂的飞动，这是文化跨时空的交响。

盐宗夙沙氏煮海成盐传说

追溯东夷海盐文化的源头

Legend of Sushashi, the Original Salt Industry

Tracing the Source of Dongyi Sea Salt Culture

○ 盐宗夙沙氏与胶鬲、管仲在盐宗庙中

无数韵味醇厚的往事相互诉说，凝结着渔盐耕读之音，昭显着沧桑变幻之灵。

古来胶州湾地区即为渔盐兴盛之地，传为盐宗夙沙氏煮海为盐和渔祖郎君氏撒网捕鱼之地。齐国以工商立国，管仲大兴渔盐之利，乃有"琅琊、即墨之饶"。汉代盐业专营，坐落于胶州湾畔的不其县渔盐经济发达，形成了深厚的海洋经济传统积淀。从东夷岁月开始，渔祖盐宗在这里显灵，燃起一瓣心香。片片帆影，点点盐色，一道传承久远的渔盐之光始终在我们的生活之中发生，潮起潮落间，打开了胶州湾记忆的另一重门。古老相传，夙沙氏就是在这里发现了煮海取盐的秘密，缘此我国有了海盐的生产。

说起来，盐不只是一种调味品，在古代也是非常重要的战略资源。历史上曾有这样一种说法，"逐鹿之战"就是炎黄二帝为争夺盐而引起的。在中国，盐的历史悠久，可追溯到上古时期。于是，我们听到这个关于盐的传说，它记录了盐宗夙沙氏煮海成盐的故事。那么，夙沙氏何许人也？相传他是原始东夷部落的首领，高大勇猛，聪明能干，臂力过人，善于使用绳子结成的网来渔猎。正是他，在历史上首先发现了海盐的奥秘，成为"煮海成盐"的第一人。

夙沙氏一如既往，在海上捕鱼，而一天的食物就是大海的深情馈赠。这一天，他正要将鱼煮来吃，和往常一样，他提着陶罐从海里打来半罐水，用海水煮鱼，在潮音中燃起了熊熊火焰。可刚把陶罐放在火上煮，一头大野猪忽地从眼前飞奔而过。见状，夙沙氏拔腿就追，引弓射箭。等他扛着大野猪回来，见陶罐里水已经熬干了，缶底留下一层白白的细末。这是什么新鲜物？他用手指沾了一点，放到嘴里尝尝，味道又咸又鲜。于是，夙沙氏就用它沾着烤熟的野猪肉吃起来，味道很鲜美。那白白的细末，也就是从海水中熬出来的盐。从那时起，"煮海成盐"就成为一个经典记忆，在中国人生活中印刻着辽阔海洋的至善美意。这不，新的晚餐开始了。

文化之为，功德无量。《中国盐政史》谓："世界盐业，莫先中国，中国盐业，发源最古。在昔神农时代，夙沙初作，煮海为盐，号称盐宗，此海盐所由起。煎盐之法，盖始于此。"古往今来，夙沙氏"煮海成盐"标志着中国海盐业的开端，他也就顺理成章地被奉为中国海盐的创始人。民间，有关夙沙氏的传奇故事有很多，多数都与海洋和盐有关，如《盐宗夙沙氏煮海成盐的传说》《断盐的刑罚》《"盐"字的由来》《盐路》《夙沙氏为母报仇》和《夙沙氏舔海水》。

凤沙氏被后世尊奉为"盐宗"，人们对他推崇备至。明代，即墨县的里仁乡甚至还专门修建了祭祀盐宗的庙宇。欣逢盛世，如今在红岛的韩家民俗村，古老的盐宗庙得以重光。神坛上，凤沙氏端坐中央，商周之际运输卤盐的胶鬲、春秋齐国实行"盐政官营"的宰相管仲分坐两边陪祭。

盐宗庙香火旺盛，每逢祭典和节日，无论煮盐、贩盐还是用盐的，人们从四面八方赶来供奉祭祀，祈求盐宗凤沙氏的护佑。

古代煮海成盐示意图

古盐井（左）
盐宗庙（右）

玉帝尝盐
人间天上，美味与共

凤沙氏煮海成盐之后很久，盐只有人间才有，天上是没有的。有一天，玉皇大帝出宫巡游，发现东海边的莲花岛上烟雾缭绕，人声鼎沸，忙招呼千里眼过去观察一番。千里眼一瞧，大吃一惊，禀报玉帝："莲花岛上的人们在用柴草煮海水。"玉帝百思不得其解，随即决定带千里眼下凡去查个究竟。

玉帝降临人间，发现人间菜肴美味可口，竟赛过了天上的所有珍馐。玉帝便问山神、土地神何故，得知奥秘就在于做菜时放了盐。玉帝追问盐为何物，山神、土地神坦白了凤沙煮海成盐之事。玉帝要亲眼看一看，山神、土地神连忙双手捧出一颗颗晶莹雪亮的盐粒。看完后，惊讶之余，玉帝飞到莲花岛上观察了一下人们煮海成盐的场景，他想：果然还是人间好，有这么好的菜肴，怪不得天上的神仙都屡屡违犯天条，执意下凡间游玩。看来，我必须把盐带回天庭，让众神仙都能享用这人间美味，他们也就安守天界了。回到天宫，玉帝下御旨，命土地神、山神准备好盐，让赤脚大仙按时下凡来取。从此之后，玉帝和天上的神仙也品尝到了人间的美味，众神仙安居天堂，玉帝再也不用担心神仙私自下凡间的问题了。

○ 灵山老母庙

中国文化惠及民生，有一个因善得道、以孝成神的逻辑，灵山老母就是一个典型例证，生动诠释了天地人心在日常生活中的存在方式。

即墨城北有灵山，传说此即灵山老母的显圣地。山下有村庄名东山坡村，起初即墨兰家庄村民为膜拜灵山老母而来此择地筑屋，后来又有不少人家从四面八方迁居此地，渐成村落。这是因灵山老母之缘而聚合的民生群落，有一种朴素的虔诚之意。

灵山之巅，古来即有灵山老母庙，亦称青霄元君祠。清乾隆版《即墨县志》载明万历间（1573—1620年）国子监祭酒周如砥所撰碑记，其文曰：

> 灵山青霄元君祠，不知起于何时。万历年重修，掘得元君遗蜕并一石碑。乃周元王五年建。碑载：元君招远王氏，许配墨邑金门，貌陋甚，十八岁尚未婚。孝事翁姑。一日，出汲于山之东，遇一白马素袍者曰："吾奉帝命取尔上升，四月十五日其期也。"乃以巾搭元君面，容貌顿改。及期，果音乐远播，紫云罩山，遂登顶坐石而化。后，一小牧儿被雷击死，寻苏，言见云中羽扇鹤驾，顶冠翡翠曰："吾青霄元君也，救而传语，唯孝当钦。"土人遂建祠于山巅云。

据此可知，关于灵山老母的记忆可追溯至东周时期，距今已逾两千载时光。故事流传至今，说的是王氏淑娘的生命传奇，她自招远以童养媳的身份嫁来即墨，然因相貌丑陋而一直未得完婚。她受尽嘲讽和虐待，然不改初心，尽行孝道，侍奉翁婆，关爱邻里，朝夕忙碌。某日，她到灵山东麓打水，偶遇一位着素袍、骑白马而来的高士，说是奉天帝之命来引领淑娘重登天界的，约定时间为农历四月十五日。高士对她讲出了一个天大的秘密，原来淑娘本是天上的青霄元君，降临凡间，之所以未以美丽真容而以丑陋面貌出现，目的是避免为人世所玷污。高士赠予青巾，回家后淑娘以之擦拭脸庞，容颜立改，恢复了美丽本色。到了四月十五日这一天，紫云笼罩灵山，她登上山巅，坐石上羽化升仙。此后，她常以扶危济困的形象示现，保佑着百姓平安。缘此，百姓亲切地称之为老母。唯孝当钦，这是灵山老母的传世要旨。

年深月久，灵山老母救苦救难的光辉形象深入人心，老百姓自发建祠供奉。经唐、明两朝官家参与之后，灵山庙宇一度成为胶东地区最大的庙宇建筑群。每年农历四月十五日举行盛大庙会，为当地的一大民生盛典，清朝人曾经以"灵山四月扛马行"之言来

仁孝之光，民生之福

灵山老母的形象深入人心，相关传说不胜枚举。

有一个"灵山老母为孝子解困"的故事，是众多关于灵山老母故事中非常典型的一个。故事说的是，即墨三泉庄村有李氏人家，家境贫寒，母子相依为命，儿子对母亲一直都很孝顺。某一天，母亲生病了，儿子衣不解带，整日伺候在床前，但母亲的病情一直不见好转。家中拿不出钱去找郎中治病，眼看母亲的病情日渐加重，儿子心急如焚。到了四月十五日那天，万般无奈之际，儿子想到了灵山老母，便上山求救。灵山老母念其一片孝心，决定帮助这孝子渡过难关。他满怀期许，回家后见母亲的身体已有所起色，慢慢不治而愈了。

你看，一个故事如此平常而又如此耐人寻味，带着日常生活的点点滴滴，不过却也因着万世孝心的传递而显得神奇，仁孝之心在灵山老母与人世孝子之间熠熠生辉。你心中有一个灵山老母，这世上就多了一个孝子。

○ 灵山老母庙庙会场景

○ 即墨古城城隍庙内的
青霄元君（灵山老母）造像

描述庙会盛况。"灵山前，大乱不乱，大减不减"，这是即墨及周边地区的一句谚语，道出了人们心中对灵山老母的无上崇敬之意，人们坚信灵山老母法力无边，只要有她的守护，就能过上幸福安详的生活。

灵山老母，又称灵山圣母、青霄元君，是发祥于即墨的具有特殊而强烈地方色彩的神灵，对传统仁德孝道有着深刻的精神见证力，反映了中国文化的基本价值。从美丽女神到人间丑女，复归女神而成为灵山老母，这就是一个传奇的奥秘之所在。美艳与丑陋之间，女神的生命之转如此耐人寻味。在老百姓的心目中，这就是仁孝与善良之光的永恒闪耀，年复一年，伴随着春夏秋冬，寄托着民生福慧。

○ 田横岛

汉时日月高悬，海色苍茫，阳光与浪花传递着一部英雄赞歌。

在历史的某一个回旋点上，齐人田横及其部属谱写了一部气壮山河的壮歌，也带来了绵延不绝的民间故事。在中国东部，在即墨海域，有一座小岛，叫田横岛，是一座沉浸着忠义精神和英雄主义气氛的岛屿。岛上有田横五百义士墓，另有田横碑亭、田横殿、田横雕像等相关遗迹，有村庄名田横岛村和催诏村，另有望驾山、脱甲湾、扔儿坡、望孩岭等处，俱因田横之事而得名。

田横（前250—前202年），战国时期的齐田氏之后，中国古代著名义士。楚汉相争之际，出身齐王族的田横率领众军士奋力收复齐国故地。齐王田广死后，田横自立为王，想要重建齐国。然惜败于汉将灌婴，不得不退守当时的皋虞县海边，因而也就有了《史记·田儋列传》所载"与其徒属五百余人入海，居岛中"的事。

刘邦称帝后，本想召田横入朝为官，乃以"田横来，大者王，小者乃侯耳；不来，且举兵加诛焉"之言相引诱胁迫。为保全徒属，田横毅然西去谒见汉高祖刘邦。行至洛阳三十里外的偃师，思齐国旧事而倍感激愤，更羞为汉臣，遂仰天长啸，拔剑自刎，以保全生命尊严和部属平安。刘邦感其贤德，以诸侯礼葬之。两随从在田横入殓时亦刎剑赴死，相守于墓穴。消息传至岛上，众人悲愤不已，决意追随田横，竞集体蹈海殉节。《史纪》中，司马迁赞曰："田横之高节，宾客慕义而从横死，岂非至贤！"

齐地自古激昂，文化血脉中固有一种英雄主义基因。回首往事，感到那不随岁月而流逝的光芒在闪耀，那是田横五百士的惊世一闪，千载之下犹令人动容。

○ 徐悲鸿《田横五百士》

○ 金口天后宫

金口民间故事

海神光辉与商贸华章的交响

Folk Stories of Jinkou
The Composite Symphony of Sea-God Glory and Business Legend

即墨金口镇北有北阡遗址，深藏着6000年以上新石器时代的文明拓荒密码。明万历年间（1573—1620年），即墨三口（金家口、女姑口、青岛口）开海通商，金口渐成明清良港，帆樯林立，物阜民丰，结连海陆，在海事、商事与文事共相流转之中，见证了古代生活的厚重底蕴与精良品质。明天启年间（1621—1627年），天后宫兴建，是山东境内规模最大的一座天后宫。

这儿，也是一片民间故事的沃土。漫步金口古港，穿行于大街小巷之中，犹可听闻那些古老而常新故事，带着乡间情调和海洋风神从时光深处响起。目前，金口镇共搜集到13个门类（包括神话、笑话、人物、道僧、动物、海洋、生活、民俗、幽默、谚语、成语、歇后语、典故）的民间传说故事1200余个。

○ 千年酸枣树

千年酸枣树

殉情之人，重生之梦

这是一个关于爱情、生命和死亡的故事，浮动着凄美而忠贞的光晕。回望隋唐时代，花树缤纷的时节，有一对年轻人相爱了，誓愿白头偕老。可是女孩父母看不起出身贫寒的书生，硬生生地将一对恋人拆开了，而且要将女儿包办许配给他人。两人悲伤至极，却无力改变现实，绝望之际只得以殉情的方式结束了这一切。冬去春来，在他们的葬身之处，在岁月的空地上，两棵酸枣树悄然长了出来。如今已成参天之势，根深叶茂，树龄已逾1400年，象征着超越生死的爱情。据传，这两棵相依相亲的酸枣树就是两位恋人的化身，他们以树的形式实现了永远相守的梦想。

金口民间故事类型多样，最大特色就是充满海洋文化气息，反映了金口港深厚的历史文化传统，保留着古朴而生动的民间记忆，深深照见今古岁月之谜。这是一个丰富多彩的民间故事宝库，《天后圣母的传说》体现了妈祖文化北传即墨与青岛的史迹；《卧牛山的传说》讲的是玉皇大帝之三女儿乘天牛偷渡人间的故事；《千年酸枣树》讲的是发生于千年前的一个凄美的爱情故事；《庙台岭与拖耙地的传说》讲的是北宋时期一个除恶扬善的故事；《黄豆山石猪》讲的是一头宝猪与山体的缘分。要之，每一个故事都以自己的方式见证着历史与现实的结合，带着人间与天上的祝福诉说着悠远岁月。

○ 大珠山

大珠山传说

浪漫与神奇的岁月长歌

Legends of Dazhushan Mountain
The Songs of the Years in Romance and Magical

双珠嵌云，这是一重诗意的自然景观，在万方星光的和鸣中显现。

大珠山坐落于青岛西海岸新区南部，枕沧海之波涛，挂高天之流云，铺大地之葱绿，既清新秀丽，又高旷雄伟。清地理学家侯登岸在《大珠山考》中，言唐时有仙人朱仲居于此，故名"大朱山"，后谐音演为大珠山。元于钦所撰《齐乘》和近代赵琪所撰《掖海丛书》等方志均以"岸海名山"言说此山。清宋文锦等人所纂《胶州志》则言其为"州中第一胜地"，将大珠山和小珠山双珠相生、扯云裹雾之美景誉为"双珠嵌云"，列古胶州八景之首。

藏于石门，赢得天下

李世民重修石门寺

隋唐之交，李世民东征途中遭隋兵围剿，遁入大珠山。忽见古刹，石门紧闭，遂打马冲上门旁巨石，腾空跃入寺中，跌落竹林。隋兵追来，搜遍寺内外，不见踪影。李世民三天三夜方醒来，瞥见一个小和尚在熬米汤，原来是这小和尚将他拖进大佛肚中藏起来。半月后，隋兵焚毁石门寺。李世民大难不死，登基后颁旨重建石门寺，救他的那位小和尚做了住持。世事纷纭，偶然间，一道石门维系着帝国命脉。看上去，是空空之门，亦如人间奥秘之门。

○ 石门寺

云风驰荡，这里也必然是民间故事的渊薮，举凡一草一木、一花一石都浸染在了美丽的传说中。千百年来，无数动人的传说在这里诞生和演化，闪烁着出神入化的光影。大珠山传说内容丰富而特色鲜明，诸如自然演化、宗教神话、帝王将相、文化才俊、奇石花卉、鬼狐精怪、人物生活等等不一而足。众多故事中，《麻衣庵》和《朱朝洞的传说》等讲的是大珠山本身的历史记忆；《石龟与石鹰》《大珠山杜鹃花》《帽子峰》《帽子峰和仙人洞》《狮子峰》《月季山》和《和尚石与女人石》等讲的是大珠山的自然景观和奇峰怪石；《聚宝盆》《老高桥》《东山张古槐》《海庙后的传说》《程子沟的传说》《凤凰山的传说》《点石成金》《县官断斧》和《唱戏娘娘》等讲的是大珠山及其周边的百姓生活和村庄风貌。总体上看，大珠山传说有着曲折情节和诙谐的语言，凝结着浓郁的乡土气息和深厚的历史底蕴。在古朴与浪漫之中娓娓道来，将大珠山的精神风采传唱至今。大珠山传说有着独特的艺术风格，最大特点就是把传奇与历史、幻想与现实融合起来，用联想、夸张等手法来编织故事，在自然与生活的水乳交融中倾诉着高山大海的至美情怀。

○ 小珠山

告别大珠山，向北即与小珠山相遇，其实它们本来就是精神上密切融合的一体。

双珠缘何而生？这里有一个美丽传说，是与瑶池仙女相关的。话说西天瑶池有一位仙女纵情游玩，一不小心把拴手链的线给弄断了，于是一颗颗珠子就散落到了人间。其中两颗珠子落到黄海岸边，分别变成大珠山和小珠山。此即"双珠嵌云"的来由。清周智於的诗句"仙女倦游何处去，双珠抛在水云边"说的就是这回事。不过，这小珠山比大珠山还要高，有"大珠山不大，小珠山不小"之说。彼此之间，小大由之，自然与文化精神以共生的方式贯通起来。缘此，也就有了"大珠小珠落玉盘"的诗意景观。

○ 大黑涧

话说紫草人参在青石潭得道成仙，晨起梳妆，红光满山，下河沐浴，河水晶莹甘洌，游人来此皆以水洗面濯足，以净心神。20世纪40年代某日，一个日本兵在青岛湾畔用望远镜瞭望海对面的小珠山，看到其上有一朵异花。他便乘船过海，爬到半山腰，见红色飘带拴在花丛中，可到跟前要捡的时候，飘带却无影无踪，可能是不愿意落入敌手吧。至于这红色飘带，据说正是那早已成仙的紫草人参化现的。故事中，有善恶亲疏之意，这是民间故事可以澄清的历史道德。

千年人参仙的传说

物华有灵，明见善恶

民间文学在小珠山同样有着悠久而精彩的流传。总体上看，小珠山传说表现出乡土文化与山海文化交融的特征，在世俗文化与宗教文化的双重变奏中不断演进，地域特色鲜明。究其源，无外乎自然、文化与民生三端，三者共生，包罗万象，赋予小珠山以生生不息的魅力。人文与自然相化生，故事首先出自小珠山独特的山川地貌和自然风物。你看，小珠山高峻雄伟，众多奇石巨岩分布其中，特别是珠峰大顶、九道梁子、大黑涧等处最称显赫，其中金鸡石、望夫石、姜公背姜婆、釜台筒等惟妙惟肖，主峰大顶与白石顶南北对峙，上有天门和天桥为之昭显自然真意。可以说，大自然的鬼斧神工造就了这一切，衍生出了诸多美丽传说。与自然相合，众多历史古迹也是民间故事的渊薮。这里有春秋战国时期所筑我国最古老的长城——齐长城，它穿越小珠山珠峰而逶迤向海。与大珠山一样，小珠山亦为佛教圣地，山中有始建于唐代的朝阳寺、始建于明代的白云寺和小庵庙，它们本身就是民间故事的发生地。小珠山周边百姓的民俗生活丰富多彩，各具特色，几乎每一个村落都有自己的生活与记忆方式，对生活史源远流长的解释各具特色，这都是民间故事诞生的内在动因。

○ 大泽山

时光弥漫，与高山的对话持续展开，新的民间故事在深情低诉。

大泽山坐落于平度北部，同样是一座沉浸着历史气氛的岸海名山。大泽山中有天柱山，独具魏碑之美，被誉为"隶书极则"的《郑文公碑》就镌刻在山中的旷世巨岩上。风中，一道光依旧在山岩上书写，倾注着漫漫长天的钟情之意。

大泽山是一座别具传奇魅力的民间故事宝库，历史悠久，文化底蕴丰厚。从内容上看，有关于救苦救难的神仙传说，也有同恶势力做斗争的凡人英雄传说，有百姓爱戴清官的动人故事，也有葡萄栽培的美丽仙话。大泽山有许多民俗节日，与此相关的民间传说丰富多彩，从每一个民俗节日中，几乎都可以找到一个美丽的传说机缘。比方说，大泽山的石头节原为山神节、石匠节，其由来就与玉皇大帝封石窟为东莱山神有关。而大泽山的葡萄节原为财神节，其由来则与唐太宗李世民为大泽山葡萄赐名有关。

青杨永留青杨湖

少年英雄，劈石成湖

这是一位少年英勇的故事，他富于忠勇与牺牲精神，成就了一番拯救黎民百姓的惊天伟业。大泽山南麓有嵖岈山，山下小村庄里住着一个孩子，名叫青杨。他天天无忧无虑地在山上放羊，吹着心爱的竹笛。小青杨十几岁时，嵖岈山遭遇场百年不遇的大旱，整整三年不曾下过一滴雨。目睹乡亲们背井离乡，小青杨只好吹笛相送。某日，一个白胡子老头忽然来到他的身边，说："只要你能对着大山连着吹上七七四十九天笛子，并且每天连着吹上七七四十九支曲子，你就会得到一把神斧，用它即可劈开半山腰的黑虎石，就会有水产生。可是，劈石的人将永沉湖底。"小青杨听了这番话，毫不犹豫，面对大山吹起了笛子，笛声悠扬间，喷涌而出的泉水汇聚成方圆百余亩的大湖，老百姓得救了，而小青杨却沉入了湖底。至今，相传湖底还留有一块人状石头，那是小青杨的化身。后来，人们为了纪念小青杨，就将这片湖命名为"青杨湖"。

多少流云往事依旧在山海之间飘洒，历史的吉光片羽翕然闪动，发出漫长岁月的深沉交响。诸多生动活泼的民间故事洋溢着大泽山所独有的精神气息，闪耀着人与自然共生、人与历史同在的精神格调，典型反映了胶东半岛的文化性格与民生风貌，一道精致光晕穿过非物质文化遗产的廊道，进入日复一日的现实生活。

九龙泉位于胶州市九龙街道，九龙山南坡，北距夼集（今称同心村）约百米，与著名的古文化遗址——三里河遗址相距不远。

九龙山中多泉水，久旱不涸，大涝不溢，冬不结冰，比较知名的有九龙泉、王邑泉、望北沟诸泉和泉子涯诸泉，其中尤以九龙泉为著。其为泉，澄潭如汁，水质甘洌，意味着一方水土的精良品质。

九龙泉一带具有优越的地理条件、深厚的文化积淀和良好的商贸环境，这就为民间传说的孕育提供了丰沃的土壤。旧时，许多胶城富户喜欢在此区域内建宅造圹，也对这里的人文景观有所增益，加之物阜民丰，进一步丰富了九龙泉传说的内容体系。自明代起，九龙泉所处的夼集已形成集市和山会，远近闻名。对此，1931年刊行的《增修胶志》有所记载。集市和山会以牛、驴、骡、马和木材为交易大宗，周边即墨、平度、莱阳、海阳以及陕西、河南等地的商贾云集于此。人们尤其喜欢以九龙泉水泡茶，因此周边茶肆酒楼聚集，各种店铺鳞次栉比，成为各地客商休憩歇宿和饮茶进酒的聚拢处。至今，每逢农历六月十三日，周边村民都会到九龙泉、王邑泉及老母庙瞻仰祭祀。客观地说，商贸的发展与人群的流动，为九龙泉传说的传播提供了便利条件。如今，九龙泉经过修葺，曲径、泉水、澄潭显露真容，基本呈现了其原生态风貌，为九龙泉传说构造了实地传播的良好环境。水泉掩映于茂林修竹之内，民间传说故事昭彰于口耳相传之中，深入人心。

与当地的自然地理环境和文化氛围相适应，许多九龙泉的传说故事具有山川泉林特征，可以说是寓传说于自然中的美好叙事，反映了人们热爱自然、亲近自然、融入自然的情怀，寄托了人们对美好生活的憧憬和追求。自然精神渗透于传说体系之中，这是九龙泉传说的一个基本特征。同时，一部分传说又具有拟人化的格调，体现了"自然的人化"。总体上看，九龙泉传说所反映的内容十分广泛，诸如万物化育、山川风物、自然崇拜、天人感化、热爱生活、乡风慕义、勤劳勇敢等主题皆有所见，其中《九龙山与九龙泉的来历》《老母庙与九龙泉的传说》和《泉子涯的传说》等作品最具代表性。在这些传说中，九龙泉被拟人化和神化，呈现出水泉崇拜的美学格调。

市级非物质文化遗产（胶州市）

九龙泉传说

Legend of Jiulong Spring

Beautiful Narrative with Legends in the Mountain Spring

寓传说于山泉中的美好叙事

位于青岛九龙醇酒业有限公司院内的九龙泉

烹阿封即墨

赏优罚劣，齐国大治

公元前356年，齐威王继位，胸怀称霸之大志，致力于强国富民，改变内忧外患、生产停滞、百姓生活潦倒的局面。时任即墨大夫田种首，勤政务实，在其治理下即墨田园丰裕，社会安宁。只因他刚正不阿，不会讨好齐威王左右的权贵而屡遭谗言诋毁。齐威王派亲信明察暗访，掌握了实情，并决心整治吏治。齐威王当即聚集众臣，明断是非，赏优罚劣，对即墨大夫"封之万家"。同时，烹了严重失职的阿大夫，左右接受贿赂、毁誉不实的奸臣，皆烹之。即墨大夫励精图治、刚直不阿的作风得以发扬光大，阿大夫之类贪官污吏得到惩处。对此，司马迁《史记》做出评述："群臣耸惧，莫敢饰非，务尽其情，齐国大治，强于天下。"

即墨大夫是战国时期即墨的最高军政长官。历史上，即墨作为齐国东方的经济文化重镇，曾出现过三位可歌可泣的即墨大夫，入载《史记》《汉书》等国史典籍。第一位是田种首，为齐威王时的即墨大夫。他励精图治，使即墨邑物阜民丰，田野广拓，得到齐威王"封之万家"的褒奖。第二位是齐湣王时人，燕军攻齐，国都临淄等七十二城已失，唯即墨与莒尚存。燕军兵临城下，时任即墨大夫临危不惧，亲自披挂上阵，率一城之兵阻挡几十万燕军，为国捐躯。后来，田单为即墨大夫的精神所鼓舞，以"火牛阵"大破燕军，收复失地，成就了中国军事史上以少胜多的佳话。第三位是战国后期人，当时韩、赵、魏、楚、燕五国相继为秦所灭，秦军大兵压境，剑指齐国。时任即墨大夫冒死直谏，力劝齐王建举全国之力，组建百万之师，与秦决一死战。但齐王建降秦，即墨大夫壮志未酬。

○ 位于即墨马山的即墨大夫雕像

即墨三大夫身负国家重托，心系百姓疾苦，为官一任，造福一方。他们清正廉洁、德才兼备、舍身为国，为后人所景仰。他们有的虽未留下真名实姓，但声誉卓著，千古流芳。即墨大夫的事迹在《史记》《资治通鉴》中都有记载，历代文人墨客也用诗文表达对他们的崇敬之情。古时即墨有"九贤祠"，即墨三大夫与安平君田单、汉谏议大夫王吉、齐王田横、御史大夫王骏、胶东相王成、不其令童恢被后人誉为即墨九贤，受历代即墨先民祭祀，其中即墨大夫位列九贤之首。近年，重建的即墨古城立有即墨大夫坊，文庙内的名宦祠奉祀即墨大夫，即墨马山立有即墨大夫雕像。

王吉字子阳，西汉时琅琊郡皋虞县（治在今即墨温泉镇）人，历代琅琊王氏奉之为始祖。汉昭帝时（前87年—前74年），王吉任昌邑王中尉，掌管兵事。昌邑王刘贺贪玩好游猎，不问政务，左右不敢进言，百姓怨声载道。唯王吉屡屡上疏力谏，告诫刘贺要潜心读经，精心治国。汉昭帝驾崩，太子尚幼，大将军霍光派人迎立刘贺为帝。于是，王吉再次上疏规劝刘贺，献治国安邦之计。怎奈刘贺不听王吉劝谏，即位后仍然荒淫无度，在位仅27天即被废黜。其时，昌邑王的旧臣多受牵连，因隐瞒昌邑王的罪过而被下狱诛杀，唯有王吉等因正直谏言而得以免死。

○ 王吉墓出土的汉青铜扁钟
（即墨博物馆藏）

王吉与贡禹为挚友，在官场上均不得志，长期赋闲在家。汉元帝时（前48—前33年），王吉被召去当谏议大夫，闻讯，贡禹很高兴，就把自己久已不用的官帽取出来，弹去多年布满的灰尘，准备使用。果然，不久后贡禹也被任命为谏议大夫。两人共进退，缔结了旷世之谊。

弹冠相庆

进退相随，取舍一致

汉宣帝时（前74—前48年），王吉授博士谏大夫，不改直谏秉性，上疏劝宣帝选贤任能，整顿吏治，改良世情。但建议未被采纳，王吉还因此而受到朝廷权贵的排挤打击，遂称病辞官，回故里治学。

王吉为官时刚正不阿，清正廉明，心怀天下；居家时清贫自守，淡泊明志，品行高洁，深受时人赞誉，垂光后世。王吉故事传说源于《汉书》及《即墨县志》等历代典籍，并在民间世代传承，主要有《直言不避权贵》《王吉休妻》《弹冠相庆》《有道则见，无道则隐》《吉人天相》《王公祠的传说》《点石成金》《琅琊王氏风水宝地》《古道热肠促良缘》等作品。这些故事，弘扬了中华民族的传统美德及处世典范，表达了中国知识分子"修身、齐家、治国、平天下"的情怀，体现了儒家理想人格和传统文化的诸多精髓，植根于百姓心中并流传至今。

古时，即墨城内曾建有九贤祠，王吉及其儿子王骏位列九贤之中。位于其皋虞故里的王吉墓群现为省级文物保护单位，所在地还建有王公祠。为纪念琅琊王氏的始祖荣光与渊源所自，重建的即墨古城内特立有"琅琊王氏祖脉坊"。在王吉故里，今即墨区温泉街道及其周边，王吉的故事被广泛传播，成为优良学风、家风与世风的典范。

○ 琅琊王氏祖脉坊

千秋仁德侔天地，一代廉吏出不其。

世人皆知宋朝"武松打虎"事，却鲜知汉朝"童恢伏虎"事，相对而言后者更具传奇色彩，充满人性光辉。故事的主人公是东汉不其令童恢，为古代廉吏典范。

童恢官职卑微而口碑卓越，入载国史。他是琅琊姑幕（今诸城）人，东汉光和五年（182年）出任不其令，世称童公。他爱民如子，安民有道，富民有方，体现了古代吏治的理想境界。当时，不其政通人和，诸业并举。对此，《后汉书·循吏列传》中有"一境清静，牢狱连年无囚"的记载，相对于许多地方往往狱中人满为患的情况，这是一个奇迹，可被视为古代社会治理的一个典型案例。因治世有功，童恢擢升丹阳郡（治在今安徽宣城）太守，逝于任上。然魂兮归来，不其百姓心心相念，建起童公祠和衣冠冢，奉以神明之礼。千载之下，童公祠内"童公香柏"高矗云天，托永生之念。回望汉时，不其令所践行的正是儒家吏治理想。他理政有方，以爱民、安民和富民为吏治基础。不其老百姓心目中，童恢是一位崇高的县令，视苍生若己，为苍生请命。

童恢伏虎

爱民如子，仁通万物

"童恢伏虎"的故事出自东汉，是古代民间传说的经典之作，至今人们仍津津乐道。

这是不其令童恢为民除害的一段奇闻，说的是，不其山中猛虎为患，某日一位寡居老妪的独子入山砍柴，惨遭不测。老妪泣告恶虎于县衙，童恢为民做主，亲率众衙役进山捕虎，擒二虎，乃以王法处之。童恢怒斥二虎："你们两个，谁是杀人者，就垂头服罪吧；没杀人的也请呼号喊冤吧。"话音刚落，一虎低头闭目，畏惧认罪，被斩了。另一虎大吼喊冤，被放了。故事情节进一步发展，童恢还责令未杀人的那只虎为同类赎罪，替儿子尽孝，为老妪养老送终。于是就有了这样一幕奇景：虎为人事，伺候老妪，白昼驮柴衔粮，黄夜值守户牖，殷勤尽职。训虎之际，童恢说出"天生万物，唯人为贵"之言（见《后汉书·循吏列传》）。明万历版《即墨志》言之为"伏虎异政"，可视之为一个政治隐喻，是为民除害、天下清平的象征。

○ 童真宫"童恢伏虎"壁画（上）
○ 童真宫有龙像的彩绘大梁（下）

两千多年以来，城阳及周边地区流传着许多关于童恢的故事。除了广为人知的《童恢伏虎》以外，还有《童公惩贪官》《灭蝗虫》及《童恢捉鸡妖》等，这些都是老百姓口口相传的"两千年不倒的清官"的故事。试想，这样的故事如何不感人？

○ 郑玄讲经处：不其山下书院村

郑玄与康成书院传说

肇始中国书院文化的历史前缘

Legends of Zheng Xuan and Kangcheng Academy
The Historical Origin of Chinese Academy Culture

郑玄为经学史上承前启后的大师，清整百家，引经学进入"小统一时代"，深刻影响了儒学传统下中国人的精神世界。时当东汉乱世，他两度东来不其（汉置县，治在今城阳区），设帐授徒，传经释典。山海间，经学之音激荡，汉不其文化得以完型，不其为经学重镇的历史有了更为深厚的依托，中国书院文化史也有了一个历史前缘。晋朝古方志《三齐记》说康成旧事，有"郑司农常居不其城南山中教授"之言。意味深长的正是"常居"，盖不其山为康成学府，诸朝之忆，一以贯之。郑玄第一次东行大约发生于永康元年至熹平二年（167—173年），在"客耕东莱"之际传习经学。第二次是在灵帝中平五年（188年），当时郑玄62岁。《三国志·魏书·崔琰传》载："至年二十九，乃结公孙方等就郑玄受学。学未毕，徐州黄巾贼攻破北海，玄与门人到不其山避难。时，谷籴县乏，玄罢谢诸生。"这一次是因避难而产生的经学行动，历史背景是黄巾军逼近郑玄的老家北海高密，郑玄率众弟子再度东行，重归不其山。崔琰、王经等弟子追随而至，本地学子更是倾巢出动，从学者以千人计。遗憾的是，因粮食匮乏之故而不得不"罢谢诸生"，一场伟大的经学盛宴结束了。

康成书带

云山苍苍，草叶悠悠

山中日月长，回荡着琅琅书声，草木为之谛听。

郑玄讲经地，一种非常质朴而坚韧的草成为精神象征。《三齐记》言之："所居山下草如薤，叶长尺余许，坚韧异常，时人名作康成书带。"书香浸润的物华，此云"康成书带"，当年郑玄和弟子们常用以捆扎书简。另有篆叶楸，其叶脉有篆文之状，似乎都有感应。唐陆龟蒙的《书带草赋》开篇即云："彼碧者草，云书带名。先儒既没，后代还生。"苏轼《书轩》给出了新的见证："雨昏石砚寒云色，风动牙签乱叶声。庭下已生书带草，使君疑是郑康成。"多少沧桑从草叶上滑过，露水一样。岁月有时竟是如此精微，如书带草一样，朴素无华却又诗意盎然。

郑玄本人继续在不其山住了一阵子，孤独注经。郑玄离去之后，人们开始立祠奉祀，建起了康公祠，这也就是后世所云康成书院的前身。千年以后，郑玄讲经处被称作书院村。这是一座群山环抱中的小村庄，坐落于铁骑山东麓，三面环山，南邻书院水库。明永乐年间（1403—1424年），于氏、贾氏等家族迁居此地，屋舍处在康成书院以北，故名书院村。此所云康成书院，系明正德七年（1512年）即墨知县高允中所建。郑玄的故事被后世文人一次次追述，于是就有了顾炎武《不其山》之问："荒山书院有人耕，不记山名与县名。为问黄巾满天下，可能容得郑康成。"

一代直臣的激越与沉潜

话说当年，清康熙帝面对一位以病乞休的官员时，竟连连慰留，发出了"琇病甚，思一人代之不可得，能如琇者几人耶"的感叹。康熙口中的"琇"，指的就是被誉为"一代直臣"的即墨人郭琇，他曾以《特参河臣疏》《纠大臣结党疏》《参近臣招摇疏》三大疏震惊朝野，时人尝以"郭三本"称之。康熙帝十分赏识他，曾告诫赴任河南巡抚的徐潮曰："尔去但如郭琇为官，不但今日之名臣，即后世亦皆敬仰矣。"郭琇逝后，故乡百姓感念有加，传颂着许多关于他的传奇故事。

○ 清绢本《郭琇四时行乐图》（即墨博物馆藏）

贺寿礼单

参罢权奸，肃正朝纪

清康熙年间（1662—1722年），纳兰明珠独揽朝纲，利用康熙帝的信任而结党营私，贪污纳贿。纳兰明珠53岁大寿之际，郭琇也出人意料地送来了一份"大礼"。当其时，府门之上明灯高悬，达官贵人鱼贯而入，桌上摆满山珍海味。纳兰明珠满面红光，高坐主位，等着人们前来祝贺。近正午时，门上传呼："郭大人到！"闻讯，他大吃一惊，没想到耿直的郭琇也来参加宴会了。只见郭琇先拜了寿，然后递上一个红纸包，纳兰明珠当是礼单，非常高兴，便赏了一杯酒，郭琇一饮而尽，即转身而去。纳兰明珠直犯嘀咕，忙叫人将郭琇的"礼单"呈上来，一看，便脸色铁青，汗流如雨。偏巧这时，忽听门上传："圣旨到！"慌乱中，纳兰明珠立刻眼珠一翻，晕死了过去，寿宴顿时乱作一团。原来，郭琇送来的是一个副本，详列纳兰明珠的十一大罪状，而正本已经上奏给康熙帝。

郭琇传说内容丰富，以郭琇的家境、成长和为官经历为题材，充满正义、无私和忠勇精神。《郭琇下生》说的是郭琇下生那天适逢大雨，巡视民情的县太爷与参将站进他家门楼避雨，仿佛在为他站岗执勤。《谁叫你要俩》说的是郭琇从小不怕鬼神，黑夜只身到城隍庙往阎王嘴里塞枣的趣事。《出门三梆》说的是郭琇家里做豆腐，出门要敲着梆子叫卖，他每次走在前面敲着梆子喊道："出门三梆儿，先斩后奏（斩与醮谐音，意思是要先醮卤水然后才能做成豆腐）！"小孩子大口气，预示他以后必成大器。《奇遇相报》说的是他曾救助过一个落魄的人，后来这个人感恩帮他平息了军士哗变。《岂容一个把总撒野》说的是郭琇严惩了一个依仗上司权势横行霸道的把总的事。《面参高士奇》说的是郭琇当着康熙皇帝的面，参劾宠臣高士奇的事。老百姓津津乐道，文人们也乐于记载郭琇。清末盲艺人就曾为他编《郭琇下两广》唱词，成为胶东鼓书的经典段子。蒲松龄《聊斋志异·公孙夏》记述了郭琇赴任湖广总督途中罢黜暴吏的故事。

○ 陈姑庙

市级非物质文化遗产（青岛西海岸新区）

陈姑传说 | 出自灵山卫的北方妈祖

Legends of Goddess Chengu
Northern Mazu from Lingshanwei

陈姑传说诞生于南宋时期，从陈姑追求爱情、赡养婆母的故事讲起。天神闻之，亦大为感动，便派四海龙王将陈姑婆媳二人接到顾家岛龙王泉处，立庙封神，专司航海安全，护佑航船平安。此外，陈姑也被奉为婚姻与生育的保护神，结合进了民间生活史的广袤图景之中，一道海上女神之光已然渗透进老百姓日常生活的方方面面。陈姑生前仁孝，死后升仙成神的故事深入人心。传说序列中，还包含着南方人建庙过程和陈姑显灵等内容，其中属陈姑显灵的传说故事特别多。缘此，形成了特有的陈姑崇拜。八百多年以来，在青岛西海岸新区灵山卫故地广为流传，特别是在顾家岛社区被讲述得更为丰富而生动。岁月久远，陈姑传说绵延不绝，陈姑庙成为过往船只祭拜的庙宇，关于陈姑传说的诸多具体内容就记载于庙中壁画上。庙旁有一口陈姑井，井水甘甜丰盈。陈姑庙与陈姑井，为当地老百姓带来了生生不息的福慧。岁时绵延，老百姓的日常生活在这儿持续地展开，伴随着每一个春夏秋冬的平安祝愿，寄托着过去和将来的美好希望。随着海上交通的展开，陈姑传说逐渐流传到了山东东南部沿海乃至江浙沿海地区。

追求爱情，殉情永恒

陈姑与长工的爱情

置身山海之间，我们来聆听陈姑的生前过往，感受美丽女神的爱情故事。

陈姑生活在南宋时期，是一位琅琊财主的女儿。她善良勇敢，突破世俗藩篱，爱上了一名在自家做长工的小伙子。在一轮明月见证下，两人私订终身。然而不为世俗所容，父母赶走了小伙子，将陈姑许配给一户有钱人家。陈姑想方设法逃到了灵山卫小伙子家，却得知心上人已被征兵。她留了下来，照顾孤守在家的婆婆。年复一年，丈夫杳无音信，陈姑绝望至极，便投海自尽了。

听到陈姑传说，人们会自然而然地想起诞生于闽地的海上女神妈祖。其实，在当地老百姓心目中，陈姑如同北方的妈祖女神。陈姑庙所在的顾家岛就是一处航海要津，古代常有航船在此驻泊，是南北船只往来胶州湾的一条重要的海上航道。在护佑航海平安和生活安康的意义上，陈姑与妈祖有着一致性，有着共同的精神因子，也隐含着鲁闽两地海上交通与贸易的历史图景。南北之间，这是共同的女神光辉在闪烁。

可以说，陈姑传说是中国民间文化具体而微的一个活化石，内容丰富，体系完整，不仅涵盖了陈姑生前、死亡、身后的所有环节，而且还和当地的风土人情、生产生活方式密切结合在了一起，进而在更辽阔的时空中呈现了航海史的生动记忆。陈姑被视为航海和渔民的保护神，从相关传说中可以看到渔民出海前的祭拜、在海上的祈求、回岸后的还愿等风俗。概言之，陈姑传说的一个突出价值表现在，民间传说与民间信仰相互构建，形成了一种独具海洋特色和地域精神的文化系统。

市级非物质文化遗产（莱西市）

胶东反切语

秘而不宣的古老语言习俗

Fanqie Language of Jiaodong
A Mysterious Ancient Language Custom

○ 2006年，莱西市举办胶东反切语专题座谈会

　　按照《中华人民共和国非物质文化遗产法》的规定，民间文学指的是"传统口头文学以及作为其载体的语言"。因此，我们看到了有别于前述民间文学类非遗项目的一个以特殊发音为要素的表现形式，这就是胶东反切语。它在莱西市店埠镇前张管寨村世代流传，是一种他们本村人听得懂而外村人听不懂的语言，当地人称之为"切子语"。

　　究其渊源，这是反切语的一种。何谓反切语？简单地说，就是把音节拆成声母、韵母两部分，例如"妈"ma，在声母后加一个韵母如ai，成为mai；在韵母前加一个声母如k，成为ka，于是"妈"就说成mai ka。为了便于陈述，"mai"可以叫作"妈"的声母字，"ai"叫附加韵母，"ka"可以叫韵母字，"k"叫附加声母。赵元任先生取"妈"字为例，把它切起来，冠以方言的地名，为反切语命名。前张管寨村的"切子语"，按照此种命名方式可以叫作"胶东mɛ-ka式反切语"，其创造者、产生时间以及传承脉络已不可考，当地人只知道是祖辈流传下来的。

　　胶东mɛ-ka式反切语的产生和传播，与当地盲人的活动有密切关系。相传汉武帝时，东方朔广泛采集天下民情，其间特别关注了盲人的悲惨生活。他上奏朝廷，建议多加体恤盲人疾苦，并且发明了适合盲人使用的反切语。后来，盲人间相互交流，若想谈话内容不被别人知道，就使用反切语。就前张管寨村的情况看，虽然盲人成为使用和传播胶东mɛ-ka式反切语的重要人群，但这种语言对学习者并没有身份上的限制，无论是否盲人，亦不分男女，有兴趣者皆可学。于是，其使用范围渗透到了村民衣食住行的各个方面，特别是在集市或宴席等场合，如果遇到外来客人，谈到不宜让其听到的内容时，村民往往会使用反切语。本质上，胶东mɛ-ka式反切语仍然是一种秘密语言，或者说是一种"隐语"，是流行于一个社会集团内部的语言变体。在前张管寨村，年轻村民所使用的胶东mɛ-ka式反切语相对灵活，并不像60岁以上年老村民那样严格遵守规则。如今在日常生活中，反切语的作用和实际使用频率已越来越小，使用者越来越少。这种特殊语言并没有专门的传承者和教学体系，长期以口口相传的形式保留了下来，是一种十分稀有的非物质文化遗产形态。

中国音乐，东方雅音，天人合一的秘密尽情显现。

唐朝的某一天，李贺写下了他听到的神奇之音："吴丝蜀桐张高秋，空山凝云颓不流。江娥啼竹素女愁，李凭中国弹箜篌。昆山玉碎凤凰叫，芙蓉泣露香兰笑。十二门前融冷光，二十三丝动紫皇。女娲炼石补天处，石破天惊逗秋雨。梦入神山教神妪，老鱼跳波瘦蛟舞。"天地万物为之沉思，为之回响，千万重眼神都在涌向一个充满想象力的时刻，涌向一个无穷尽的东方。

这是音乐独有的魅力，将每个人内心深处的一缕光唤醒，超越时空，超越语言，超越历史，抵达不可知的永恒之境。于是现在，在中国的东方，山海之间回荡着意味深长的声音，激扬与沉醉的旋律此起彼伏。

作为非物质文化遗产的重要形态，民间音乐是活着的传统，被誉为"中国古代音乐活化石"，弥足珍贵。它们，将遥远过去的奥义之音呈现于当下，表述着生活史博大、深沉而精妙的底蕴，晨昏之间，每一次聆听都令人感动。

今古风华——青岛市非物质文化遗产图鉴
Treasures of the Present and the Past
The Illustrated Handbook of Intangible Cultural Heritage of Qingdao City

第二部分 传统音乐

Part II
Traditional Music

崂山道教音乐

Laoshan Taoist Music
The Archaic Accent of the Fairyland on the Sea

国家级非物质文化遗产（崂山区）
市级非物质文化遗产（城阳区）

海上仙境的太古雅音

海上仙山，道乐飘飘，点亮了太古雅音之明眸。

崂山为道教名山，深刻见证了中国道教起源与流变的历史轨迹。作为道教文化体系的重要组成部分，道教音乐源远流长，典型体现了崂山道教的精神特质。

两千多年来，崂山道乐在发展过程中广采博取，融合了多种音乐文化，主要吸收了神仙方士琴瑟吟谣、宫廷音乐、民间音乐及地方戏曲等多种音乐素材而形成。其历史前缘，盖出东夷古乐。西汉之际，崂山祭祀之风兴盛，当时的咒音与山民号子、民歌韵味相近，体现出浓厚的东夷遗风。东汉末年，经学大师郑康成在崂山（时称不其山）讲经，首次把宫廷音乐带到了崂山。南北朝时期，十方道首寇谦之创编"祭祀""祈祷""度亡灵"等坛场经乐，并定了殿坛功课经韵曲牌《大澄清》《小澄清》《大赞》《小赞》四大经曲，崂山宫观也开始沿用。唐代，据传著名道士吴筠曾经来到崂山，他创制的《清平调·咏王母蟠桃峰》成为崂山道士沿用至今的"步虚"殿坛经韵曲牌。此际，白云洞道士任新庭开崂山古琴乐新风，后渐成高格。宋元丰八年（1085年），苏东坡尝至太平宫，将大型琴曲《归去来辞》传给乔绪然等道士。几经流转，崂山古琴乐在我国古琴史上占有了一席之地。

金元之际，全真道代表人物丘处机三度来崂山传教，促使崂山道乐和十方道乐广泛交流，渐成风格独特而档次齐备的道乐体系。丘处机将唐宋流传下来的《三涂五苦颂》八首改编为一首，更名为《三涂颂》，成为崂山道教曲牌中殿坛经曲之代表作。随后，随山派创始人刘处玄对圣诰类韵曲做了系统的规整，创制晚坛经韵曲牌《青华诰》。与此同时，清净派创始人孙不二作诗《子午钟》（四面青山八面屏，万类寂然静无声。冬尽春来无历日，听候心弦子午钟）并谱曲，是为"孙谱"，缘此而产生了全真道三大经韵之一的"崂山韵"，即《崂山品挂》，与众不同，传唱至今。

○ 长春真人丘处机

南宋亡后，卫王两太妃谢丽、谢安姊妹俩由临安至崂山塘子观隐居修道，将邱处机的《三涂颂》首段编配上富有江南丝竹特点的旋律，名《三清号》。同时，她们还积极开辟"应风"道乐，创编了《望海》《观潮》《游湖》《听涛》等应风曲。她们所创编的曲牌和经韵被称为"谢谱"。从此，崂山道乐有内外之分：太清宫、上清宫、玉清宫、明霞洞、明道观、太平宫、关帝庙、凝真观、聚仙宫、华楼宫、神清宫、大崂观、蔚竹庵、太和观、白云庵、紫英庵等为内山庙；百福庵、马山、灵山、大妙山、大通宫、通真宫等则为外山庙，可用管弦伴奏，主张开展民间应风活动。塘子观则同时具备内山、外山两派之特点。内山各道观遵循邱处机规定的清静无为戒律，禁止响动乐器，但后来改革为可弹奏古琴，又加入了吹奏乐器。外山道观应风乐开展得轰轰烈烈，参加"求雨""祭孔""祭岳""度亡灵"等外坛民俗活动。当时，有这样一首民谣："百福庵的笛子大妙山的笙，马山的管子万般通。"南宋末年，崂山道乐经曲之丰富，一度居全国首位。明初，崂山外山庙道士根据岳飞《满江红》一词编成道乐《满江红》《宾鸿泪》《天边月》等祭岳专用曲牌，并编排了祭孔用的《十献》等大型外坛应风经乐曲牌。明亡后，崇祯两妃子养艳姬与蔺婉玉来崂山避难，创作了《六问青天》《离恨天》《青羊》《吊周瑜》等道乐，使百福庵成为清代至民国间崂山应风乐的中心。此际，江南、川、陕、晋、豫及东北等地道士纷纷来百福庵挂单，学习各种应风乐曲及演奏技艺。清康熙年间（1662—1722年），蒲松龄两度游历崂山，除创作《聊斋志异》外，还和道士共同研究琴法经曲，并将俚曲音乐和鲁南弦子戏曲牌传给各庙道士。其间，蒲松龄与百福庵蒋清山道长合作创编了古琴名曲《云石风松》。光绪年间（1875—1908年），外山庙编成《八神咒》《土地赞》《灵官赞》《北斗诰》《龙王诰》等祭祀与祈祷用的新曲牌，并开展"走坛"活动。

清末民初，崂山成为山东乃至全国的古琴乐中心，涌现出了褚守恃、温高恒、叶泰恩、蒋清山、孙笃先、薛一了、

太清宫道乐团
演奏场景（上，中）
崂山道乐团在青岛市
非物质文化遗产保护成果
展演会上表演道乐（下）

弹丝度曲，会心太古

崂山听韩太初琴

1907年，山东巡抚杨士骧到访青岛期间，曾至太清宫，闻韩太初道长奏《离恨天》《高山流水》等道乐而动容，有所感，乃作《崂山听韩太初琴》，写出崂山道乐的精神魅力，诗曰：

我揖太清宫，道士善弹琴。访得韩道长，琴床眠龙吟。

为我一再弹，领略太古心。右手弹古调，左手合正音。

泛音击清磬，实音捣寒砧。声声入淡远，余音绕杜林。

指点断文古，传留如到今。不求悦俗耳，但求养自心。

弹丝度曲，兴会飙举，已忘人间诸事。

韩太初及沈寅等名家，创作了《观海》《月下修竹》等名曲。当时太清宫的庄紫阳、王茂全、佟太宗，明霞洞的王勉臣，明道观的朱士鸿，寿阳宫的王宣财，聚仙宫的林玉德均并称"七弦子"，琴艺高超。民国初年，崂山各宫观古琴乐兴盛，崂山道士琴人系统形成了全国性影响，并且有效促进了我国古琴著名琴派——诸城琴派的发展。

20世纪80年代，太清宫等道观修复后，恢复了经乐活动。金山派道士匡常修和孙真淳主持太清宫，经乐沿用地道的金山派"崂山韵"，其现存曲目名称多与全真十方韵相通，如《大澄清》《小澄清》《吊挂》《大赞》《小赞》《大皈依》。现在，胶东地区能唱"崂山韵"者除太清宫、太平宫的道士以外，几无他人，而能用钟鼓板敲击诵念此韵的道观，全山东也仅存太清宫一处了。

从属性上看，崂山道乐以全真正韵为主体，除与"十方经韵"有共性特征外，又以具有地方特色的"崂山韵"而闻名于道教内外。其表现形式有多种：一种是咏唱式，近乎纯歌唱的形态，其曲调优美，抒情表意性强；一种是念唱式，音乐起伏曲折不大，似念似唱；一种是朗诵式，是按照自然语言声调而略为戏剧化了的经韵音乐。崂山道乐中的器乐以应风音乐和古琴乐为代表。崂山道乐有着非凡的历史文化价值。首先，崂山道乐经曲多由上古民歌和民间号子演变而成，其韵腔和曲牌的演唱、旋法及音乐结构，均具有很浓郁的东夷文化气息；其次，崂山道乐与戏曲有着紧密的联系，如最早的高腔戏班，都是由道士组成，所唱的戏曲声腔既是法事音乐，也是道士腔，其基本模式表现为五声音阶进上行或下行，或环绕式进行，进一步加强音的柔美，和声结构和谐委婉，五声音阶下行式级进，给人以放松平静的感觉。还有一点，崂山道教音乐中融入了宫廷音乐的曲调，庄严肃穆，保存有大量的中国宫廷音乐素材。

省级非物质文化遗产（胶州市）

胶州吹打乐

豪迈而委婉的民族鼓乐经典

Jiaozhou Music with Wind and Percussion Instruments
Heroic and Euphemistic Folk Drum Classics

○ 2017年，新编胶州吹打乐《大美秧歌风》录制参加文化部第二届民族器乐民间乐种的排演活动

　　胶州吹打乐亦称"胶州民间鼓乐"和"胶澳锣鼓"，其历史当可追溯至宋金元之际。胶州文庙肇创于1149年，春秋致祭。其祭祀仪典盛大，史籍有"鼓乐铿锵，生员唱《大哉孔子》赞歌"的记载，这也是关于胶州吹打乐的最早记述。元代，吹打乐经典曲牌"得胜令""斗鹌鹑"等在元杂剧《西厢记》《倩女离魂》《赵氏孤儿》《窦娥冤》等剧本中出现。

　　旧时，吹打乐艺人多为农民，过着亦农亦乐的半职业生活。其演奏活动多依附于民俗礼仪，大致可分为三大类：其一是民间的红白喜事；其二是迎神赛会以及商业宣传；其三则是传统节日和一般民俗活动。

　　20世纪后半叶，胶州吹打乐一度面临失传的危机。直到1990年，胶州吹打乐传承人李树才录制了《胶州大秧歌》吹打乐专辑磁带，这种古老的民间艺术方重新回到人们的视野之中。随后，胶州市文化馆组建了"群星吹打乐团"并开办了吹打乐辅导班，吹打乐在胶州再次绽放异彩。2016年，胶州民歌《赶集》作为山东省民歌的唯一代表参加了央视《中国民歌大会》，就是根据胶州吹打乐唢呐曲牌《扣腔》的音乐元素创作的。2017年7月13日，胶州吹打乐《菠萝翠》和《胶州秧歌风》参加了由文化部举办的第二届民族乐器民间乐种展演，成功入围参加闭幕式的13支乐种组合，并作为山东省唯一代表队在海南进行了为期一周的巡演。

　　历史上，胶州长期为南北通商的海上要津，千百年来的交流融合，使得胶州吹打乐在风格上既有北方的粗犷豪放，又兼有南方的细腻委婉。缘此，胶州吹打乐形成了质朴醇厚、刚柔并济和诙谐风趣等特点，表现了山东人民朴实憨厚的性情，具有浓厚的地域特色和地方代表性，同时体现了兼容并蓄的精神气质。20世纪50年代，锣鼓"凤凰三点头"就是在当时盛行的"胶澳锣鼓"的基础上与京剧锣鼓相结合而创作的。

　　近年来，《如火的青春》《欢庆》《赶集路上》《红红火火大秧歌》等具有时代性、贴近人民群众的优秀吹打乐作品，多次在省市级器乐大赛中获得"最佳创作奖"和"优秀表演奖"，并入围全国展演。

省级非物质文化遗产（城阳区）

洼里盘鼓

Wali Pangu Drums
Traditional Gong and Drum Art with both Music and Dance Attributes

兼具音乐和舞蹈属性的传统锣鼓艺术

花开四季，锣鼓喧天，这是中华民族特有的欢庆形式。

作为汉族传统打击乐器的合奏形式，锣鼓表演在青岛地区有着悠久的历史和深远的影响，以其威武多姿的风范、雄壮激昂的韵律而深受喜爱。这其中，洼里盘鼓就是一个独具民族风范与地域特色的非遗项目。作为一种民间鼓乐舞蹈表演形式，洼里盘鼓寄寓了民众期盼国泰民安、生活富裕、人世昌隆、人寿年丰的美好愿望和祈盼。

明洪武年间（1368—1398年），胡氏始祖胡仪由"小云南"乌撒卫徙至青州矮槐树村。永乐二年（1404年）复自矮槐树村迁至即墨流亭居住，至二世分为两支，其中一支于流亭村东立村，因此处较洼，故名"洼里村"，至今已历600余年。

洼里盘鼓前身是瓦力锣鼓，起始于明万历年间（1573—1620年）。其时，今流亭街道胡氏七世祖胡文翠在河南汝宁府西平县任典史，经常参加当地的民间文艺演出活动。胡文翠告老还乡后，组织乡民依鼓谱进行演练。因此，现在的洼里盘鼓具有浓郁的河南乡土风味。清初，胡文翠的曾孙、著名理学家胡峄阳与崂山道士孙笃先、蒋清山三人对先辈传下的鼓谱进行整理、研究和推敲，并配合崂山道乐演出，使洼里盘鼓的演练程式日臻成熟。民国时期，胡信昌在洼里盘鼓中揉进了武术元素，以中华武功为基础，编制出了多样的军阵造型，灵活机动，气势恢宏，彰显豪壮特色。数百年来，在洼里及其周边地区，每遇有庆典、祭祀、节庆等活动，洼里盘鼓均作为主要项目参与表演。

1996年冬，洼里村两委专程到河南开封观摩学习，聘请开封市盘鼓协会理事袁万海到村里，对原有曲谱进行加工整理，充实了舞蹈动作，对相关武术动作进一步加工提炼，成立了由62人组成的盘鼓队，遂正式命名为"洼里盘鼓"。后来，洼里盘鼓传承人队伍日趋壮大。

洼里盘鼓融合打击乐器、彩旗锦衣、舞蹈动作等多种艺术元素，以行进间的舞蹈表演为主，表演者腾挪盘旋，称之为"盘鼓"。经进一步加工整理的洼里盘鼓，分列五个乐章，演出队伍由62人组成，使用40面鼓、20副镲，演奏时响声震天，气势宏大。洼里盘鼓的演奏属齐奏方式，鼓谱属套曲结构，突出特点是齐奏形式，所用的大扁鼓属低音鼓，镲为大镲。洼里盘鼓以器乐演奏为主，配以舞蹈动作，在听觉上、视觉上形成震撼人心的效果，具有音乐和舞蹈的双重属性。洼里盘鼓既可在固定场地进行表演，亦可在行进中表演，是一项群众喜闻乐见的传统表演鼓乐形式。

○ 洼里盘鼓表演场景

九嶷派古琴传承人张林在弹奏古琴

九嶷派古琴
Jiuyi Sect Guqin
A Noble Style between Calmness and Leisure

气定神闲间自成高格的古琴风范

撷古开新

九嶷琴派之缘起

　　1920年前后，杨宗稷（字时百）在北京创立九嶷琴社，教授古琴。杨宗稷在古琴界享有很高的声誉和地位，其演奏风格英朗挺拔，同时吸收大量民间音乐，为古琴音乐注入新元素。其弟子甚多，管平湖、李浴星、彭祉卿、关仲航、李静等皆出于其门下。早期，九嶷派主要在北京活动，从第二代开始逐渐向各地拓展，李浴星迁居唐山，关仲航迁居贵州，彭祉卿迁居上海。自此始，九嶷派开始取得全国影响力，在青岛、郑州、石家庄等地生根发芽。在古谱发掘方面，九嶷派贡献尤著，代表琴曲包括《广陵散》《幽兰》《大胡笳》《流水》《平沙落雁》《离骚》等。

　　伯牙、子期"高山流水觅知音"被传为千古佳话，所呈现出来的那种深沉、悠扬的会心韵律，是后世琴师所追求的艺术境界。

　　古琴是中国最古老的弹拨乐器之一，千秋流转中，古琴艺术形成了各种流派，九嶷派古琴就是其中之一，由杨宗稷先生肇创于清末。在音乐表达上，讲求达观爽朗，具有中国传统文人所追求的中正平之风。民国时期，九嶷派古琴臻于鼎盛，形成琴界九嶷独尊的势头。20世纪20年代，杨宗稷的入室弟子李静来青岛海关工作，九嶷派缘此而花落青岛。张林为第四代传人，师从李浴星之子李天桓，承担起推广九嶷派古琴的重任，弟子遍布青岛、济南、上海、沈阳、西安等地。李天桓为其题写"九嶷一脉"匾额。

　　九嶷派古琴音乐风格苍劲有力、节奏工整、刚柔并济，特别讲究吟猱节奏。右手指音清越明亮，坚实有力，有如金石之声，力透琴木；左手吟猱绰注，方整有节。自创立时起，九嶷派古琴就形成了自己独特的记谱法。根据气息，定出传统的板拍节奏，在传统的古琴减字谱旁边，注明音高的工尺谱和唱弦法，每一首曲子的拍板、句法等都有参考的标准，保持了原曲谱的意境。此派的唱弦法与众不同，为独有之法，按减字谱同时唱出指法名称与曲调，便于演奏中气息与琴曲的契合。演奏上，九嶷派古琴法度严谨，要求规范，对坐姿、呼吸、动作等方面都有要求。教学上，主要采用师父与徒弟对弹的形式，师父弹一句，徒弟弹一句，徒弟所弹奏的乐曲，节奏和韵味均须与师父一致，每一个指法节奏务求精确。由于古琴琴谱在音高、节奏上没有明确的定量关系，记写的仅为指法、音位，而没有节奏，琴谱传承历来是"口传心授"，一旦离开具体的琴人与流派的口传，就将出现传曲的变形或遗失。

市级非物质文化遗产（李沧区）

广陵派古琴

Guangling Sect Guqin
A Guqin School Advocating the Spirit of Simplicity and Indifference

崇尚淳古淡泊之精神的古琴流派

○ 广陵派古琴少年传习班

广陵派为我国古琴艺术的一个重要流派，具有内蕴深厚而特色鲜明的风格，久为历代琴家所重。

说起来，古琴形制十分讲求对称，此即"中庸"思想的一种物化表达。再者，古琴面板呈弧形，底板平直，象征天圆地方；一端较高，表征高山，中间以长长琴弦贯通，表征流水。宋《碧落子斫琴法》言其为"山高水亦长"的大美之境，亦是"见山立志，遇水生情"的一种审美表达。这些传统智慧，在广陵派琴法中都有着深刻见证。

作为清代以来的著名琴派，广陵派体现了中国传统古琴艺术的诸多精髓。因发端于江苏扬州，而扬州古称广陵，故得名广陵派。唐时扬州，风华骎荡，开古琴艺术之妙境。经千年流转，至民国期间，广陵派琴法在上海、青岛等地落地生根，逐渐发展成为古琴体系中特色鲜明、影响深远的一个派别，标志着中国古琴艺术发展史上的一个高峰。中华人民共和国成立后，特别是改革开放以后，广陵派古琴得到了新的传承发展。

一如广陵派师祖徐常遇（字二勋，号五山老人）所崇尚的"淳古淡泊"之风格，此派取音柔和、善用偏锋，节奏上相对自由灵活。一脉相承，广陵派琴家保持了自身固有的特色，以清幽、恬雅、舒畅、洒脱作为琴曲的美学标准，注意内容和感情的表现，节奏跌宕多变，指法细腻灵活，操缦谐婉自如。总体上看，广陵派既吸取了道家山林派古琴恬淡清雅的韵味，又独辟蹊径，以尽情抒发乐曲的内在意趣，于奔放豪爽中寓节制与含蓄之美，于活泼潇洒中寓沉静与幽秘之韵，从而形成了恬逸洒脱的独特风格。

广陵派讲求技法的内在根基和自然品性，节奏多变而自由流畅，很少有规整的节拍贯穿始终。演奏时，不拘泥于刻板的节奏，而是讲求一种"随心所欲"的自如感，自如挥洒其情意。右手下指取音时，有一种特殊的手势，此即"偏锋"，使得音色可清润相生。偏锋者，除了指右手手势的偏斜外，还指右手弹弦位置的偏斜。这样，就形成了音色和力度的前后对比，产生了刚柔相济、虚实相生的效果。与此同时，特别重视吟、猱、绰、注等技法。吟猱含而不露、活而不板，于动荡之中生情，在缓急之间成韵，以突出广陵派琴学独有的"指法细腻"及"音韵并茂"之特征。与此同时，衍生出"急如闪电，缓如行云流水""一指管多弦，换指无痕迹""手不离弦，运动不止"以及"蛇行鹤步"等演奏技法，从不同角度体现了广陵派古琴的精妙之处。

莱西鼓吹乐是一种用于民间喜庆佳宴、祭祀奠礼、迎礼送宾和婚嫁丧葬场合的传统音乐形态，是莱西深厚文化遗产中一朵民间艺术奇葩。

探究鼓吹乐的历史，可追溯至汉代乃至春秋战国时期，系中原文化与北方游牧民族文化融合的产物，从"祭祀乐舞"演化而来。汉时，今莱西与莱阳一代设为卢乡县，而莱西鼓吹乐之历史前缘盖发端于此际。明初，大量移民从山西洪洞大槐树一带迁来此地，而"洪洞金鼓乐"亦随之而来，于是就出现了本地鼓吹乐与洪洞金鼓乐融合的历史图景。莱西最具代表性的鼓吹乐班所在地迟家会村，便是在明洪武年间（1368—1398年）迁入莱西境内立村的。

起初，莱西鼓吹乐使用的主要乐器有鼓、钲、箫、笛等。其表演由乐班完成，一班（俗称一"帮"）多由八人组成，亦可由六人或十人组成，分为"家族班"和"组合班"。所谓"家族班"是由本家、本姓的男性艺人组成的。而"组合班"则是由本村男性旁系或邻村、邻县之艺人组成。旧时，鼓吹乐艺人受雇于人，被视为"下九流"，人们以"王八戏子整吹手"来称呼他们。

从表演形式上看，一般依据表演地点而分为两类。第一类是"坐棚演奏"，顾名思义，雇主会为鼓吹乐艺人们用苇席之类的物体搭起棚子，位置往往放在门口的左侧或者中堂门前，棚内会摆放方桌条凳，用于艺人演出、放置乐器。由于演出时间往往较长，会覆盖吃饭时间，这些桌凳就成了吃饭的地方。乃有"喇叭一响，四菜端上"以及"吹一会、吃一回"的说法，渐渐地，这也就成了莱西鼓吹乐的一种独特文化。第二类则是"行走演奏"，鼓吹艺人们身背乐器，边走边演奏，以适应为喜事中的"抬轿行走"及丧事中的"报庙""迎旌""接帐子""送殡""谢孝"等礼仪形式。

清末民初，莱西吹鼓乐发展得较为完备，一度繁荣。20世纪中期，这种民间艺术形式曾屡次被封禁，直到1949年后才得以恢复发展，并传向海外。1952年，刘凤祥演奏的管子曲《二番》《小阳春》《莱州一枝花》等曲目在山东人民广播电台播出。当下，莱西鼓吹乐与时俱进，不仅保留了几千年来的古代乐器，又增加了小号、长号、萨克斯、提琴等许多西洋管弦乐器。当下流传的曲目有《斗金星》《大悲调》《小开门》《桃李迎春》《三板二番》《吉腔》等，传承人有刘凤月、刘文光、刘文平、李焕宾、郑廷芳、吴瑞美、孙常青和孙长松等。

○ 莱西鼓吹乐乐班在演奏

莱西鼓吹乐

坐棚与行走间的民间艺术奇葩

Laixi Music with Wind and Percussion Instruments
Wonderful Folk Art between Sitting in the Shed and Walking

平度民歌资源丰富，特色鲜明，表现出深刻的历史性和时代性。

平度古属齐地，在我国最早的诗歌总集《诗经》中有《齐风》，从中约略可见春秋战国之际的平度及周边地区的民歌风范。齐大夫宁戚，饭牛而歌，受知于齐桓公，传为千古佳话。

今所谓"平度民歌"兴于何时，已无考。据清道光二十九年（1849年）《重修平度州志》记载，平度民歌表演所用乐器有手板、琴瑟、磬、笙、箫、笛等；而乐谱有《春仲钟磬风箫谱》《春仲笛笙谱》《瑟谱》等。清代中期有民歌《倒对花》《十个字》《审青羊》等。清末民初，平度民歌大多为地方性民间小调，歌词颓唐、悲切，曲调低沉下行者居多，如《打秋千》《跑四川》《抗活调》《小寡妇上坟》《卖扁食》《送情郎》《下关东》。这些作品大多以民间小调为主，以口传形式流传于民间。

平度民歌题材多样，有反映人民苦难生活的作品，如《小白菜》；有反映爱情的，如《绣荷包》；有反映风俗习惯的，如《观灯》；有传播知识的，如《对花》；有儿歌，如《小老鼠上灯台》；有反映历史事件的，如《义和团》。抗日战争和解放战争时期，涌现出了《打柳行》《打平度城》《想起了八年前》《黄河颂》等革命歌曲。

雪花飘飘

人道主义精神的赞歌

抗战时期，有一首民歌，曾广泛传唱，歌词是："冬月初七大雾天，雪花飘飘北风寒。美国飞机迷了路，全部撞毁大泽山。四架坠在河庄口，两架撞在茶山尖。乒乒乓乓连天响，忽喇一阵冒青烟。军民一齐跑上前，救护两个飞行员。其中一个跌断腿，政府派人送医院。找来翻译崔盘铭，放心狼吞蛋丝面。担架抬和毛驴驮，人尸送往蓝村站。美国派人来答谢，中国人道竖拇指赞。"这首民歌具有很强的纪实性，所表现的一个真实的历史事件。1945年12月11日，大泽山一带突降大雪，六架美国飞机撞毁在大泽山主峰，造成重大人员伤亡，我方军民进行紧急抢救。后来，美方派专人前来答谢。这首歌曲，以朴素无华的语言唱出大泽山人民高尚的人道主义精神，有着特殊的历史价值。

1956年，平度原四县文化馆相继合并后，以袁延书为代表的平度老一代音乐工作者开始注意搜集整理民歌，征集了《钉盖垫》《过时的皇历怎能用》《黑妮做媳妇》《四

○ 平度民歌表演场景

平度民歌演唱家、山东省
歌舞团演员韦友琴（左）

平度民歌演唱家王宝娟（右）

季小唱》《丰收的歌儿遍地唱》等一批特色鲜明的民歌作品。1957年，《傅二姐赶庙》
首次参加山东省文艺汇演并荣获一等奖。

钉盖垫

朴素无华，
妙趣横生

  高粱秆高又高，用手掐下它的梢，

  拣一拣挑一挑，不短、不长、不粗不细，钉起盖垫才正好。

  新钉的盖垫圆又圆，手艺本是能工巧匠亲手传，

  横三竖四安排就，钢针府线手中攥，

  先钉个棋子块，再钉个九连环，

  针针锯锯密又密，根根穿得紧相连，

  锅顶上不大不小盖得严，

  憋的那热气"古锝儿"一点也捞不着往外钻。

  上为平度民歌《钉盖垫》的歌词，朴素无华，妙趣横生。所描写的，是
民间艺人制作盖垫的劳动情形，从材料准备唱起，有趣地介绍了钉盖垫师傅
的制作方法，以及盖垫的使用等情况，娓娓道来，别有一番乡土情怀。这是
一首很有特色的作品，只读词儿，就品到了浓浓的平度味儿。

  总体上看，平度民歌具有群众性、通俗性、自娱性和多样性特点，洋溢着浓郁的生
活气息和乡土气息，是劳动人民在长期的生产劳动、生活实践中创造的民间音乐成果，
同样也是世代相传的民族精神、文化理念和审美情趣的具体反映。在长期的历史传承
中，形成了鲜明的艺术特色，有着大胆的艺术创造、新颖的艺术技巧和独特的艺术形
式，充满率真、强烈的感情，打动人心，弘扬正气。

【胶州民歌】富有传统韵味和地方特色的民艺形态

市级非物质文化遗产（胶州市）

○ 2010年，胶州民歌传承人余志礼等在剪纸之乡授牌仪式上表演节目

　　胶州人杰地灵，民间艺术源远流长，历史上孕育了胶州八角鼓、胶州秧歌剧、胶州吹打乐、民间鼓乐等多种传统曲艺和戏曲形式，而胶州民歌就是在这深厚的民间音乐土壤中生发出来的一种富有传统韵味和地方特色的民间艺术形态。

　　起初，胶州民歌在胶州北乡、东乡、东北乡等地流行，以清唱为主，后来博采众长，采纳唢呐、二胡、扬琴等民族乐器作为即兴伴奏使用。胶州民歌题材广泛，包括革命歌曲和爱情歌曲，更多表现的是老百姓的日常生活，如闻家长里短，具有亲切、浓郁的乡土气息，代表作品如《寡妇逛灯》《光棍哭妻》《送情郎》《割韭菜》等。

　　20世纪50年代，李建斌根据胶州秧歌曲牌"扣腔"改编成新民歌《赶集》，表现的是一位农村姑娘赶集时遇见情郎的欣喜、痴情与羞涩的丰富情感，一经推出即风靡全国。此外，电影《红日》插曲《谁不说俺家乡好》亦广为人知。而电视剧《水浒》的片尾曲《好汉歌》中，也采用了诸多胶州民歌元素。

乡音入心　诗中的胶州民歌

　　谈起胶州民歌，清朝进士宋观炜有这样的描述：

　　　佳节追随剧有情，上元已过又清明。

　　　怪伊小曲无新谱，都是开腔唱五更。

　　在另一首诗中写道：

　　　冷落春郊几度游，聊翻新曲付歌喉。

　　　逢场作戏年年事，且祝新秧八倍收。

　　诗中，巧妙嵌入了"五更""新秧""八倍收"等民歌的名称，和其韵，入乎心。可想而知，那浓浓的乡音如何滋润着诗人的心田。

　　胶州民歌由来已久，与胶州秧歌剧融合而成密不可分的整体。胶州民歌的曲式结构为胶州秧歌体、小调体，调式分徵调式、宫调式、羽调式、交替调式等，所用板式同胶州吹打乐有着十分密切的联系。历史上，胶州秧歌采纳了诸多民歌小调作为表演要素，见诸《挑媳妇》《画扇面》《小二姐做媳妇》等作品。除了秧歌剧，胶州民歌还吸纳了胶州八角鼓和胶州吹打乐的精华，从而在多样化中丰富和强化了自己的艺术特色。历史上，胶州民歌还深受港口文化的影响，内容上融汇南北风情，曲调上集男刚女柔于一体，良好的兼容性也使得胶州民歌的生命力不断增长。

胶州民歌题材丰富，包括革命歌曲、爱情歌曲以及反映人民生活、风俗习惯、农业知识等方面的歌曲。民国时期，胶州民歌演唱的主要代表人物有孙德新、陈銮增、李云彩、王月、姜敬山、王在深、刘经田、姜成雨、吴绍先和李福昌等。中华人民共和国成立后，胶州民歌演唱的主要代表人物有刘玉祥、谭景店、李万春、周逢鬻、刘绍华、韩新善、胡志蕴、余志礼、逢玉坤、李丽、刘财燕、高小妹和王月等。

时光弥漫，胶州民歌已有着300多年的传承史，起源于民间，流行于劳动人民中间，至今仍保存着原创时的许多基本特征。历史上，作为底层穷苦人抒发感情的方式，胶州民歌起到了很好的精神调节作用，寄托着人们对美好生活的向往。

天地之间，岁月悠悠，不经意之间，绵长的往事就会浮现于耳畔，那悠扬的歌韵就会袭来，在一阵风、一片麦香中响起……

我那天去到东庄把集赶，
遇见了情哥哥在卖锄镰，
我有心向前去说上几句话，
怕的是那些赶集的人儿背后里倒闲言。
他那里朝着我使上几眼，
我提着个小竹篮转到村后边，
在村后的柳树下将他来等，
我二人把知心话儿说了好几番，
今日想那个明日盼盼的是那一天。

赶集 痴情如斯，真切如斯

上为胶州民歌《赶集》的歌词。这首歌，体现了胶州民歌的继承与创新，用的是旧曲子，填的是新词。旧时，有一首胶州秧歌小戏《闹学堂》，说的是小学生因课文背诵不下来而被私塾先生训斥，回家向母亲诉苦，孩她娘护犊子，去学校找老师理论的故事。其曲调，系采纳胶州秧歌的传统曲牌"扣腔"。到了20世纪50年代，李健斌为之填写新词，遂成名作《赶集》，曲调优美，描绘的是一个农村姑娘在集上遇见情哥哥时的欣喜、痴情、羞涩之态，表达了炽热而含蓄的情感，用微调式，多变的节奏组合、级进回返的曲折音调、柔和的调性转化令人印象深刻。作品获山东省歌曲创作银质奖，录入《山东民间歌曲选》，广为传唱。

央视《中国民歌大会》栏目拍摄胶州民歌《赶集》（上）
参加青岛"五王"才艺大赛（下）
参加山东民歌比赛（下）

卿云烂兮，纠缦缦兮。日月光华，旦复旦兮。

其来尚矣，舞蹈之灵，与天地同光。舞蹈的历史可追溯到无限遥远的过去，自从我们栖居的这片星球上出现了人，自从人类拓荒的足迹在地平线上出现，就有了舞蹈。可以说，舞蹈与人类的历史同步，是天地之间最深沉、最简约、最丰富的动作，是生命本能的律动，在肢体扭动和神思飘逸的时刻，自然而然地显现。上下五千年，中华文明始终伴随着舞蹈的漫漫光影。每一个人都在这律动之中，所有生命都在同一个博大的舞蹈中运转。孩子们知道其中的奥秘，在光中自由自在地起舞。

在中国北方的传统农耕生活中，每逢庆祝丰收和传统节日，往往缺不了秧歌。秧歌一出，岁月为之酣畅，天地为之激昂。如今，虽然生活方式发生了巨变，但秧歌艺术却流传下来，更具一种生生不息的传统仪式感和文化传承力。

青岛地区的传统舞蹈独树一帜，绍东夷文化之余续，别具一种奔放、激昂的乡土气息，洋溢着雄奇、骀荡与壮美的岁月风华，将这片海陆胜境的内在风神展现出来，洋溢着生命自身的律动，在循环往复中赞美人间至情，成为一部壮阔的欢乐颂。

第三部分 传统舞蹈

今古风华——青岛市非物质文化遗产图鉴
Treasures of the Present and the Past
The Illustrated Handbook of Intangible Cultural Heritage of Qingdao City

Part III
Traditional Dance

中国非物质文化遗产
CHINA INTANGIBLE CULTURAL HERITAGE

○ 胶州市新春秧歌会盛况

胶州秧歌
Jiaozhou Yangge
The Classical Form of Yangko Art in Northern China

国家级非物质文化遗产（胶州市）

中国北方秧歌艺术的经典形态

胶州秧歌为山东三大秧歌之一，代表了北方秧歌的历史高度与艺术成就。

胶州秧歌又称"地秧歌"和"跑秧歌"，民间俗称之为"扭断腰""三道弯"，很形象地道出了其刚柔相济的格调与激情劲爆的风范。历史地看，胶州秧歌为传统舞蹈，亦兼具传统戏剧的属性，是广场（街头）四方连续的可视性表演形式。

唐宋之际，胶州地区航运兴起，板桥镇发展成为北方最大的港口，是北宋时期北方唯一设有市舶司的码头。随着南北航运与贸易的发展，出现了南北文化融合的现象。历史地看，胶州秧歌即可被视为以胶州本埠民间艺术为主体、杂糅江南曲调与北方杂剧艺术特点而形成的一种新的艺术表演形式。早在宋元时期，秧歌这种表演形式已初露端倪，或许是传统折子戏的一个雏形。明清之际，胶州秧歌的光影隐现在闯关东的历史图景中。当时东小屯村马姓、赵姓两户人家结伴走在闯关东的漫漫长路上，老头背腰鼓，儿子舞打狗棍，老婆背翠花包（一种兜售妇女用品的包裹），儿媳、孙女则以团扇、彩巾做道具，边舞边唱，这成为逃荒岁月中的一抹亮色。十几年后，两家人返回故乡胶州，继续从事这种表演，经多年传承改进，胶州秧歌逐渐成为深受欢迎的民艺形态。清同治三年（1864年），马店中村人纪鸣珂、殷洪琴根据真人真事，口头编创了小戏剧本《裂裹脚》，这是有史可稽的最早的秧歌剧本。同期，楼子埠村艺人刘彩打破了秧歌族传的框框，把各村秧歌艺人聚集起来，共同切磋排练《裂裹脚》，人们将这种表演行为称作"安锅"，就此将胶州秧歌推至一个新高度，趋向规范化。随后70多年间，胶州境内相继成立了近百个"安锅"点，其影响力还扩展到高密、胶南等周边区域。"安锅"促进了胶州秧歌的普及，开创了经营性演出活动，形成了颇具地方色彩的秧歌文化。每有秧歌演出，村民辄夹道欢迎，敲锣打鼓、燃放鞭炮，秧歌队则载歌载舞，称为"迎秧歌"。而秧歌艺人每到一处演出，首先要"拜庙"祈求神明护佑，然后就到大户人家门前表演一番，称为"拜爷"。正式演出中，一般是先出小调秧歌，再出小戏秧歌。最后，观众会把"赏金"用红纸包好，放在摞起的桌子上（一般会摞起四张桌子），一名武功演员会翻跟头上桌，领赏、谢赏后再翻跟头落地，演出达到高潮。

小调秧歌和小戏秧歌是胶州秧歌的两种表演形式。所谓"小调秧歌"，其实就是胶州秧歌的舞蹈部分，常见队形有"十字梅""四门斗""两扇门""正反挖心""大摆队""绳子头"等；主要舞蹈动作有"翠花扭三步""撇扇""小嫚正反三步扭""棒花""丑鼓八态"等。"小戏秧歌"是指胶州秧歌的戏剧部分，演唱曲牌有"扣腔""西腔""老腔""东坡""叠断桥"等，伴奏曲牌有"八板""扇簸箕"等。小戏秧歌的传统剧目有《裂裹脚》《拉磨》《送闺女》《打灶王》《锢路子杀妻》《砸机》等72部，皆为口头创作，遗憾的是其中大部分已散佚，保存下来的仅有35部，今已整理出20余部。

就演员角色看，传统胶州秧歌有六个行当：其一是膏药客（伞头），专事打诨逗趣，因其善于即兴发挥而出口成章，常被戏称为"卖狗皮膏药"，故名膏药客，当今已不见此角色。其二是翠花（老旦、青衣、彩旦），因身背"翠花包"而得名，代表中老年女性，动律特点是泼辣幽默、开朗大方。其三是扇女（青衣、闺门旦），代表青年女性，动律特点是细腻多姿、温柔俏丽。其四是小嫚（花旦），少女形象，动律特点是活泼俏丽、含蓄柔韧。其五是棒槌（武生、小生），代表青年男性，因手舞两只木棒而得名，动律特点是英武矫健、利落挺拔。其六是鼓子（老生、丑），代表中老年男性，因早期表演身背腰鼓而得名，动律特点是幽默诙谐、粗犷豪放。表演中，他们各司其职，相互间有着密切的配合。

胶州秧歌表演场景

胶州秧歌行当图谱

清朝进士宋观炜创作《秧歌词》十二首，描述了秧歌的行当（演员）、服饰、道具及表演形态。在此节录其中六首，以观旧时风韵。

膏药客
　　罗伞高擎笑拍肩，铃声喧处压场圆。
　　凭谁管领春风坠，让与壶中买药仙。
翠花
　　钗荆裙布髻盘鸦，缓步长街卖翠花。
　　几度相逢还一笑，今年春色属谁家。
扇女
　　窄窄红襦稳称身，女儿妆束更怜人。
　　纤腰倦舞娇无力，团扇轻摇满袖尘。
小嫚
　　宫扇罗巾学拉花，巧将艳曲按红牙。
　　汗流香粉纷纷落，箫鼓喧阗日未斜。
棒槌
　　登场骤听鼓声哗，簇拥人丛面面遮。
　　就里阿侬偏出色，淡红袄子满头花。
鼓子
　　小鼓轻摇号货郎，当筵袖舞太郎当。
　　两行红粉生相妒，唐突歌场凭他柱。

诗中所描述的情形，与现代秧歌已非常相似，可见当时的胶州秧歌已臻于成熟，基本实现了其自身的艺术完型。值得注意的是，诗中还有"而今变作风流剧，更有谁将旧谱求"的句子，说明当时的胶州秧歌已经派生出了戏剧形式，显现了多元化的倾向。

秧歌词
乡土韵律，多彩行当

小嫚
扇女
鼓子
棒槌
翠花

从风格上看，胶州秧歌分为两派。其中，陈銮增把武术动作技巧揉进秧歌中，使其具有粗犷火爆的风格，故而称之为"武秧歌"，亦称东路秧歌。而以刘彩为代表的秧歌，则以妩媚、抻展、细腻见长，称"文秧歌"，亦称西路秧歌。两大流派在竞争中相互借鉴，现已逐渐融为一体。文武兼备，这往往就是一场秧歌表演最动人的场景。

中华人民共和国成立后，胶州成立了150多支秧歌队。1951年，山东省组织专家对胶州秧歌进行挖掘、整理和推广，使胶州秧歌重新绽放异彩。1954年，胶州秧歌参加全国民间舞蹈会演，先后在首都工人俱乐部、清华大学、北京大学、中南海等处演出多场，自此胶州秧歌享誉全国。新编《三月三》《七月七》等小戏秧歌和大型胶州秧歌剧《清风明月秧歌乡》等作品，反映了新中国的新生活气象。2008年，中国舞蹈家协会推出中国秧歌节，确定胶州为永久举办地，并授予胶州市"中国秧歌之乡"称号。

秧歌城下秧歌风（上）
《秧歌乡的故事》剧照（中）
2017年新创作的胶州吹打乐
《大美秧歌风》在录制参加
文化部组织的展演活动（下）

050

◯ 青岛市闫家山地秧歌团赴韩交流演出

闫家山地秧歌

Yanjiashan Di Yangge
The Surging Rhythm of Life between Boldness and Softness

豪放与柔美之间奔腾的生命律动

闫家山地秧歌亦称"扭秧歌"和"撒扇"，是青岛地区一种独具特色的民间舞蹈艺术形式。

溯其源，闫家山地秧歌兴于明清，盛于民初，在长期发展过程中，逐渐由"高跷秧歌"演变为了"矮跷秧歌"，所用跷腿高度仅10厘米左右，因而在表现力上更显灵活劲健。清末，民间武术之风盛行，闫家山地秧歌也巧妙地揉入了相关武术动作，为了方便在表演中跌打滚翻，索性弃跷而劲舞，这是地秧歌表演形式上的一个显著的历史变革。至民国初年，闫家山地秧歌形成了一套比较严格的表演程式和角色设置。各角色间分工精细，动作各具意蕴，表演时人物形象个性突出，在律动中形成了"颤""韧""刚""柔"的独特风格和韵律。演出气氛激昂热烈、场记调度惊艳新奇，使地秧歌技艺日臻完善，在民间流传甚广。

从表演队伍的构成与分工上看，闫家山地秧歌由舞队和乐队两部分组成。舞队分为生、旦、净、丑四种角色，其中持花伞进行指挥的老汉被称为"秧歌头"，而彩旦则被称为"婆婆"（媒婆），棒槌、铜钱棍、花鼓为武生，扇女为旦角。乐队以锣鼓伴奏为主，配有唢呐、笛子、二胡等民族乐器。

从表演流程上看，闫家山地秧歌由串街、拉大场、走阵式三部分组成。在大街行进的舞蹈便是"串街"。所谓"拉大场"指的是先按逆时针方向走成大圆场，先由"秧歌头"持伞说唱一番起个头，再由秧歌队的各角色依次表演，其舞蹈动作主要有"白鹤亮翅""四路击打""横翻扇""撒翻扇"等。所谓"走阵式"是指在场记统一调度下走出各种队形变化，主要阵式有"大排队""二龙出水""四门斗""绞麻花"等。

闫家山地秧歌表演结构严谨，在注重整体气氛的同时亦着力突出各角色的特点。其角色，素有男女之分，在豪放与柔美之间流转。男角动作大起大落、大放大收，带武术之风，以表现出威武勇猛的英雄气概。女角动作柔韧舒展，注重人物形象与心理关系的塑造，强调人物的神态、心态与体态的结合，以展现出委婉、飘逸的万般风姿。

整体上看，闫家山地秧歌形成了自己独特的舞蹈语汇，典雅而不失诙谐，热烈而不显凌乱，具有浓郁的乡土气息，深受广大群众喜爱。

菜西秧歌

省级非物质文化遗产（莱西市）

带有戏剧成分和江湖色彩的秧歌艺术

○ 莱西秧歌表演场景

莱西秧歌起源于古舞，留存着千百年的传统记忆。

据莱西秧歌老艺人讲述，其祖先于明洪武年间（1368—1398年），从山西洪洞"大槐树"迁来。为了让后人记住迁徙流离的辛酸劳苦，结合当地民间舞蹈，开创了"跑秧歌"的形式，即秧歌队员组成各式队形，跑出不同路线，以观照自西向东的迁徙路线。

清末，艺人刘应旭携自家杂艺戏班离开京城，迁至莱阳长园孙家疃村居住，以表演杂剧、传授杂艺技法为生。当地流行的秧歌引起了他的兴趣，尤其是秧歌中的"丑婆"一角，逗笑取乐最具看点，与其所事杂艺中的"丑角"有异曲同工之处，只是特点不够鲜明。于是，刘应旭大胆尝试，将杂艺中"丑角"的插科打诨、戏弄调笑、现场抓词等技艺融进"丑婆"的表演中，同时又将杂剧、杂耍的技巧引入秧歌中，确立了莱西秧歌集"舞、戏、乐"为一体的表演形式，自此莱西秧歌便有了戏剧表演的成分。对此，清《莱阳县志·礼俗》的记载是："陈百戏、演杂剧、鸣箫鼓，谓之秧歌。"这样一来，起初相对简单的跑队形秧歌已不再代表莱西秧歌的特色，而能演秧歌戏的戏班则走俏江湖，被称为"江湖班"，活跃在当地各种节庆与民俗活动中。民国初期，莱西秧歌受新文化思潮影响，在秧歌戏中加入活报剧、小歌剧等元素，形式灵活，内容风趣，更受民众欢迎。解放战争时期，莱西作为革命老区，积极致力于通过秧歌艺术来宣传党的政策，在土改斗恶霸、欢庆解放等活动中发挥了重要作用。中华人民共和国成立后，一大批有知识、有文化的年轻人加入莱西秧歌队伍中，对老秧歌加以改造更新，使伴奏曲牌、唱腔、唱词都有了新意，如伴奏曲牌使用民族管弦乐"备马令""水龙吟""句句双"等，唱腔固定为"嫚儿调""狠婆调""小生调"等。

莱西秧歌通常在广场街巷中演出，舞队列两边，中间为演戏场地。其角色有旦角（嫚儿扮演）、小生、狠婆（丑婆扮演）、老头等，其他角色可根据表演主题临时增加。题材以家庭伦理、道德教化为主，演出样式如同戏曲，先表述主人公的悲惨遭遇，然后以惩恶扬善、伸张正义为结局。

历经数百年传承，莱西秧歌形成了一批经典曲目，其中包括《安儿送米》《双换妻》《张郎休妻》《儿女哭坟》等，它们都讲述了凄惨悲凉的民间故事，控诉了封建思想的桎梏，揭示了世间的美丑善恶，教育人们弃恶扬善、从善如流。

宝山地秧歌

Baoshan Di Yangge
Three Hundred Years of Yangko Memory since the Ming Dynasty

明朝以来三百年的秧歌记忆

宝山地秧歌是兴起于青岛西海岸新区的一种传统舞蹈形式，至今已有300余年的传承史。

明末清初，地秧歌最早流传于宝山镇黄山后村一带，俗称"耍耍"。明末，有冷、倪两户人家从"小云南"迁徙至宝山镇黄山后定居。他们原本为梨园世家，受生计所迫，背井离乡，沿途讨饭卖艺，一贫如洗，家当只有随身担着的箩筐和卖艺用的两把胡琴和两支唢呐。日久天长，就在黄山后村汇集起了一些能工巧匠，如画匠、箍炉匠、吹鼓手等。他们建起了庙宇，每逢过年过节，便自发组织各种民俗娱乐活动，至今还流传着祖辈编的顺口溜："黄山后的龙灯不算耍，二番扮起了跑竹马；竹马跑的不太济，三番办起秧歌戏。"从中，可看到宝山地秧歌的起源图景。

宝山地秧歌以唢呐为主奏，配以小鼓、小锣、小镲、跋、手锣等打击乐器，所演奏者多为流传于当地的一些民间小调，主要有"锯缸调""南锣""小放牛"等。秧歌中的角色、行当、服饰均借鉴戏曲中的扮相。角色由11人组成，有"伞"一人，"棒槌"两人，"鼓子"两人，"大翠花"两人，"二翠花"两人，"小嫚"两人。演出时，先由"药大夫"撑伞转动，摇响药铃上场，用顺口溜编说一套拜年吉利话，预祝风调雨顺、五谷丰登、平安吉祥等，以活跃场内气氛、沟通观众感情。演出分"串场"和"圆场"两部分，队形有"龙摆尾""十字花""凤凰单展翅""窜五花""绳子头"等，演员以各自不同角色场中做着各自的动作，有两人对称，四人对角，气氛热烈欢快。

宝山地秧歌的舞蹈动作粗犷而原始，少有雕琢，有很多动作是根据当时农民在田间劳动的场面加工而来的，表演时男女角色之间不同的动律有机地融合在一起，动作优美舒展，踏着音乐动作协调一致，具有男刚女柔、男放女羞、刚柔相济的特点，别有一番意趣，逐渐形成了群体意识强，舞蹈动作舒展、流畅，朴实无华的风格。

宝山地秧歌的表演内容多样，其中尤以风土民情、乡野传说和传统故事为主，主要剧目有《唐二卖线》《王三捎书》《打枣》《拉磨》《老分家》《送闺女》《箍炉杀妻》等。语言则采用当地方言土语，诙谐幽默，生动活泼，通俗易懂，动作滑稽，使人发笑，富有浓郁的乡土气息和生活韵味。

◎ 宝山地秧歌表演场景

即墨大秧歌

充满『颤劲』和『韧劲』的小戏秧歌

市级非物质文化遗产（即墨区）

○ 即墨大秧歌表演场景

即墨大秧歌兴于明清之际，至今已有300余年的流传史。明万历版《即墨志》载：

上元夜……，门接松棚挂灯火，放花爆，陈杂剧三日夜。

所云"陈杂剧"指的是当时即墨民间艺术活动的盛况，其中就包括秧歌。清乾隆年间（1736—1796年），金口天后宫建起戏楼，秧歌常出现于其中。民国初期，即墨大秧歌进入鼎盛时期。抗日战争和解放战争时期，人们编排了《送郎参军》《打万地》《婚姻自由》等节目配合革命宣传，即墨秧歌在胶东根据地焕发出新的光彩。

在长期演变过程中，以唱、舞并举为主要特征的民间小戏类秧歌逐步形成。因流传时间久和分布区域广等原因，又形成各具地域特色的流派，主要有东、西两路流派。其中，东路流派以即墨沿海一带王村岛里为中心，其特点是唱舞并举，舞蹈场面巧妙多变，女性动作舞姿柔媚，男性动作刚健洒脱，称之为"即东秧歌"。西路流派以灵山、瓦戈庄一带为中心，注重小戏的排练且演出剧目众多，观众可按秧歌队的"剧录"（用红纸写的节目单）点剧目进行演出，称之为"即西秧歌"。

即墨大秧歌属传统的小戏秧歌，有一套比较严格的表演程式和角色行当，着装非常接近戏剧服饰。为适应小戏表演，各类行当分工明细，动作富有个性，相互衬托。就其动作动势来看，即墨大秧歌之动律与韵律特别注重节奏感，动作反映出的韵味特点是"刚""柔""韧""颤"，而全部角色的动作都有一定的"颤劲"。动律柔中有刚，抻中有韧，缓中有急，强调运动过程中的动势，使动作贯串着一种"韧劲"的力度，保持了动作风格的统一性。

即墨大秧歌演出程序分大场和小场两部分。大场即舞蹈部分，由"膏药客"摇药铃指挥出场，各类角色按照一套完整的程式动作依次出场亮相。运用场面队形变化和不同图案烘托气氛和画面，主要有"剪子股""蛇蜕皮"等场记图案。小场俗称"扮故事"，是载歌载舞演唱一些有故事情节的小调或小戏，运用方言土语，诙谐幽默，通俗易懂，接近百姓的日常生活。总体上看，即墨大秧歌的剧目多是反映家庭伦理、劝人为善、倡导大爱人伦、提倡教子有方的一些具有地方特色的民俗小戏，传统剧目主要有《姐娌闹》《锯大缸》《顶灯》《石头人招亲》《全家福》《打万地》等40余部。当今，即墨大秧歌的主要传承人有舞蹈家杨小明等人。

孙家下庄舞龙

Sunjiaxia Village Dragon Dance
Dragon Dance Art, Which Draws on the Strengths of Others and Becomes a School of Its Own

博采众长而自成一派的舞龙艺术

舞龙的出现，在很大程度上适应了人们内心根深蒂固的龙文化情结。

崂山区的孙家下庄舞龙是一种集武术、鼓乐、戏曲、舞蹈于一身的独特艺术形式，肇始于清咸丰元年（1851年）。每逢春节，孙家下庄辄举行灯会和舞龙表演，抒发对风调雨顺、人寿年丰的美好期盼。从正月初三到正月十五，舞龙队都会沿着村中的街巷"游动"，伴之以"咚、锵"的锣鼓声，为村民拜年祈福。舞龙队走街串巷，"舞"过本村再去邻村，所到之处，吸引村民们层层围观，大家以鞭炮相迎、以烟酒款待，场面甚是热烈壮观。特别是正月十五晚上，全村人倾巢而出，方圆几十里的老乡也慕名赶来看龙灯和舞龙表演。当其时，领舞者手举红色绸制绣球，舞龙跟着绣球动作，或腾跃，或滚动，或盘起，或穿插，尽情展示扭、挥、仰、俯、跪、跳、摇等多种技巧；舞龙昂首翘尾，上下翻腾，左冲右突，在欢快激越的锣鼓声中，演绎出洞、戏柱、采珠等十多个样式，神态逼真，气势磅礴，看上去活像一条蛟龙凌空翻腾，逶迤如飞，场面热闹紧张，观众欢声雷动。

平常，舞龙的道具"布龙"被村民们当作神灵虔诚供奉。布龙做成之后，村民们要举行接龙仪式，要烧香、磕头、燃放鞭炮，隆重将布龙迎入龙王庙中。舞龙之日，则要举行"请龙"仪式，村民以旌旗、锣鼓、号角为前导，焚香、磕头团拜神灵，将布龙从庙中请出。待到舞龙完毕，再敲锣打鼓将布龙送回庙内，称作"送龙"。这条布龙，龙身较长，可达十三节。布龙制作工艺分为扎、裱、绘、粘、装五大工序，即竹编造型、纸绸裱糊、落墨彩绘、粘贴装饰和总装。

舞法上，孙家下庄舞龙融合各家之长而自成一派，套路多样，最典型的是"8"字舞龙动作，而诸如快速跑斜圆场、小舞花、大舞花、跳龙门、二龙戏珠、盘龙等，令人目不暇接。舞龙时，龙前一人持竿，竿顶竖一巨球为引导，巨球前后左右四周摇摆，龙首作抢球状，引起龙身的游走飞动。舞龙动作刚劲而富于变化，九节以内侧重花样技巧，有蛟龙漫游、头尾齐钻、龙摆尾和蛇蜕皮等经典动作；十一节、十三节龙则更侧重于动感韵律，金龙追逐宝珠，时而作飞冲云端状，时而作深潜海底状，辗转腾挪间，已然将舞龙精神表达得淋漓尽致。所有舞蹈动作都是在龙游中进行的，做到了"形变龙不停，龙走套路生"和"人紧龙也圆，龙飞人亦舞"的境界，队形流畅多变，而动作一气呵成，在紧张的快速穿插交替中，把龙舞得活灵活现而圆熟饱满。

○ 孙家下庄舞龙场景

九狮图

充满动感的拟人化狮舞艺术

○ 九狮图表演场景

　　九狮图亦称九狮舞，是流传于即墨城关一带的民间舞蹈形式。

　　九狮图属硬架子道具舞，从狮灯高跷表演形式演变而来，取意为驱赶恶魔、消灾赐福，以其独特的拟人化舞蹈风格而别具一格。

　　溯其源，九狮图约形成于清同治年间（1862—1875年），距今已有150余年。民国初期，九狮图曾受邀在青岛市区及其周边的崂山、胶州、海阳一带演出，引起广泛关注。由于道具制作复杂、表演难度大且须具有一定武术功底的艺人来表演等原因，致使这一宝贵的民间舞蹈艺术在20世纪40年代后一度失传。1982年，在全国民间舞蹈普查工作中，九狮图被重新挖掘出来，在老艺人孙跃亭的指导下开始恢复排练，终使这一失传多年的民间艺术瑰宝再度焕发青春。几经嬗变，九狮图从道具制作到舞蹈编排，都发生了很大变化，道具色彩日益丰富，舞蹈编排不断创新，地域人文特征愈加浓郁。

　　九狮图以九头形态各异的道具狮子摆列成阵式，表演各种卧跳穿跃和扑滚腾翻的动作，变化出各种流动的图案。察其表演流程，开端部分为"走街"，是行进中舞蹈，通过"龙摆尾""扭绳头""绞五花""双对狮""返胡同"等队形，相互穿插交错，翻腾进退挪闪，来表达狮舞的本质之美。基本步伐包括"跑跳步""悠步""踩步""狮步"等，通过"跑圆场""双对花""穿四门""绣球戏狮""群狮蹲毛"等多种阵图进行表演，全过程充盈着激昂热烈的艺术气氛。

　　九狮图的表演班底由一名"驯狮手"和九名"舞狮手"组成。表演时，"驯狮手"举高杆彩球指挥，"舞狮手"举雄、雌两狮和七头神态各异的"子狮"昂首而舞，动作轻盈灵活，姿态英武潇洒，整体表演分为"走街"和"圆场"两大部分，而它的舞蹈动作多是动物拟人化的舞蹈动作。表演者抓住狮子的典型神态进行模拟，并设计了简单的舞蹈情节，通过翻、滚、扑、跳、嬉、逗之狮态，形象地表现了狮子的粗犷和神韵。

　　既然称之为"图"，则九狮图表演的重要一环就是呈现画面，通过舞蹈调度达到构图奇特新颖、画面粗犷壮美的效果。另外，九狮图与其他舞蹈形式最大的不同就是舞步，老艺人一直保守着"颤如簧，颠如浪"的六字心法。究其义，就是动作舞步要轻快，小腿要有弹性，上身和头部要随着颤步而微动，全身呈"三弯"动势，以脚跟先着地，脚掌后着地的走法，颤步加摆动，使狮子形象鲜活、优美，具有浑然天成的艺术美

○ 孩子们在学习花棍舞法

　　莱西花棍亦称"花棍舞"或"打花棍"，是一种独特的民间舞蹈形式，久来被誉为"莱西民间舞的一大瑰宝"。

　　关于莱西花棍的来历，众说不一，其中一种说法是起源于"霸王鞭"。秦末楚汉相争之际，项羽一度所向披靡，每攻下一座城池，便挥舞马鞭，高歌劲舞，以为庆祝。"霸王鞭"由此得名，其鞭舞习俗也在军营中广为流传。明末，有一张姓将军率部在莱西店埠镇驻扎，留有"张官寨村"，同时花棍舞习俗也就随之流传了下来。

　　一如其名，莱西花棍以花棍为道具。花棍的制作尤为关键，通常是用一根细木棍或细竹竿来制作的，长80~120厘米，两端分别嵌有小铜钱或小铜钹，并以彩色布穗做装饰，摇动花棍时便哗哗作响。表演时，演员手持花棍上下飞舞，或相互敲击，发出清脆的声响，变换出快慢节奏，配以唱腔，边舞边唱，展现出一派欢快祥和的气氛。花棍的发声方式多样，或摇击或敲击，敲击部位有肩、腰、背、臂、肘、两手、两膝、两足等，俱可振动作响，造成复杂的节奏变化，技艺高超者可让花棍在手心、肩头或背部等处旋转。

　　可依据花棍数量区分出不同的表演形式，有单棍花、双棍花两个体系。双棍花是在单棍花基础上，由平行、对称、交叉或左右不同舞花组合而成，其基本动作都在单棍花里，只是要求两手一样灵活，身体左右高度协调。于是乎，自然而然就有了边歌边舞的自觉性，是为莱西花棍的一大特点，而唱词多由民间艺人自编，可叙事，可抒情。

　　中华人民共和国成立后，莱西花棍得到了新的发展。20世纪50年代，莱西乡村中小学开始在音体课中向学生传授花棍舞的基本技艺，并选拔优秀学生参加省市举办的比赛。随着时代的发展，莱西花棍艺术也在不断地改变着，博采众长以不断完善自己。现在的花棍艺人们不仅能娴熟地舞花棍，还增加了花棍表演的花样，并采用通俗歌曲的音调，改编唱腔和唱词，增添了花棍艺术的时代感。同时，莱西花棍与时俱进，融入了健身元素，将舞蹈与健身有机地结合起来，于是就出现了健身花棍、康乐球花棍等形式，丰富了现代民间花棍舞的内容，使其更适合现代群众性文化活动的需要。目前，莱西花棍已然成为群众自娱自乐的一种艺术形式，传承人有崔凤英、崔兰花、张君一、张子全、张世凯、王桂美、张子润、孙吉林等。

市级非物质文化遗产（平度市）

烛竹马

Candle Bamboo Horse
The Historical Figures Reappear in the Unrestrained Situation

让历史人物在天马行空的情境中复现

古人如何在今人生活中复现？烛竹马给出了一种有意思的方式。

烛竹马者，是流传于平度及其周边区域的一种传统民间舞蹈形式，很有特色。

烛竹马缘起于清初，内在于闯关东的历史图景中。当其时，平度田庄镇利家村几户人家闯关东，用高粱秸制作成简单的竹马道具，沿途在大街小巷演出乞讨。演出内容多为打圆场、跑队形，如简单的"眼睛花""二龙吐须"。康熙年间（1662—1722年），平度地区先后有多个村办起了竹马队，活跃在山东及关东一带，其中以孟家村的竹马队最为突出。其间，竹马演出有了很大发展，竹马道具也得以逐步改进。竹马用竹篾蒙布制作，为便于晚间演出，就在马中放置蜡烛，乃有烛竹马，形成自我照明之境。演出服装也有了改进，增加了"七星额子""锦鸡翎""护背旗"等装饰性部件。

竹马为核心道具，由马头、马前身、马后身三部分组成。首先将竹竿劈成一厘米宽的竹篾，制成六个直径不同的竹圈，再用两根弯曲的竹篾，将竹圈从小到大按顺序连接起来，这就形成马头的框架了。然后，用黑色或红色丝绒裱糊而成马颈（男角用黑色，女角用红色），嵌入圆球而成马眼睛，用布裱褙成马耳，马鬃则用麻绳代替，马头上贴白布条做辔头，下级两条红丝穗，马颈处开口供表演者手握。马前身和后身的制作方法相同，使用竹篾、木条做框架，内横放一块木板条，以细篾与框架连接，木板条中间用钉子固定蜡烛，框架处糊裱黑色或红色丝绒。马尾用麻线制作，长约40厘米，用布做马围裙，挂在马身、马臀下方，长度以遮住表演者的脚为准。

烛竹马演出班底一般由五男五女组成，多以历史人物扮演者的身份出现。马队的顺序是：男队头马韩昌、二马萧天佐、三马萧天佑、四马韩虎，旗牌官不骑马，手举"南北合"大纛。女队头马金瓶、二马银瓶、三马玉瓶、四马萧太后、五马奶妈。演出分"行进场""跑大场"两部分。头马为总指挥，右手拿哨子指挥队形变换。常用的队形有"十字梅""眼睛花""三军战吕布""结子花""弯弯过街""两扇门""大姐见面""勾一勾""锅台角""五马靠槽"等十几种。通过鼓、锣、钹、呆（手锣）等打击乐器来演奏"急急风""小勒头""跑马秧歌""逗情锣鼓"等传统曲谱，渐成《澶渊之盟》《穆桂英挂帅》等传统曲目。

○ 烛竹马表演场景

扛阁

Raise Pavilions
Eight Immortals Hold Fairy Children Singing and Dancing

八仙手托仙童载歌载舞

○ 在五四广场表演扛阁

人多有奇幻之想，然何以真切复现幻美之境，扛阁给出了一种答案。

平度扛阁又称"张村扛阁"，是在抬阁的基础上演变而成的一种更具地域特色、更具观赏性的传统民间舞蹈形式。

清光绪年间（1875—1908年），在素有抬阁传统的平度郑家张村，有人琢磨出一种新的玩法，将杂技、秧歌和抬阁的艺术特点结合在了一起。起初，郑家张村人先组建了抬阁队，然因抬阁用人多而耗费大之故，难以普及。村里有铁匠名郑文，经多年反复实验，终于在1881年冬天，成功研制了一副N形铁架子。第一次尝试者就是郑文父子，借助这副铁架，郑文让八岁的儿子郑昆牢牢"站"在自己的"手"上表演。察之，铁架的功能在于，力壮者托起它，身轻者飞临其上，于是就有了舞者上下重叠而融为一体的视觉效果，某种亦真亦幻、惊险玄妙的表演氛围生发了出来，别开生面。缘此，抬阁升级换代，乃有扛阁艺术之诞生。郑文的发明大受欢迎，一村欢喜，乡亲们集资制作了八套相同的铁架子，购置了八套长袍等道具，排练了新版《八仙过海》。第一次表演备受瞩目，下路由壮汉扮演，身着八仙装，分别手持各种宝物；上路由七八岁的儿童扮演，身着仙装，脚踩在八仙各自手持的宝物上。看上去像八位仙人各自手托一个仙童而载歌载舞，形象逼真，惟妙惟肖，观者无不拍手称绝。

比较视野中，平度扛阁与其他地区的抬阁和驼阁具有不同特点。抬阁和驼阁的着力点在肩和背，而平度扛阁的着力点在手上，具有很高的观赏性，看上去好像仙童只脚站立在壮汉手持的剑、葫芦、花篮上载歌载舞，给人一种惊、险、奇、妙的艺术感受。其动律表现为"摇"（头）"耸"（肩）"甩"（臂）"颤"（膝）相结合，上路演员动作的动律随下路演员动作的变化而变化，须密切配合，才能减轻下路演员吃力感。常用的队形变化有圆场、对开门、二龙吐须、编辫子等。历史上，有《八仙过海》《三打白骨精》《拾玉镯》《刘海戏金蟾》等传统剧目。

20世纪80年代，扛阁艺术在其故乡郑家张村复活。1992年，新编大型广场舞蹈《天柱云中阁》应运而生，代表青岛参加全国第二届"沈阳国际秧歌节暨优秀秧歌大赛"并获文化部授予的"群星奖"，是山东省获得的第一个"群星奖"，填补了历史空白。

沟崖高跷 在更高的层面上疾走如飞

○ 沟崖高跷表演场景

　　高跷亦称拐子，为汉族民间舞蹈形式之一。据《列子·说符》记载，春秋时宋国有个叫兰子的人，把两根比自己身体长一倍的木棍绑在双腿上，为宋元公进行疾走如飞的表演，一边疾走还一边舞剑。可见，当时踩高跷的技术已达到很高水平。

　　崂山区沟崖村融入源远流长的高跷文化史。沟崖高跷始于清光绪二十六年（1900年），村民臧允宗、臧作钦、臧瑞松等发起成立了第一支高跷队，演员均为男性，女角亦由男扮女装的男子代替。后来在借鉴他者基础上，不断推陈出新，逐步改进了沟崖高跷的技艺。清末民初，沟崖村高跷队以生龙活虎的高超舞技闻名于四村八疃。

　　沟崖高跷分高、中、低三种，分别叫高跷、中跷和跑跷，最高者达一丈，最低者不到两尺。表演者扮演成各种戏剧人物，腿绑木杆，随着鼓乐的节奏或走或跑或旋转或蹦跳，技术高的能表演跳桌子、过木桥等惊险动作。有的表演者带有小丑的诙谐幽默，故作不慎跌倒，待人上来搀扶时，却又一跃而起欢快地蹦蹦跳跳。

　　沟崖高跷素有文高跷与武高跷之分。文高跷讲究扭、逗，或表演情节简单的小戏，采用弦乐伴奏，边走边舞，变换各种队形。表演者化装为戏剧人物，题材从历史故事到现代生活皆有所见。武高跷用打击乐伴奏，以表演特技为主，把惊险的表演与优美的造型艺术融合为一体，表演惊险紧张，动人心魄。两种表现形式的精华相融合，再加上"扭""唱""跑""相"这些专业艺术技巧，成就了引人入胜的沟崖高跷。

　　所谓"扭"，是沟崖高跷韵律的基本特征，通过"扭腰、展臂、挽腕、屈膝、提气"达到裙飞扇舞的效果；"唱"是幽默表演逗人开心以及演员之间互相交流情感的表现手段，也是与群众进行交流的方式；"跑"是沟崖高跷最突出的特点，在自由而规范的跑动中，形成优美、端庄、风流、潇洒的格调；"相"是沟崖高跷向高水平表演技巧攀登的阶梯，也是与其他高跷的区别点，通过"叫鼓亮相"，表演者在锣、鼓、铙、钹击打伴奏中舞蹈翻跌，在表演中转化情绪、变换节奏，使舞蹈呈现异峰突起之势。

　　沟崖高跷的表演内容，多取自民间流行的传统章回小说和戏曲故事，如西天取经的唐僧、孙悟空、猪八戒、沙和尚，水漫金山中的白娘子、许仙、法海等的群舞动作，亦有《水浒》中的林冲、武松等造型。可以说，这是传统题材以高跷为载体的转化形式。

　　沟崖高跷常与秧歌一起出现，但表演者可不受秧歌节奏的制约，往往会自由穿插于秧歌队列的前后，即兴做戏，调情逗趣，引人发笑，使表演气氛更加热烈。

余音绕梁，回味悠长，那绵绵的乡愁之音总是在时光深处响起，带着古老岁月的记忆。

兴许每个人都会遇到这样的情景，在忙忙碌碌之中，忽然静下来，耳畔会有乡音回荡，同时也会有泪花在眼中闪动。于是，一个熟悉而陌生的时刻往往就会浮现出来，带着"少小离家老大回，乡音无改鬓毛衰。儿童相见不相识，笑问客从何处来"的诗意忧愁面对岁月。这里，就有了传统戏剧的因缘际会，是如此质朴的乡音乡韵在悠悠回响，从耳畔到心窝。

茂腔和柳腔是发源于青岛地区的传统戏剧品种，被誉为"胶东之花"。其地方特色之浓郁，生活气息之浓厚，乡土韵味之地道，无不令人印象深刻。与此同时，作为国剧的京剧在青岛也有着深厚的根基，成为近现代青岛的文化要素。至于莱西木偶戏则更显神秘，将一道奇异光影引向了汉时明月下……

中国非物质文化遗产
CHINA INTANGIBLE CULTURAL HERITAGE

今古风华——青岛市非物质文化遗产图鉴
Treasures of the Present and the Past
The Illustrated Handbook of Intangible Cultural Heritage of Qingdao City

第四部分 传统戏剧
Part III
Traditional Dance

○ 张梅香茂腔艺术汇报演出场景

　　茂腔是起源于青岛、流行于山东半岛地区的一种富有地方特色的传统剧种，被誉为"胶东之花"。

　　说来话长，古时有这样一种戏曲，因艺人肘悬小鼓、拍击节奏而演唱，故名"肘子鼓"，另有"肘鼓子""周姑子""本肘鼓"及"茂肘鼓"等叫法。透过这些彼此近似的发音，可大致推测出不同方言的影响。由于演出地点分布广泛，茂腔成为不同方言的集萃，绽放着不同时代的风土人情。其早期表演方式与明万历年间（1573—1620年）记述的"山东姑娘腔"多有相似之处。清道光年间（1821—1850年），这种调门繁多的戏曲在山东半岛流传开来，与花鼓秧歌等唱腔融合后，形成别具一格的传统戏剧形态。从嬗变轨迹上看，它在清末完成了从单人走街串唱到集市街边设点演出的蜕变，当时苏北艺人"老满洲"举家北迁，将流行于苏北、鲁南一带的柳琴戏融入本地的"肘鼓戏"唱法中，增加丝弦乐伴奏，将女腔尾音翻高八度演唱，谓之"打冒"，遂将"本肘鼓"带进了"茂肘鼓"（冒肘鼓）时代。茂肘鼓艺人在保留原风格和特点的基础上，通过与河北梆子、京剧等戏班交流合作，同台演出，引入了京胡、京二胡、月琴等伴奏乐器以及板鼓、锣、钹、小锣堂鼓和碰铃等打击乐器，并融入了花旦、青衣、武生等戏角，特有的服装、道具亦日臻完备。于是，茂肘鼓发展为富有地方特色而自成一派的剧种。

　　中华人民共和国成立后，这种民间戏剧形态正式定名为茂腔，演进为山东省影响最大、专业剧团较多的剧种之一。1950年，金光、光明两家茂腔剧团在青岛率先成立。其中，金光茂腔剧团以宿艳琴、曾金凤、王凤松、曾子明为班底组成，先后排练出《东京》《西京》《南京》《北京》《罗衫记》等传统剧目20多种，1954年在上海参加"华东地区戏曲观摩演出大会"并获奖，1958年改名为胶县茂腔剧团。光明茂腔剧团以李玉香、李兰香、刘顺仙、刘翠兰等为班底组成，先后排练出《花灯记》《洪湖赤卫队》《八女投江》等30余出新剧目，1959年更名青岛茂腔剧团，同年8月入京汇报演出，在中南海怀仁堂演出了《花灯记》，周恩来、刘少奇、朱德、陈毅等观看了演出，中央人民广播电台播放了《花灯记》演出录音，《人民日报》誉之为"胶东之花"。随后，青岛茂腔剧团携带《花灯记》《罗衫记》《锦香亭》等剧目，在上海、杭州等地巡回演

茂腔作为一个地方戏曲剧种，历经200余年而长盛不衰，深深扎根人民群众中，具有很强的感染力和生命力，在民间生活中占有重要地位。

清宣统年间（1909—1910年），胶州南乡（胶南，今属青岛西海岸新区）有个秀才曾为当时的茂肘鼓艺人作一副对联，上联是"乍来一听，酥一阵，麻一阵，难受一阵，速速拔腿就走"，下联是"听上两天，生也好，旦也好，唱得也好，问问哪里接台"，横批"百听不厌"，形象地反映了茂腔的艺术魅力。胶南及胶州地区流传着这样一首民谣："茂腔一唱，饼子贴在锅沿上，锄头锄在庄稼上，花针扎在指头上。"清末民初有位人称"老满洲"的茂腔艺人，其女二嫚的唱腔更是倾倒无数观众，遂有这样一个顺口溜："二嫚儿的唱值千金，一两金子买一分。"后来，二嫚的孙女王仙梅加入胶南茂腔剧团，成为旦角名家，远近闻名，当地群众流传着"三天不喝水，也得看看王仙梅"的说法。

旧版《罗衫记》剧照

出，好评如潮。1952年，胶南茂腔剧团成立，随后创编演出了《刘胡兰》《朝阳沟》《白毛女》《林中缘》《俩老头》《李亚仙》《寻儿记》《徐福东渡》等剧目，涌现出王仙美、刘桂英、陈艳琴、王淑娴、丁森聚、殷爱华、王本宏等著名艺人。

茂腔唱腔淳朴，以胶东方言念白，戏中多表现婚嫁、庙会、礼节等民俗风情，生活气息浓郁。茂腔的声腔音乐结构为板腔体结构，分为B微调式和B宫调式，一般做正调、反调，男女同调不同腔。板式有原板、二板、大悠板、散板、摇板等，另有少量曲牌。其中，女腔唱法尤为突出，以尾音翻高八度、突出"冒"（茂）字为特征，就此

茂腔光影

063

声情并茂地抒发了妇女反抗压迫、争取自由平等的意愿，深受广大农村妇女喜爱，茂腔因此而被人们戏称为"拴老婆橛子戏"。

早期茂腔并无女演员登场，进入"茂肘鼓"阶段方开始吸收女演员参加，后来逐渐发展到了生、旦、净、末、丑各行当齐全，文戏武戏兼备的完型状态。文场以京胡、京二胡、月琴为主弦乐器，另使用三弦、琵琶、唢呐、笙、笛等乐器伴奏，伴奏反调唱腔时加堂鼓和碰铃；武场则主要以板鼓、锣、钹等乐器伴奏。历史上，茂腔常与京剧、河北梆子等剧种同台演出，称为"二合水"或"三合水"。这是意味深长的相互借鉴与影响，多种表演形式相映生辉，有效促进了传统戏剧艺术的发展与完善。

山东省茂腔名家名段
演出剧照（上）
新版《罗衫记》剧照（右上）
《碧玉簪》剧照（右中）
外国友人体验茂腔（右下）

○《龙凤面》剧照

市级非物质文化遗产（平度市）
国家级非物质文化遗产（即墨区）

柳腔
Liu Tune
A Treasure in Kinds of Chinese Traditional Operas
中国传统戏剧百花园中的瑰宝

　　柳腔是形成于大沽河流域、流行于山东半岛地区的一个传统地方剧种，已有200余年的历史。它与山东的五音戏、柳琴戏及苏北的淮海小戏等剧种有一定的近缘关系，与茂腔有亲缘关系，两者被视为"姊妹花"，共享"胶东之花"美誉，成为中国传统戏曲百花园中别具风采的奇葩双璧，浸润着博大、质朴而精美的地域精神。

　　溯其源，柳腔诞生于清乾隆年间（1736—1796年），经历了从"肘鼓子"到"本肘鼓"再到"柳腔"的发展过程。它是本地流行的民间小曲和秧歌调相互融合，经叙述体的联曲说唱，逐渐发展成为板唱式的戏曲，是土生土长的地方剧种。历史地看，柳腔与茂腔有一个共同前缘，即产生于明末清初的"肘鼓子"。当时，在山东临沂、郯城等地流行着一种专门替受灾者"开锁子"还愿的职业，施术者敲着单面狗皮九环鼓行走，击鼓而歌，边唱边扭，被称为"肘鼓子"或"咒鼓子"。随着时间的推移，这种驱邪祈福的巫术仪式逐渐演变为老百姓自娱自乐的地方小戏，流传到各地，因受不同方言与曲调的影响而形成了各路各式"肘鼓子"，尔后逐渐衍生出一系列各具特色的地方剧种。柳腔就是其中颇具代表性的一种，是在"本肘鼓"东渡胶莱河以后兴起的。乾隆十三年（1748年），水旱虫灾相继袭来，胶莱河以西各县众多百姓背井离乡，逃来即墨、平度者甚多，"肘鼓子"的演进形态"本肘鼓"随之传入本地，始流行于即墨西部及平度仁兆镇一带，在集市村镇的街头巷尾随地演唱，人称"攀凳子"。至20世纪初，因受莱阳"四弦小调"的影响，其表演开始采用四弦胡琴伴奏，配以唢呐帮腔。起初，演唱者与琴师配合得不默契，往往是跟着唱调来"溜"，因而被戏称为"溜腔"，后来谐音而称作"柳腔"。1910年前后，柳腔班社开始出现，在即墨、平度、掖县（今莱州）、莱阳等地巡回演出，柳腔从此开始走上广阔舞台。此际，伴奏乐器渐趋完备，角色分工越来越细，化妆方式、服饰和脸谱亦趋向规范，柳腔艺术基本完型。中华人民共和国成立后，柳腔艺术因贴近民生而得以大发展。1956年，青岛市柳腔剧团成立，1959年应邀进京，汇报演出《割袍》《赵美蓉观灯》等剧目，取得了成功，演职人员受到刘少奇、周恩来、陈毅等领导人的接见和鼓励，得到一大批文化名流的肯定和赞扬。2004年和2011年，即墨先后荣膺"山东省民间文化艺术之乡"和"中国民间文化艺术之乡"。

文献中的柳腔

　　时光弥漫，柳腔深入生活的历史记忆绵长而生动，业已成为一种典型的民间艺术形态。清乾隆二十八年（1763年）刊行的《即墨县志》之《民俗》中，有"上元：蒸面作灯，注油点之，结松棚，挂灯火，放花爆，陈杂剧三日夜"的记载，文中所言"杂剧"，即应包含时称"肘鼓子"的柳腔。

　　乾隆年间（1736—1796年）吴长元所辑《燕兰小谱》中，记述了当时在京演出的"花部"演员26人，其中名列第二位的是即墨人于永亭，属"名辈"。花部也称"驳杂""乱弹"，是对表演粗犷、语言通俗的梆子和弋阳腔等地方戏的泛称。柳腔即属梆子戏系统，即墨人于永亭所唱的梆子戏当脱离不开原始柳腔"肘鼓子"的韵味。以上史料，佐证了肘鼓子在乾隆时传入即墨，并迅速由民间小调向演唱戏曲转化的史实。

听戏入迷的群众（上）
《孟姜女》剧照（中）
往昔农家小院中
的演戏时光（下左）
柳腔演员（下右）

柳腔运用本地区方言，属于汉语北方方言的胶辽官话，通俗易懂，朴素亲切，音调厚重，充满生活气息，具有浓烈的乡土风味。柳腔唱腔音乐独具特色，其"母曲"为"花调"和"悲调"，欢调、垛板、慢板、娃娃腔等板式相与增益，唱腔轻柔婉转，音色朴实，用方言演唱，体现着浓浓的乡土味。柳腔音乐曲调平稳，多进级和小跳，以微调式、宫调式为主。正调结尾落薇后假声游离到商音（即本调属音），可分正调、反调、曲牌三种。正调以欢调为目曲，通过各种手法变出了欢调、悲调、二六、快板、垛板、清导板、尖板、哭头等；反调有原板、慢板、二板、数板、散板；曲牌有垛子、南锣、娃娃、四不像、噢、嚎咹、小曲等。演员根据剧情和人物性格，在把握基调和风格特点，采用放慢加花、加快减字、扬调拖腔、留板变腔、换眼找调、老少翻、弦上泵、弦下哄、跟腔等手法来创新和丰富唱腔。

从内容上看，传统柳腔多是老百姓喜闻乐见的传统民间故事，反映家庭生活、男女爱情、悲欢离合、伦理道德、惩恶扬善等题材，生活气息浓厚，通俗易懂。其中，悲剧、喜剧、闹剧皆有，很受百姓欢迎，与茂腔一样也被戏称为"拴老婆橛子"，足见其民间化、生活化与群众化的艺术价值。

柳腔剧目丰富，传统剧目有"四大京"（东京、西经、南京、北京）和"八大记"（罗衫记、火龙记、玉碑记、绣鞋记、金镯记、钥匙记、风筝记、丝兰记）等120余个；移植剧目有《逼婚记》《秦香莲》《打金枝》《宝莲灯》及《凤还巢》等80余个；现代剧目有《小二黑结婚》《春暖花开》《夺印》《党的儿子》《焦裕禄》《雷锋》《司令员转世》及《雄心春水》等40余个。可谓琳琅满目，古典与现代交映生辉。

即墨柳腔下乡演出（上左）
平度柳腔下乡演出（上右）
"小柳腔"在即墨古城演出（下左）
《割肉孝母》剧照（下右）

省级非物质文化遗产项目（青岛市京剧院）

京剧 | 中西合璧之城的京剧艺术光影

Beijing Opera
The Light and Shadow of Beijing Opera Art in a City of Chinese and Western

○ 2001年青岛京剧院赴英国演出《杨门女将》剧照

青岛与京剧渊源深厚，自20世纪20年代京剧在青岛落地生根以后，屡见奇峰。

回望京剧的历史，中国传统文化的衍生、流变与融合之道意味深长。众所周知，京剧又称平剧、京戏，是中国影响最大的戏曲剧种，分布地以北京为中心，遍及全国。自清乾隆五十五年（1790年）起，原在南方演出的三庆、四喜、春台、和春四大徽班陆续进京，与来自湖北的汉调艺人合作，同时接纳了昆曲和秦腔的部分剧目、曲调及表演方法，又吸收了一些地方民间曲调，通过不断交流、融合，最终形成京剧。作为综合性表演艺术，京剧集唱、念、做、打、舞为一体，主要角色是生（男人）、旦（女人）、净（男人）、丑（男女皆有）四大行当，这是京剧艺术的一致性。

近代开埠以后，作为欧亚文化交汇地的青岛，深受多元文化的影响，深具中西合璧的精神格调，无论建筑、城市风貌抑或文化生活方式皆如此。京剧在青岛的落地生根恰是中西合璧的一个有力见证。20世纪二三十年代，青岛的京剧活动已相当活跃，涌现出一批京剧票友组织，其中尤以1928年成立的和声社最为著名。1933年，和声社迁址三江会馆。1934年以后，时在国立山东大学工作的洪深、老舍及赵太侔、俞珊等均曾参与其中，实现了京剧文化与大学精神的融合。青岛成为梨园胜地，历史上，"四大名旦"（梅兰芳、程砚秋、尚小云、荀慧生）和"四大须生"（余叔岩、言菊朋、高庆奎、马连良）以及周信芳、唐韵笙等京剧大师均曾多次来青岛演出。

青岛京剧院成立于1950年，英华汇聚，展拓新境。1959年，言少朋、张少楼伉俪重振当时几已失传的言派老生艺术，在全国产生了很大反响。另外，张春秋、钳韵宏、李师斌、董春伯以及许多京剧流派大家的弟子传人致力于各流派京剧艺术的传承发展，在国内外的演出舞台上大放异彩。近年来，青岛京剧院努力打造"新生代"青年演员队伍，创编、上演了多部不同题材的优秀传统和现代剧目，基本形成了善于继承、勇于创新、精于塑造人物形象的艺术特色，以及思想内容丰富、艺术严谨、流派纷呈、阵容齐整的艺术风格。常演剧目有传统京剧《杨门女将》《白蛇传》等，现代京剧《杜鹃山》《沙家浜》等以及新创剧目《北斗星》《生死峡谷》等，荣获中宣部"五个一工程奖""中国京剧艺术节一等奖""全国儿童剧优秀剧目展演优秀演出奖"及"中国演出十大盛事""山东省精品工程特别奖"等奖项。

言少朋（1915—1984）为"四大须生"之一言菊朋的长子。1952年，他与著名武生黄元庆（马连良之婿）、刀马旦张蓉华等来青岛，先后在华乐戏院和光陆戏院演出，大获成功，与青岛结下了不解之缘。为青岛美丽的城市风貌和浓郁的京剧艺术气氛所吸引，1955年1月，言少朋加入了青岛市京剧团，担当领衔主演。两年以后，其夫人、女老生张少楼亦来青岛市京剧院工作，遂有梨园伉俪共振言派艺术的佳话。起初，作为马连良的弟子，言少朋所主演的几乎全是马派名剧，如《群英会·借东风》《十老安刘》《清官册》《春秋笔》以及采用马派风格的《将相和》。在传承历史剧目的同时，还排演了新编剧目《屈原》《文天祥》《铸剑》和《三打祝家庄》等。而张少楼所主演的《李陵碑》《搜孤救孤》等亦是余派名作。

1959年5月，言少朋率团进京演出过程中，原计划表演剧目依然是马派和余派的，而时任中国戏曲研究院副院长马少波建议他们应表演言派戏，以重振当时几已绝迹的言派艺术。马连良对此非常赞许，并表示要亲自去"把场"。于是就有了言派中兴之盛事，在北京长安大戏院，言少朋演《卧龙吊孝》，张少楼演《让徐州》。缘此，阔别京剧舞台近20年的言派艺术重现光辉。首演当晚，梅兰芳、马连良等均来看戏，引起轰动。在周总理安排下，他们还进中南海怀仁堂演出了言派名剧。同年10月，言少朋领衔的青岛市京剧团南下徐州、南京、上海等地演出言派名剧，均大获成功。10月25日，他们还为正在济南的毛泽东主席演出言派戏专场，得到了毛泽东主席的高度赞扬。

岁月流转，这是言派艺术的中兴时刻。

言少朋与张少楼
结缘青岛，中兴言派

言少朋一家人（自右至左依次为：言少朋、张少楼、言兴朋）

言少朋演出《白帝城》（左）
张少楼演出《让徐州》（右）

莱西木偶戏

省级非物质文化遗产（莱西市）

百代木偶的戏剧人生

莱西木偶戏

汉时明月下，闪过木偶的光影，岁月之谜时隐时现。

莱西木偶戏有一个非同寻常的历史前缘。1978年，莱西岱墅西汉木椁墓出土了一件大木偶和一批小木偶。大木偶高193厘米，由13个部件构成，接合部采用卯榫结构，形成立、卧、跪、坐自如的形态。这是迄今为止我国发现年代最早、个头最大的木偶实物，被称为中国木偶之祖。由此可知，莱西是中国木偶戏的重要发源地之一。

木偶戏古称傀儡戏，是一种独特的传统艺术形式。木偶的头像和躯体系以上好的木头做成，缀以服饰，就有了各种不同戏剧情节所需的人物形象。木偶根据形体和操纵方法的不同，分为布袋木偶、提线木偶、杖头木偶和铁线木偶等种类。莱西木偶戏俗称"撮头戏"，所用木偶属杖头木偶，多沿用传统戏剧中的生、旦、净、丑及灵怪等的脸谱，以颜色涂画面部来表现不同人物形象。木偶高0.6米至1米不等，面部眼、耳、鼻、口可动，表演时讲究举功、捻功和步功，借鉴戏剧人物的步法、跳跃、翻身、转身等表演程式。至于操作手法，无非上下左右地起伏移转，然而要掌握好其力道并不简单，特别讲究稳、准、正、平。在操作者和木偶之间，往往会有一点神秘体验悄然发生。演出时，乐队及演唱者根据剧情随时进行伴奏、伴唱，配合默契，使表演有声有色。

历经嬗变，莱西木偶戏形成三个传承谱系。其一是后周格庄村李得安、李得明及周之佐等于1875年成立木偶戏班，有《斩皇袍》《抓放曹》及《空城计》等剧目。其二是东岭后村王子安、麻同仁等人，1924年开演木偶戏，木偶的头、眼、四肢皆可活动。其三是东野猪泊村的宫翠贞，20世纪40年代组建木偶剧团。近年来，莱西市成立木偶传承保护中心和木偶艺术团，致力于传统木偶戏的研究和保护发展。

1978年莱西岱墅出土的西汉大木偶（莱西博物馆藏）

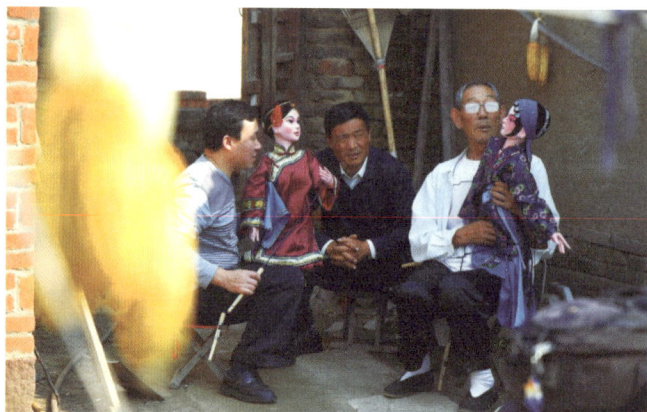

莱西木偶传承人倪奉先（右）与姜玉涛（左）探讨木偶艺术

与传统戏剧一样，曲艺也是乡音乡愁的寄托。

何为"曲艺"？简而言之，这是中华民族多种多样的"说唱艺术"的统称，是在民间口头文学和歌唱艺术相结合的基础上，经过长期演变、发展而形成的一种富于地方文化魅力的传统艺术形式。作为非物质文化遗产体系的内在组成部分，曲艺有着小中见大的魅力，体现出浓郁的乡土情怀，在说唱之中实现了岁月风华的美妙流转，表现出一方水土的深沉底蕴。

蓦然间，当胶东大鼓抑或山东八角鼓的曲调随风传来，人们会放慢脚步，轻抚额头，想起那些久已忘怀的事物。而一刹那，所有盲人的眼睛都会充满光明，世界亮起来，变得辽阔、平安、吉祥。内中，分明有一种触及肌骨的乡土格调在发生，那跳动的音符在岁月和岁月之间燃烧……

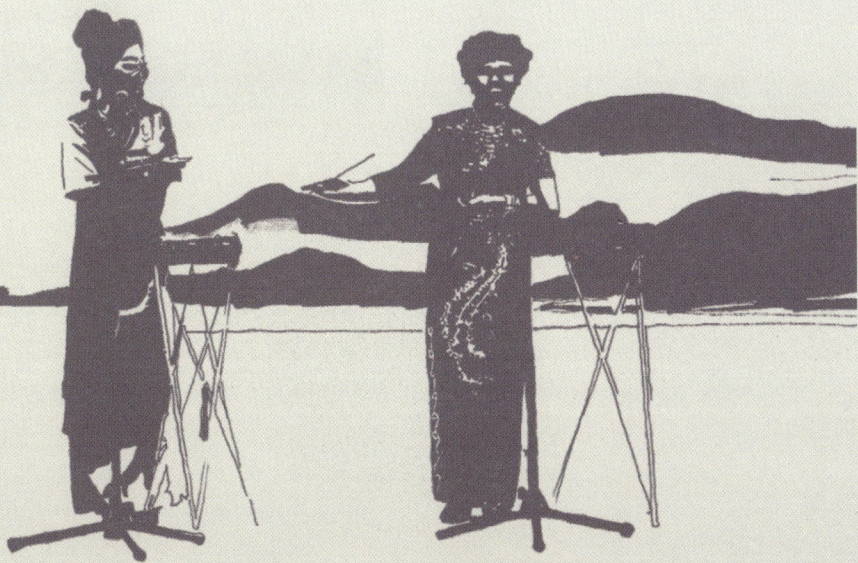

Treasures of the Present and the Past

今古风华——青岛市非物质文化遗产图鉴

The Illustrated Handbook of Intangible Cultural Heritage of Qingdao City

Part V
Folk Art Forms

第五部分 曲艺

胶东大鼓
Jiaodong Drums
Rap Art Evolved from Blind Tune

从盲人调演化而来的说唱艺术

国家级非物质文化遗产（青岛市文化馆）

胶东大鼓是大鼓书的一种，清中期由邹县人石元朗始创。初称八板谱，早先演唱者均为盲人，故又名"盲人调""瞎唱""瞎腔"，多以走村串巷的形式表演。1942年，中国共产党领导的胶东半岛抗日根据地组织盲艺人成立了胶东盲人抗日救国会。救国会与胶东文艺协会共同举办训练班，帮助盲艺人学习政治、改革说唱内容。盲艺人说唱艺术境界得以明显提高，他们常深入敌后宣传抗日，起到了鼓舞群众、瓦解敌人的作用。后来，经由梁前光等人的努力，胶东大鼓逐渐发展完型。

胶东大鼓为独具山东风格的一个传统曲种，自嘉庆年间（1796—1820年）开始流行于胶东半岛。这是一种首先由盲人创造并传续的说唱艺术，故有"盲人调"之称。又因其主要伴奏乐器为书鼓和三弦，与其他鼓书类曲种相同，故称"大鼓"。过去，流行于胶东半岛的山东曲种，多以艺人所在地命名，如蓬莱大鼓、栖霞大鼓、荣城大鼓。抗战期间，在胶东抗日根据地北海剧团当演员的文艺工作者梁前光（1917—1973）接触到这种民间大鼓艺术，为之倾倒。1942年他利用组织盲人救国会的机会，认真向盲艺人学习说唱艺术，不断吸取各县大鼓唱腔精华并加以融会贯通，逐渐形成一种新的风格。1945年前后，梁前光在胶东、济南、大连及蚌埠等地随军演唱新编的曲词，很受战士和群众的欢迎，被称为"梁派大鼓"。1949年9月，梁前光进入青岛演出，始定其名为"胶东大鼓"，标志着这一地方曲种的基本完型。

胶东大鼓素分北、东、南三路，"北路"流行于烟台一带，唱腔高亢明快，有乡土味，名家有丁戊辰、周洁美、杨大田、周德香、任福庭及吴先达等；"东路"流行于文登、荣成、乳山等地，曲调质朴，富于说唱性，以号称"彭调"的彭润芝为代表；"南路"流行于莱阳、即墨、海阳等地，唱腔大量吸收茂腔和莱阳弹

○ 梁前光

词等音乐特色，徐尚厚、张振宝、冯德香皆有名声。而将胶东大鼓发扬光大的是梁派大鼓，可以说是博采众长的结果，唱腔高亢挺拔，迂回婉转，善于运用唱腔的变化来表现各种人物的性格特征。抗战烽火锤炼了梁派大鼓的风骨，梁前光与传统大鼓艺人周德香、任福庭等一起改唱腔、编新词，以"北路"为基础，综合上述各路大鼓的特点，同时还汲取了京剧、西河大鼓等的营养，并将胶东秧歌锣鼓点揉在"大鼓套"中，进一步丰富了胶东大鼓的音乐和表现力，创作了诸如《上营战斗》《打大黄家》《儿童英雄李大鸥》《智女杀敌》等一批新的力作。在新中国的文化生活中，胶东大鼓发展成为山东省具有影响力的曲种之一，为群众所喜闻乐见，其中传统名段有《湘子上寿》《诸葛亮打狗》《紫金镯》《蜜蜂记》《呼杨合兵》及《天门阵》等，新编曲词有《儿童英雄李大鹏》《上营战斗》及《血洒七里庄》等。

从唱腔结构上看，胶东大鼓属于板式变化体，七声宫调式。唱词七字句或加三字头的十字句，分上两句，较为规整。唱腔板式与伴奏音乐也较完备，唱腔有起板、甩板、平板、花腔、悲调、快板、反调快板、数板、落板、散板和烧纸调等。板腔的组织多种多样，往往随着故事情节的发展而改变结构。其中，起板只用在全篇的开始，平板是适于叙述的基本调，其他板腔部可通过落板来自由衔接。

薪火相传，梁前光过世后，其女儿梁金华接续传承胶东大鼓的使命。她见证过胶东大鼓的繁荣，也见证了胶东大鼓的衰落，缘此而养成一种深沉的艺术情怀。她对丰富胶东大鼓的板式唱腔做出了多方面的新贡献，将胶东大鼓的语言改为普通话发音吐字，唱腔则延续胶东话的行腔，这样的改动创新，一下子就拉近了这个方言味道的曲艺门类与普通公众的距离。她演创出"花腔散板"和"平腔散板"，改进了平稳对称的传统唱法，令人耳目一新。她将胶东大鼓的保护、传承与更新视为使命，谈及此，她表示：不光是为了延续父亲的生命，更是为了保留一份儿珍贵的民间艺术。只要身体允许，就会继续唱下去，让胶东大鼓种在人的心里。

铁制快板、鼓棒（上）
胶东大鼓传承人、
国家一级演员梁金华
与学生同台演出
《红飘带》（左上）
胶东大鼓进校园（左下）
梁金华演唱传统剧目
《猪八戒拱地》（下）

八角鼓

寂寞与苦难中的歌吟

胶州八角鼓是从北京"旗人八角鼓"蜕变而来的。时当清雍正年间（1722—1735年），一位胶州官人仕途不顺，被贬回乡。归乡的行囊中不见功名利禄之物，只有些旗人的八角鼓段子。罢归的生活是寂寞的，百无聊赖之际，抑或逢年过节之时，他只能利用八角鼓来自娱自乐一番了。后来渐渐引起注意，八角鼓开始在一些财主和乡绅中传播开来。他们自称为厅房戏、学士戏或清客戏，而老百姓则称之为财主戏、财主八角鼓或财主帮。这样，八角鼓在官僚乡绅及有钱人的厅房、学屋、闺阁中被垄断了数十年。道光年间（1821—1850年），一位名叫匡四痴的财主破产后沦为乞丐，他痴迷舞乐，对八角鼓有一定造诣。为生活计，他索性带着儿子匡载如一起在街边、堂会或庙会上表演八角鼓。由此，胶州八角鼓从地主阶层传入民间。光绪年间（1875—1908年），一位曾在鉴古堂做事的孙姓账房先生不幸双目失明，绝望透顶时，忽闻八角鼓的旋律，倍觉新奇，重新燃起了生活希望，随即拜师学艺，将原来财主乡绅们的演唱方式进行大胆改革，吸收了外地鼓书艺人王麻子的唱腔，又改编了部分晦涩难懂的长段，创作出了不少通俗八角鼓段子，逐渐在胶城传播开来。

从清早期开始，齐鲁大地浮现出一种中国独特的叙事说唱艺术，这就是胶州八角鼓。民国时期，胶州城中会演唱八角鼓者有200余人，1920年后有50多个曲牌、500多个段子在街巷中传唱。当时的表演，大致可分为三个流派：其一为河头源帮，自谓正宗，演员阵容整齐，吐字行腔讲究音韵平仄，多演较为文雅的段子；其二为白水泉帮，由河头源派派生而成，以演唱其他两派所不能演的罕见段子见长，如长片八角鼓《杏儿上坟》等；其三为麒麟街帮。演员多系文盲，多为加入以上两派被拒之门外者，虽功底较差，却也因通俗易懂而很受群众欢迎。中华人民共和国成立后，对其进行抢救式挖掘，整理出了100个完整段子和24个八角鼓曲牌，新编段子100多个。

胶州八角鼓属于曲艺唱腔中板腔体与曲牌相结合的曲艺演唱类型，即一个段子用几种不同曲调的曲牌联成一起来演唱一个曲目，开头与结尾不硬套起字句和尾声，演唱者可根据词义任选适合演唱的一个曲牌，所以曲调千变万化，有板有眼，快慢交错，说唱结合。音乐上的朴实优美亦令人印象深刻，曲调柔美婉转、旋律迂回曲折、唱腔和谐流畅、鼓词朗朗上口，乃有"九腔十八调"之称。

《板桥清韵》剧照

20世纪30年代，青岛国术馆英华汇聚，青岛成为闻名全国的国术重镇之一。尔后，王度庐在青岛写出了《卧虎藏龙传》等一系列优秀的武侠作品，所敞开的正是一面今古贯通的武侠之窗。

国术的魅力不仅在于其自身，亦在于其深厚的文化景深，通过对传统武术的了解，恰可对中华文明的嬗变轨迹有所知见。面对中华文明如此浩瀚、深沉而生动的历史图景，我们无法不惊叹，在每一重光阴中，不经意之处往往闪动着如许坚毅而英武的眼神，那是一代代国术创造与传承者的眼神。无论是哪一种风格，哪一种流派，抑或哪一个时代的故事，所映现出来的都是一种博大、精微的生命意识，是天地人的隐秘协调。对于素怀国术文化底蕴的拳师们来说，尚武精神是一道永恒律令，他们保持着"天行健，君子以自强不息"的精神，持守着侠肝义胆的豪气，在岁月和岁月之间传布着重情重义的品质。

在此一并呈现出来的，还有传统游艺与杂技，看似随心所欲的玩耍，亦是韵味深长的，光影变幻之间，终归一种生命意识的隐蔽与觉醒，因着每一次惊叹和微笑而闪光。

第六部分 传统体育、游艺与竞技

Part VI
Traditional Sports, Recreational Arts and Competitions

今古风华——青岛市非物质文化遗产图鉴

Treasures of the Present and the Past
The Illustrated Handbook of Intangible Cultural Heritage of Qingdao City

国家级非物质文化遗产（市北区）

省级非物质文化遗产（李沧区）

孙膑拳

Sunbinquan

在国术与兵法理论相结合的视野中

In the Vision of the Combination of Martial Arts and Art of War Theory

○ 市北区孙膑拳传承人孟宪堂在文化遗产日活动中表演

孙膑拳为历史名拳，主要分布于山东境内。

一如其名，传其肇始于战国时期齐国大将、著名军事家孙膑。因其拳法尤重视腿部力量，故别称"二截腿拳"。由于这一派拳师多穿长袖过指的衣服，故亦有"长袖拳"之谓，以长袖藏拳，虚实相生，攻其不备，此亦兵家之道也。拳谱中"孙膑留下长袖拳，三百六十手相连，鸡腿龙腰泼猴性，鹰眼猿臂象鼻拳"云云，言明这是一个风格独特、技击性强、注重实战的拳种，蕴含着一些古老而稀有的拳法，特别善于模拟鸡腿、龙腰、鹰眼、猿臂、猴面，以三截胳臂、二截腿为用，以锥形拳（象鼻拳或单顶拳）为主。技法上讲究高不架、低不压、不封不闭，你打我也打，攻防一致，打穴击要；不攻则罢，一攻连发，直至命中。此即"一掌不倒二步跟，二掌不倒步步跟"之法，一种出奇制胜的秘诀。要之，以兵法理论来组合武术套路，增强了武术的实战性，凸显了传统武术的智谋韬略价值。可以说，孙膑拳就是孙膑兵法在传统武术中的表现形式，给出了国术与兵法的结合之道，这是弥足珍贵的一点。

孙膑拳的传统套路有基本功法、单手练、大架、中架、小架、捶谱、六十手、对练和孙膑拐。其传统拳路由4架360手组成，诸般拳法皆以组合式为主，每一手即为一个用法，360手可相互串联，随时组合连击。出拳讲究拧、绞、缠螺旋劲、旋臂出拳，拳走曲线且曲中求直，攻中有防且防中寓攻。攻防进退多以侧身为姿势，步法逢进必跟，所以有"进之则逾长，退之则逾促"的效果。就其基本姿态来看，以蹲走跋行为突出特点，尤其强调静坐行功，以达事半功倍的效果。在实战中，孙膑拳注重边打边防，打防结合，在攻击时已防守到位，防守之际已准备还击。在攻防结合上，也始终遵循"走曲不走直"的要领。点穴为孙膑拳的主要技法，采用象鼻拳的锥尖去击打对方穴位，并以"避实就虚，打阴不打阳，挫其锐，毁其利"为进攻原则，选择对方肢体的内侧面，肢体的远端为进攻点，有"出手打手，出脚打脚"的要求，进而达到"一节痛，百节不用"的目的。要言之，孙膑拳有一套独具特色的理论系统，采取打架统一方法，风格独特，技击性强，重实用，讲实效。

清朝末年，山东茌平人张景春得缘接获古拳秘钥，遂以此为用，四方游学，广结天下英豪。与人比武过程中，他喜欢出孙膑拳法，以此制胜。其弟子杨明斋（杨金栋）得

孙膑拳取名于战国时期齐国军事家孙膑，内中缘由，耐人寻味。孙膑为孙武的后代，曾与庞涓同窗，后同在魏国做军师。庞涓妒其能而迫害之，致其惨遭膑刑（古代酷刑，指削去膝盖骨）。后来，孙膑投奔齐国做军师，辅佐大将田忌，两度击败庞涓，取得桂陵之战和马陵之战的胜利，奠定了齐国霸业的基础。这是遭受苦难而发愤图强的一个经典案例，《史记》有"孙子膑脚，而论兵法"及"孙子膑脚，《兵法》修列"的记载，说的就是这回事。由是观之，孙膑拳在精神上亦寄托着某种苦难辉煌的意志，而拳法中恰有"瘸单掌"一式，相与印证。虽受大难，然意志弥坚，乃创制兵法及拳法秘笈。缘此，孙膑拳已然将历史视野引向了战国时代，漫漫烽烟展开一面长袖，谱写着运筹帷幄的历史传奇。客观地看，所云"孙膑拳"仍可能是一种善意的假托，与古代喜欢假托圣人、假托先贤的传统一脉相和。然透过现象看本质，尚可发现一派拳法的兵学底蕴。既名孙膑拳，则其思想法则与精神导向必然是要在《孙膑兵法》中找到依据的。如所奉行的"内得民心，外知敌情""出其不意，攻其无备""静如处子，动如脱兔"等理念，即出自《孙膑兵法》。至于战略上注重"空、诡、虚、实"，而战术上注重"速、巧、软、绵、小"的特点，俱可在兵法中探知渊源。

其真传，1922年移居青岛。初，他授业于国技学社并兼任多所中小学的国术教练，1927年在沧口大翁村开设拳馆。1929年9月，青岛国术馆成立，杨明斋受聘出任编辑课课长。其间，他打破门规传授技艺，培养了高作霖、纪雨人、孙文宾、周永福、王介平、陈学德、徐自良等一批弟子，使孙膑拳在青岛广为流传，人称当时的青岛为"孙膑拳市"。杨明斋不仅是一位武术家，而且是一名爱国志士。1937年"七七事变"前夕，他在国术馆进行反日宣传，因内奸告密而被日军逮捕，后在武林人士呼吁和当地政府交涉下获释。随后，杨明斋即带领徒弟们奔赴抗日前线，1941年7月在河南省永城县（今永城市）罗寨战役中为国捐躯，时年57岁。一代拳师英年早逝，他为之殚精竭虑的拳法由弟子们传承至今。

孙膑拳在青岛地区有着深厚的基础，其中市北区和李沧区的孙膑拳传承体系业已形成，传承人在继承传统的基础上创新，致力于古老拳种的返本开新。

将孙膑拳引入青岛的著名武术家杨明斋（上）

李沧区孙膑拳传承人张贵宾（中）与其弟子们（下左）

孩子们在修习孙膑拳（下右）

孩子们在修习螳螂拳

中国素来讲究人与自然的和谐关系，而螳螂拳就是模拟动物的象形拳之一。

螳螂拳为山东四大名拳之一，是中国传统武术的著名流派，也是首批被国家列入系统研究整理的传统武术九大流派之一。

螳螂拳产生于明末清初，距今已有300多年的历史。史传，其首创者为抗清农民起义领袖于七（即王朗），起义失败后，遁至崂山华严寺，得自然之机缘而创设螳螂拳。后来，拳法流入民间，从崂山传播到了胶东半岛地区，并逐步分合而成太极螳螂、梅花螳螂、七星螳螂和六合螳螂等流派。究螳螂拳传世之功，首推一代宗师李秉霄（莱阳小赤山人）。螳螂门世传《螳螂拳谱》序中，有如下记载：

> 逊清中叶，海邑有附贡生李公，文学士也。赴秋闱不第，抛却毛锥子，匿迹山泉。其所与交游者，类皆一时侠客。公得异人传，能取内外两家之长而兼之，独于螳螂之术得其精粹。然志在云游，不欲以姓名示人，故人皆未能识。

文中，"公"即指李秉霄。赵珠得其真传，再传与梁梦香。尔后，姜化龙、宋子德（宋耀坤）先后绍其宗续。宋子德自幼好武，潜心研习螳螂拳，将历代先师的绝学、拳法记录整理，形成较为系统的螳螂拳谱，从而使螳螂门技艺得到了比较完整的保留，并将其衣钵传与三山（李昆山、王玉山、崔寿山）、两亭（宋福亭、赵玺亭）、一郝（郝宏）。另一种说法是郝宏直接从梁梦香那里得到真传，创立了太极梅花螳螂拳。

1929年，"三山"之一的王玉山来到青岛，在青岛国术馆第十练习所任教，成为青岛市区传授螳螂拳的第一人。随后，郝恒禄、郝斌父子来青岛传授梅花螳螂拳，李占元来青岛传授七星螳螂拳。1940年，王玉山再次来青岛，传习武学，设立武场。由此可见，自崂山开宗两个半世纪后，螳螂拳重回故里，再展奇姿。至20世纪六七十年代，青岛市内的公园、山头、广场遍布教授螳螂拳的站点，在榉林山、大庙山、榆树沟、第三公园等地方，随处可见练拳人。当其时，青岛有句口头禅说"要想地面走，学会螳螂手"，外地人戏称青岛为"螳螂窝"。

20世纪80年代以后，螳螂拳在青岛重现生机，在自身蓬勃发展的同时，亦以民间武术组织的形式向外扩张，一茬茬、一批批武术高手从青岛走出，走向全国和世界。此际，王玉山之子王元亮、王元乾以及李占元弟子陈乐平、郝斌弟子孙德龙尤致力螳螂拳的传承，以青岛为中心向外传播，使螳螂拳在海内外产生了较大的影响。

螳螂拳的开山祖师于七为明末武举，抗清起义领袖，山东栖霞人。清顺治五年（1648年），在栖霞牙山组织抗清运动，聚众起义，声势甚大，史称"于七起义"。清廷震惊，予以重兵镇压。终因寡不敌众，起义失败。于七突出重围，潜至崂山华严寺。其时，创寺方丈慈沾法师以沸水毁其面，诡称天花病僧，躲过清兵搜捕。对此，1932年林竹岗所著《于七抗清记》记载了相关情况："……披缁剃度。复以沸水沃面，漆身为厉，颜面模糊不可复辨，遂与世隔绝，隐藏于深山梵室之中。"于七更名王朗，字通澈，皈依佛门，法号上善下和。虽遁入空门，然习武不怠。一日，与人比武失手后，偶见螳螂捕蝉之情形，见螳螂前臂挥舞如同大刀，进退有序，章法鲜明。乃灵机顿触，提螳螂归庵，每以草秆戏之，观其形象，细细琢磨，日久悟出螳螂捕蝉之机，深为其运用两个前臂而行勾、搂、卦、劈等灵巧迅疾之动作而着迷，得其专注之意念、刚毅之勇气与机智之动势，从而获得一套灵活多变、闪展腾挪的技法，久经实践推演，遂创设螳螂拳，授予寺僧。清道光年间，螳螂拳第三代传人梁学香所著螳螂拳谱《可使有勇》中有"昔者王朗老师，作为分身八肘、乱接、秘手，但论虚实刚柔，其妙无敌"的记载。他继承创寺慈沾大和尚之衣钵，成为华严寺的第二代方丈，寿百余岁。今，华严寺尚存其圆寂塔。

○ 螳螂拳创始人于七塑像

总体上看，螳螂拳虽属象形拳，但重"意"不重"形"。螳螂拳注重气势逼人而又变化莫测，处处表现出刚柔相济、长短互用、勇猛泼辣、机智灵活、变化多端的风格。其拳术的基本特点可表述为：长短兼备，刚柔一体，勇猛快速，内外合一，象形取意，结构巧妙，灵活多变。练法上，讲究松肩、垂肘、活腕、抖臂、拧腰、坐髋、扣膝，有"只许走腰，不准动髋""移动靠腿脚，蓄劲在裆腰，挡风阻雨两臂摇"等种种要领。技法上，突出"五快"，即手快、眼快、步快、身快、式快。观其动作，弹突有力，短中寓长，长短并用，刚中含柔，柔里带刚，刚而不僵，柔而不软，快而不毛，脆而不断，重而不滞，散而不乱，有一种特别的刁敏之感，令人防不胜防。

○ 螳螂拳传承人陈乐平（左）
○ 螳螂拳传承人王勇（右）

鸳鸯螳螂拳

Mandarin Duck Mantis Boxing

Martial Art Adhering to the Law of "Cultivation of Yin and Yang"

秉持『阴阳合一、左右双修』之法度的国术

○ 鸳鸯门派第三代掌门人毛丽泉夫妇与弟子合影（上）
○ 鸳鸯门派第四代掌门人孙丛宅（右）

　　鸳鸯螳螂拳是山东四大名拳之一——螳螂拳的一个独特门派，亦称鸳鸯门派，深刻见证了国术与国学的关系。传，其拳法为春秋战国时期白猿所创。晚清之际，平度人李之箭自北京马师傅处学得拳法精要，正式创立鸳鸯门派。李之箭曾在济南开设镖局，后曾任闽候府台护卫。他善以长袖敝手，手法密如疾雨而快如闪电，令对手防不胜防，故有"闪电手"和"快手李"之称。历代传承中，鸳鸯螳螂拳严守门派规矩，特别注重选择弟子的严谨性，江湖上久有"只闻其名，不见其身"的说法。李之箭、贺顺昌、毛丽泉、孙丛宅四代掌门人传承脉络清晰单一，无任何分支。正因此，此派的32套拳法得以完整传承下来，不失"快手李"的精髓。20世纪三四十年代，第三代掌门人毛丽泉曾居青岛，以行医为生并传授拳艺。孙丛宅九岁时即拜毛丽泉为师，逐日精进，全面继承鸳鸯拳法、五行内家功及其医术精髓，成为第四代掌门人，至今仍坚持练功授徒和行医治病，同时潜心研究国术并整理拳谱，有《鸳鸯螳螂拳在青岛的流传》等著述。

　　云何鸳鸯门派？要言之，这是崇尚天人和谐的一派，拳术招法左右对称，如同鸳鸯成双入对、如影相随一般，故冠以"鸳鸯"之名。它以内家功为根基，秉承阴阳合一、左右双修之法度，从而与螳螂拳其他流派区别开来。虽为螳螂拳，但不囿于象形而尤重

○ 鸳鸯螳螂拳习武场景

1934年至1937年寓居青岛期间，老舍写有《断魂枪》等武侠小说。他坚持练拳，家中十八般兵器样样俱全。兴会标举，他与鸳鸯螳螂拳第三代掌门人毛丽泉相识，切磋武艺，赏析文章。右图为张勇所绘《文武相会》，表现了老舍与毛丽泉一起切磋武艺的情景。

取意，动作古朴，气韵浑厚，技法丰富，结构严谨，衔接巧妙，无任何虚招，讲究一招一式皆能克敌制胜，所以技击性很强。其套路中，每组招式均左右手组合练习，克服了一般拳术中注重右手而忽略左手的缺点，强调左右双修，实战中左右手绵延相继，开合有序，灵活多变，令对手难以判断，攻其不备，占据优势。

鸳鸯螳螂拳含基本功法、拳法、内家功法和辅助功法，共32个套路，包括：坐岗、白猿出洞、白猿偷桃、白猿献果、单插花、双插花、中插花、连插花、抱插花、十八搜（18套）、鸳鸯谱（5套），简称为"一岗、三猿、五花、十八搜、鸳鸯谱"，俱为拳法，不涉器械。内中，含有12式，包括骑马式、登山式、跨虎式、吞塌式、提站式、扑腿式、坐盘式、独立式、塌基式、坐跨式、四六步、玉环步。其中前八式为螳螂拳所共有的基本式，后四式为鸳鸯螳螂拳所独有基本式，拳论中有"七式接连拳"之说。其基本手法包括刁、勾、搂、采、挂、缠、劈、崩、砸等，组合招式运用，前后相继，很少单招使用。其基本腿法包括跷、挂、挫、蹬、截、踹等，以暗腿为主，以挂腿为特色，多为连环腿，尤重击打膝盖以下部位，故有"腿不过膝"之说。

目前，青岛是国内唯一的鸳鸯螳螂拳传播地，国内其他地区尚未见鸳鸯螳螂拳的流传。近年来，在自我发展的同时，鸳鸯门派特别重视面向学校和社会推广国术，开展了一系列公益活动，而且为向海外传播中华国术搭起了桥梁。

○ 文武相会图（上）
○ 鸳鸯螳螂拳招式之一（中）
○ 鸳鸯门派第五代掌门人孙日成在青岛燕儿岛路小学教授拳法（下左）
○ 鸳鸯门派弟子在中国香港国际武术节大赛中载誉而归（下右）

太极梅花螳螂拳

Taiji Plum Blossom Mantis Boxing
The Way of Attack and Defense in "Nihility and Existence Growing Out of One Another"

省级非物质文化遗产（市北区）
市级非物质文化遗产（莱西市）

虚实相生中的攻守之道

○ 市北区太极梅花螳螂拳传承人孙德龙（右前）在国外授徒

太极梅花螳螂拳为山东四大名拳之一——螳螂拳体系中独具特色的一个门派。

观之，劲健光影中犹可品味一重花雨飘飘的意境，武术之道在深情旋转的梅花太极韵律中被传神表达。

其为名，合太极之旨、梅花之韵与螳螂之神。一如古之螳螂拳六字心诀"刚柔、虚实、阴阳"所示，太极梅花螳螂拳的要旨在于阴阳和合中的万千变化，在于变化与守恒的统一，是"无极而太极"的生命律动，故称"太极"。其手法精密，运行路线多弧形旋转，手无单行而连发，招法一环扣一环，环环相绕，恰似梅花朵朵相生、瓣瓣相连，故名"梅花"。其内容丰富，风格独特，有一种顽强的生命意志在发生，恰如螳螂扑蝉、螳螂斗蛇时表现出来的求生意志，故称"太极梅花螳螂拳"。

时当清光绪年间（1875—1908年），出生于武术世家的郝宏（1865—1914）生发融合之心，遂将郝家祖传的少林罗汉拳、岳家捶及白猿拳法的精华，融入螳螂拳，创立了新的螳螂拳派——太极梅花螳螂拳。自此始，历经郝宏、郝恒禄、郝宾三代人，在百多年的研究、实践、创新中不断完善而成。鉴于前三代传承人出自郝家，故而人们习惯称之为郝家太极梅花螳螂拳。青岛及周边地区的太极梅花螳螂拳均以此为宗续。

郝家太极梅花螳螂拳套路丰富而形神兼备，将内在的精气神与外部形体动作紧密结合了起来，以实战技法组合而创编成精湛的技艺招式，套路长短不一，具有极高的攻防实效性。拳法核心是搏斗，以如何在搏斗中获胜为目的，攻中寓守，守中藏攻，在攻守无定法的莫测变幻中保持着战略定势。要之，其基本的攻守策略是：攻则"七长"而进，用托、摸、轧、聚、贴、黏、劈诸式；守则"八短"为本，用湛、恍、影、撞、虚、实、进、退诸式。可见，这是一种劲法多变、刚柔相济的拳术。其招式之紧凑令人目不暇接，在长短兼备、上下交替、内外拉接之中形成变化莫测的动能，手法、步法、腿法、身法密连而巧妙，稳健而灵活，动作刚而不僵、柔而不软、脆而不弱、快而不乱，发力快速准确。在运动和技击的过程中，除靠步法的变化创造进攻和防守的有利条件外，还要靠身法的调整掌握重心，避开对方的反击，是一门既具勇猛顽强斗志又有优美艺术性的精妙拳法。

各地参加郝斌老师追悼大会部分师生合影 一九八四三二十八

1984年，太极梅花螳螂拳第三代传人郝宾去世时，全国各地学生参加追悼会时的合影

太极梅花螳螂拳虽属象形拳，然不以螳螂的形状为俗套，崇尚重义而不重形的地踏功夫，配以刚柔互移的螳螂双臂，虚实长短兼备，阴阳结合，攻防意识强烈，无花拳绣腿，讲求短打技击的有效性。其步法，以小登山步法为主，配以其他不同步法，重心在两腿，前后左右移动灵活，适应了拳法千变万化的需要。

目前，太极梅花螳螂拳在青岛的主要传承区域有两个，分别是市北区和莱西市，渊源一致，共形其胜。

莱西市太极梅花螳螂拳传人张炳斗和李明日在为孩子们示范拳法（左）

孩子们在学习拳法（右）

七星螳螂拳

Taiji Plum Blossom Mantis Boxing
The Way of Attack and Defense in "Nihility and Existence Growing Out of One Another"

以北斗七星昭示的武林秘笈

省级非物质文化遗产（平度市）
市级非物质文化遗产（即墨区）

○ 平度市七星螳螂拳传承人马德芳在校园中普及拳法

　　七星螳螂拳为山东四大名拳之一——螳螂拳的一个分支，属象形拳中的北派螳螂拳。究其名，特冠之以"七星"，别含深意。

　　螳螂拳门派众多，各派对其起源的说法不一，七星派认为，螳螂拳的创始者为胶东王郎（王朗），一说其为南朝梁武帝时人，一说为明末人。王郎曾将其拳法传于少林寺僧，故亦称此派拳法为"少林螳螂拳"或"罗汉螳螂拳"。至清乾隆末年，七星螳螂拳始由山东人升霄传之于民间。升霄之后，出现了两条传承路径：一条路径是白云观道人闫玉、旗人项思准、沧州人杨俊谱等的依序相传。另一条路径始自道光十二年（1832年），平度人李之剪经项思准引见，拜升霄为师，学得其拳法，后传于王云生和郝顺昌。在王云生这里，螳螂拳经历了一次蝶变，他综合诸家拳法，潜心研悟，应自家堂号"魁星堂"所凝含的魁星北斗之意，参合北斗七星的精神秘笈，特名其拳法为"七星螳螂拳"。后来，王云生又将七星派拳法传于弟子范旭东、王官、王传义。1913年至1933年间，马传兴被七星螳螂拳所具有的精妙招式所迷，遂拜王官为师，潜心研习拳法，日臻化境，并得到了本门秘笈《螳螂拳谱》。后来，马传兴将拳法真谛传于三子马奎福和次孙马德芳。如今，七星螳螂拳在青岛的主要传承区域有两个，一是平度市，一是即墨区。马德芳系平度市七星螳螂拳传承人，数十年练功不辍。即墨区七星螳螂拳传承人解本强少时习武，拜陈乐平为师，获得本派拳法精要。他们均积极致力于向青少年传授拳法，以发扬光大传统国术。

　　合于螳螂拳的基本特征，七星螳螂拳亦是重在其意而不在其形，具有虚实相生、奇正相合的独特魅力。整体上看，本派拳法的基本要领归结为踢、打、摔、拿、点，主要特点是：刚柔相济，长短相兼，轻而不浮，稳而不滞，刚而不僵，柔而不软，快而不乱，脆而不短。实战中，本派拳法特别讲究长打短，快打慢，硬制软。其练法，讲求步到拳到，击手必连及步。每式动作都很实用，贯穿紧凑，一气呵成。在刚、柔、长、短、疾、徐中变换姿势，绝不能相互混乱，长短不分。其攻守比较繁杂，攻则以"七长"而进，守则以"八短"为本，攻中有守，守中有攻，指上打下，打下而捎上；指左打右，打右须防左，上下关照呼应，招之即打，打之即招，连招带打，连打带招。头脑冷静，细察敌情，防止对方欺虚做实，因而要身手灵敏，身出步随，长拳短打，长短互用，手脚吻合，心欲进而手足齐施。

一如其名，七星螳螂拳的基本架势以"七星步"为本，劲力刚脆、横裹、直撞。主要套路有崩步、崩捕、崩鼓、拦截、太祖功、螳螂手、四六崩骨、五手捶、八极捶（大八极捶、中八极捶、小八极捶）、摘盔、陆合棍、斩腕刀、文章刀、擒拿、摔跤、双刀、剑术、别子、大翻车和小翻车等。娴熟运用这些技法套路，即可从打斗中获得优势，造成"你忙我不忙，你慌我不慌"的从容态势。

练功时，眼前无人如有人；交手时，眼前有人若无人。这是人与拳的有无之道，从中犹可窥见中国哲学智慧在国术上的体现方式，出于自然，人拳合一，有无之间，殊无二理，出其不意，攻其不备。缘此，"七星"之妙自可流转不息。

○ 七星螳螂拳部分拳谱（上）
○ 即墨区七星螳螂拳传承人
解本强表演"螳螂捕蝉"（中左）
○ 平度市七星螳螂拳传承人
马德芳率弟子们练拳（中右）
○ 孩子们在练习
七星螳螂拳（下）

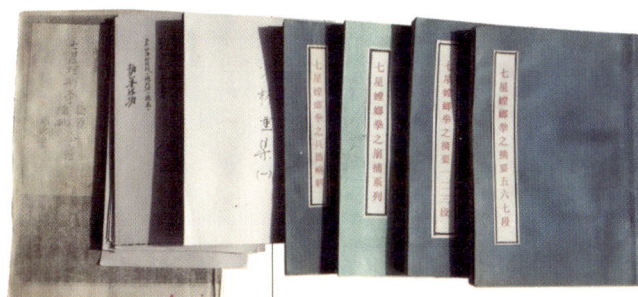

崂山道教武术

Laoshan Taoist Martial Art

Integrating Alchemy, Medical Ethics and Wushu

融丹功、医道和武术于一体

崂山为道教名山，道教文化源远流长，而道教武术即是其重要组成部分。

明永乐年间（1403—1424年），武当全真派师祖张三丰来崂山，传武修道。据《太清宫志》记载，张三丰曾三次来到崂山，遵从练武健身、炼丹医病、道财兼施、济善于世、不畏强权、见义勇为、对老者孝、对国家忠、有牺牲精神的教义，将道教医学和内丹养生之术，以及武当派的拳术、剑法、气功、点穴术等传授给崂山道士，为崂山道教及道教武术的发展奠定了基础。后来，经徐复阳和孙玄清等高道努力，崂山道教武术随着全真教的发展而渐趋完备。徐复阳（字光明，号太和子，山东掖县人）拜张三丰的传人、全真龙门派道士李灵仙为师，效法张三丰祖师的练功方法，创立全真龙门派的新支派——鹤山派，以鹤山遇真宫为祖庭。孙玄清（字金山，号紫阳，山东寿光人）得传张三丰静心养性之法和阴阳颠倒五行之术，开创了全真龙门派下的又一新支派——金山派，以明霞洞为祖庭。经数百年传承，崂山道教武术在当代取得了长足发展，最具影响力的代表人物是全真金山派的传人匡常修道长（胶州人），他年轻时入崂山白云洞出家修道，师从李师庆和匡真觉道长，习得金山派真传。他以武当内家功法为主，融合传统武术精要，创建了武当崂山派系，此即崂山道教武术。此外，他还深谙道教丹道养生学及医药学，继承全真金山派的丹道功法真传，经多年修持，对先天气功的炼养有不少独到的见解和体会。多年来，匡常修道长内炼丹功，外练武术，兼以医济世，成为中华道教武术史上的标志性人物，世称"南郭北匡"。其中，"南郭"是指武当派的郭高一，"北匡"指的就是匡常修，引领崂山道教武术走向成熟。

○ 匡常修道长在传授崂山道教武术（上）
○ 匡常修道长在绛雪树下教儿童习武（下）

崂山道教武术包括"崂山玄功拳""崂山玄真拳""崂山龙华拳""崂山龙华剑"等拳术和剑术套路，兼修刀、枪、剑、棍等器械，全套为七十二趟。其中，玄功拳动作朴素，招法实用，是修炼崂山道教武术的基础。玄真拳在技法和招数上更为绝妙、高深，属上乘功法。龙华拳则是崂山道教武术的高级阶段，突出腿法的应用，似青龙出海，如黄龙盖顶，彰显蛟龙之神威。龙华剑为崂山道教武术精华，系全真教龙门派祖师

丘处机在崂山明霞洞修真时所创，以庄子的"示之以虚，开之以利，后之以发，先之以至"为主旨，以八卦步、太极腰、形意劲、武当神相贯穿，形成"龙飞腾兮气恢宏，虎跃山涧威凛凛"之气象。

自张三丰祖师将武当内家拳传入崂山至今，已逾600余年。斗转星移，潮起潮落，讲述着一代代崂山道士秉承教义、研习修炼的故事。薪火相传，匡常修的弟子匡如湖、匡健、周荣青等致力于崂山道教武术的新发展。2008年，太清宫成立了以崂山道士为主体的崂山道教武术团。

作为我国道教武术体系中的重要一环，崂山道教武术是武功和养生的天然结合体，以道教哲学为圭臬，结合道医、内丹学和养生学的成果，将武术和健身融为一体，提倡以心使身，注重内养外练。

- 明霞洞（上左）
- 张三丰练气图（上右）
- 崂山道教武术传承人匡如湖在太清宫练武（中左）
- 八仙墩上习武的道士（中右）
- 崂山道教武术团（下）

鸳鸯内家功

内外双修的沉思性武学秘笈

省级非物质文化遗产（市南区）

Mandarin Duck Internal Martial Art
Meditative Martial Art Secret Collection of Internal and External Cultivation

○ 在青岛市美术馆举办鸳鸯内家功公益课堂

　　鸳鸯内家功与鸳鸯螳螂拳相辅相成，是一体两面的关系。相比较而言，鸳鸯内家功更具一种内修性质，可谓沉思性的内家功法。

　　渊源有自，与鸳鸯螳螂拳一样，鸳鸯内家功同样以阴阳结合、内外双修为圭臬，亦同样取法鸳鸯之成双入对、形影相随之生命律，有着独特的行功理念和表现形式，成为中华传统武术中独树一帜的内家功法。

　　传，鸳鸯内家功由战国时期的白猿所创。漫长历史岁月中，秘而不宣，直到清中期方由马过揭开面纱，奠立门派制度，将功法传于"快手李"李之箭。再传于贺顺昌，人称"贺三挂"，擅使挂腿绝技。复传于毛丽泉，习武与行医相结合。薪火相传，第四代传人孙丛宅致力于鸳鸯内家功的发扬光大。可见，其与鸳鸯螳螂拳有着一致而清晰的传承谱系，内家功法、拳法理论、套路组成和技击散打自成完整体系。

　　鸳鸯内家功特别注重人之自然秉性的发挥，其修炼本身即可视之为一个具体而微的天人合一的过程，或者说是一个返璞归真的过程。在日月光华中修炼，将天地精华之气与人之元气聚于丹田，气从丹田升至五脏六腑，由十二经、十五络流通，由脏腑出入经络，由经络而入脏腑，气血由此而全身循环，沟通内外、表里、上下，联络五官七窍四骸，使之充分发挥一个有机整体的内在秉性。

　　要之，鸳鸯内家功博采众长，独树一帜，特别注重彰显中华国术与国学精神。它有着深厚的历史积淀，体现了自立立人、自强不息的武学内涵，形成了较为完备的武德伦理和功法套路体系。

　　如今，鸳鸯内家功已辐射到国内外诸多地区，修习该拳法者均从师于在青岛的鸳鸯内家功第四代传承人孙丛宅及第五代传承人孙日成，弟子广布青岛、济南、哈尔滨、大连、聊城、潍坊、上海、北京、深圳、香港、台北、成都、西安、郑州等地以及马来西亚、新加坡、日本、韩国、美国、加拿大、波兰、澳大利亚、以色列等国家，在世界上架起了一座国术文化沟通之桥。

傅士古短拳

Fu Shigu's Short Boxing
A Traditional Martial Art Originated in Qingdao

起源于青岛本地的一种传统武术

　　傅士古短拳是起源于青岛本地的一种传统武术，也是以本地武术家命名的一个拳种，可纳入少林地功派，属硬气功。

　　傅士古何许人也？他是古代武术名家，字商贤，祖居城阳惜福镇傅家埠。他自幼力大无比，能举起石碾、跺断石桥，人称胶东鲁智深。清乾隆年间（1736—1796年），傅士古拜师于武林名家许青云门下，因其谦逊笃学，而得许青云独门绝技少林地功拳的真传。他又广涉各路拳法，兼收并蓄，博采众长，渐成风格独特的傅士古短拳。随后，游走于江湖的傅士古名声远扬，成为一代武林高手，与宋允通、孙克让同被称为"胶东三杰"，时有"打得精，宋允通；打得强，孙克让；打得武，傅士古"之说。傅士古所创拳法在家乡流传开来，盛时傅家埠有大小拳坊40余家，有的拳坊收徒动辄百余人之多，外埠前来投师学艺者络绎不绝。缘此，傅家埠成为远近闻名的武术之乡，傅氏拳法在山东、山西及东北地区皆有流传。傅士古创宗之后，傅清世、傅浃世进一步发展了短拳，其特点是不受场地限制，在近距离内交手时更为自如。第二代传人傅廷笏、傅廷策在继承祖传拳法的基础上，尤精于棍法的拓展，有"棍打一大片"的美誉。第三代传人傅兴斗则广泛涉猎多种拳术，先后研习过短拳、螳螂拳、八卦掌、太极刀，曾在青岛打擂，将不可一世的日本浪人击于擂台下，大长中国武术的威风。传至第六代，傅士古短拳在拳法和器械的运用上都得到了进一步发展和完善。

　　傅士古短拳继承少林地功拳法，又融合各派拳术的精华，独创数十种套路，憾如今流传下来已不足十套。总体上看，其套路紧凑，动作朴实而敏捷，运力灵活而有弹性，着眼于实用，不练花架子。傅士古短拳以防御为主，徒手功夫的主要套路有"四面采手""胸前挂印""仙人拱手""太极刀法""齐眉崂山棍"等。观其拳法，起落进退、闪战腾挪间多取直来直往之道，形成短小精悍、灵活多变的特点，乃有"拳打卧牛之地，拳打一条线"之说，特以其刚健有力、朴实无华的技击术而威名远扬。

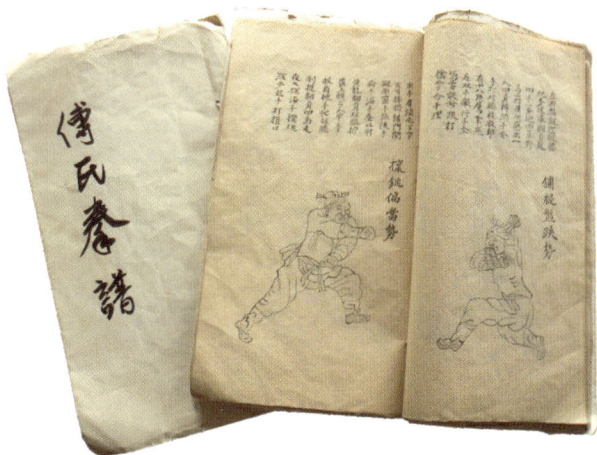

○傅氏拳谱（上）
○爱好者在展示傅士古短拳功夫（左）

三铺龙拳

Sanpu Dragon Boxing
A Traditional Martial Art with Dragon As Its Spiritual Totem

以龙为精神图腾的传统武术

○ 2016年，胶州中学生在第四届中国秧歌节上在表演三铺龙拳

三铺龙拳发源于胶州铺集镇铺上二村，是青岛地区特有的拳种。

"三铺"是"三七铺"的简称，言其诞生地。"龙"者，寓意此拳法具有龙之神采，如出水蛟龙一般翻江倒海，似山中蟒龙一般自在吞吐，像林间草龙般风驰电掣。

明末，刘家先祖刘静创设刘家拳。清道光年间（1821—1850年），本族云清道长刘峪盛回乡后，将所学武功融入刘家拳，授与族人作为看家本领。刘氏四世祖刘邦基、刘邦业号称"神鞭刘""铁腿刘"，在抗击捻军时就义。自此，刘家拳仅限族内单传并严禁外传。1900年，义和团将领黎银兵败受伤后流落于铺上二村，以扛活为生，与刘衍文、刘衍成二兄弟结为好友，常相切磋武艺。黎银所授南拳，有效丰富了刘家拳的技法。20世纪60年代，年仅七岁的刘正海随父习武，潜心苦练55载，先后受到多位武术大家的点拨，形成了自己的风格，遂将祖传刘家拳改造为"三铺龙拳"。

总体上看，三铺龙拳融合南拳北腿的技术优点，讲究内外兼修、以快制胜、刚柔灵动、攻守平衡之道。其动作，包容剑术、刀术、双匕首、双钩、狼牙棒等许多器械套路，以扎实的下盘功夫为基础，根据人体力学特点，模仿草蛇的灵动与巨蟒的气势，拳法刚柔相济，短快敏捷。在此基础上，又融入了道教内家拳、南拳、螳螂拳等的特点，使之兼具外家拳的"硬"和内家拳的"柔"。如今，三铺龙拳既保留了传统套路，又根据青少年生理特征加以改良，将人体天生的跳跃、闪躲、猛扑、出击、逃避的本能，体现在踢、打、摔、拿的技击本领上。每招每式都体现出以小治大、以矮克高、以少制多、以快攻慢和以柔化刚的实战技术要诀。

○ 2015年，三铺龙拳传承人刘正海在中韩文化艺术公演活动中表演

○ 崂山九水梅花长拳表演场景

崂山九水梅花长拳
充满地域精神的传统武术

市级非物质文化遗产（崂山区）

Laoshan Jiushui Plum Blossom Long Boxing
A Traditional Martial Art full of Regional Spirit

　　崂山九水梅花长拳是一个充满地域精神的武术拳种，由崂山南九水地区的刘氏先民所创，因其长拳短打，形似梅花，故称"梅花长拳"。

　　据《即墨刘氏祖谱》记载，南九水刘氏为北宋名将刘琪之后，与清翰林大学士刘墉同属一宗。明初，刘姓一世族刘白元携家迁至南九水立村。此地，周至元有诗言之，曰："一道清溪如急雨，数峰奇石似飞仙。林深尽许幽禽叫，地静常容野鹿眠。"虽说诗意如斯，然毕竟偏僻，居其中，时常要与野兽、强盗搏斗以自卫，采用拳打、脚踢、掌击、跳跃等动作，天长地久就练成了一整套拳法，流传至今已逾300年历史。其间，有一段神仙点拨的传说故事尤其耐人寻味。据《崂山县志》等文献记载，清初九水人刘玉门（人称神把式）尤擅拳艺，某一年除夕夜，他在山中烧炭时不知不觉睡着了，梦中一位鹤发童颜的神仙降临，将"梅花拳法""齐梅棍法""叠路法""定身法"和治疗蛇毒的"收神法"等秘诀传授与他。缘此，刘玉门茅塞顿开，拳艺精进。尔后，他走出大山，四海漂泊，遍访名师。数年后，学艺归来，融贯所学武术精华，奠定了崂山九水梅花长拳的基本套路和招式。

　　崂山九水梅花长拳是在特殊环境下应运而生的，注重武、功同练，讲求内外兼修。特殊的地理环境，对腿部功力的修炼有很高的要求，分为"小腿""大腿""四步"三套套路。其中，"小腿"为初学者必学之术；"大腿"包括跃、跳、腾等动作，是该拳的精华，功成者能"腾房越屋，行走如飞"；"四步"用于单人练功或双人对打，用来磨炼习武者的眼力、技巧，增强功力。攻防中，长短结合，看似不成套路、杂乱无章，实则乱中有序。其基本动作可分为捶、掌、踢、劈等，其中"捶"又分上向捶和下向捶；"劈"又分为掌劈和脚劈。善于长打短用，具有击打准、着力狠的特点。

　　总体上看，崂山九水梅花长拳的基本特点为：长拳为虚，短拳为实，善于长打短用，素有"拳打卧牛之地"一说，当地人戏称为"炕旮旯"拳。其为拳，只要是在近距离内交手，不论平地还是陡坡，均能运用自如。此拳防中有攻，攻防结合，以迅快为基调，但要求快中有缓、快而不乱。一旦出手，动作矫捷，具有击打准、着力狠的特点。此拳法，看似不成套路，杂乱无章，实则乱中有序，常常攻其不备、防中取胜。

武当太乙门

Wudang Taiyi Sect

武当秘笈之法度及其与青岛的渊源

The Dharma of Wudang Secret Collection and Its Origin with Qingdao

市级非物质文化遗产（市南区）

武当太乙门武术器械对练：单刀进枪

武当太乙门是为武当派四大门（太乙、天罡、龙门、清虚）之一，是中国道教武术体系的一个重要组成部分，因其遵循秘密传承之门规，历代传习者隐匿于深山古刹间，并不为外界所知。直至清末，河北深县人徐山（字洛龄）为探求道教武术之绝学，入武当山，拜黄乙侠道长为师，悉得真传。学成后，他遵师命下山返乡，遂将神秘的武当太乙门功夫传示于世。当其时，河北故城人高凤岭游历江湖，偶至深县，得遇徐山，为其精湛功夫所折服，便拜为师，习得表征太乙门武术最高境界的太乙醉猴拳，江湖中人称之为“活猴子”。1913年，高凤岭、王子平等入济南武术传习所任教。1924年，在上海全国运动会上，高凤岭被评为中国十八武术名宿之一，1928年来青岛，受聘于青岛国术馆，传授太乙门武术。作为一代名师，高凤岭培养了窦来庚、林信斋、李汉民等名家。1928年，窦来庚赴南京参加民国第一届国术国考，名列前十五名，后担任山东国术馆副馆长，创办《求是季刊》及济南志诚武术社。抗战爆发后，窦来庚率山东国术馆全体成员200余人到临朐抗日前线，被整编为国民党山东保安十七旅，窦来庚任少将旅长，1942年8月在与日寇的作战中壮烈牺牲。李汉民为第二代传承人，从20世纪40年代起在青岛台东、四方、市南等地开设武场。目前，第三代传人周国富已培养了60多名徒弟，使青岛成为武当太乙门的主要传承地区。

武当太乙门尊奉道家养生修性、五元一气的理念，博采众长而独树一帜，集武当、少林功夫之特点于一身，形成拳术、器械、对练、实战、养生、硬功等功法，创制太乙埋伏拳、太乙金刚拳、太乙少林拳、太乙醉猴拳等拳术。其功法，以气为源，以桩为本，讲究动静相生，以达六合一体之境。诸拳术中，最具代表性的是太乙醉猴拳，其形态上模仿醉态和猴神，表现出“势如猴进疾，架疑醉仙散，上下龙虎行，左右跃蹦蹿，掐斜点扣辨，正胯圆腰转”之特点，讲究刚柔并济，以达形神兼备之境。醉拳，善醉步而无醉态；猴拳与猴棍，具猴之灵而异猴之形。习武时，通过上伸下展、折叠屈伸、翻拧滚转等运动，带动五脏六腑与经脉的兴奋，使人体的藏象系统在心神系统的统率下，产生良好的协调变化。观其动作，蹿蹦跳跃，闪展腾挪，起伏转折，身法步法，无不协调多变，体用兼备，尤重技击之力道，辨位于尺寸毫厘，制敌于擒扑封闭之中，进则直发，退则飘然而返，具有飘逸、灵敏、突攻、闪防、多变的技击特色。

少林太祖长拳独具大开大合的架式，注重手眼身法步的密切配合，演练起来奔放自如，优美中又不失威猛之势，被誉为中国传统武术的"六大名拳"之一。

溯其源，传为宋朝开国皇帝赵匡胤所创，以其庙号"太祖"为名，亦称宋太祖长拳、太祖拳和太祖长拳。明戚继光编《纪效新书》卷十四《拳经捷要篇》中，载其三十二式长拳、六步拳、猴拳、囵拳等。千余年间，秘法流传，在我国北方有广泛影响，而整套拳法契合北方人的豪迈性格，颇有一种豪气干云之势。20世纪20年代，荣成人张环矗将此拳传入青岛，在四方小村庄一带开设多家武馆，在传授功夫之际，十分注重武德培养，深受徒弟们的尊崇。1930年起，胡昇昌拜张环矗为师，成为青岛少林太祖长拳的第二代传承人。如今，少林太祖长拳在青岛已传至第五代。

其动作舒展，招式鲜明，步法灵活，行拳过步，长靠短打，爆发力强。其主要技法为挑、劈、拦、截、钩、搂、采、缠、扫、踹、弹。交手时，讲究一胆、二力、三功、四气、五巧、六变、七奸、八狠。所用招数真、假、虚、实，一式多变；八打八不打，八刚十二柔。要之，其攻防格斗的基本要领是：起如风，击如电，前手领，后手追，两手互换一气推，劲力发挥于撑、拦、斩、卡、撩、崩、塞、拳，拳坛有"囚身似猫，抖身如虎，行似游龙，动如闪电"之谚语，道出了此拳的神采。

少林太祖长拳持守刚柔相济、虚实并兼的法度，主张借敌之力、以制其身的策略。从攻防关系上看，这是一种以防御为主的拳术，无论是练拳术还是练兵刃，上场开始起手都是先招架后回打，不主张主动出击，可一旦出击，往往出奇制胜。

○ 少林太祖长拳第三代传人刘锦明演练"斜身穿掌"功法

少林太祖长拳

Shaolin Taizu Long Boxing
Famous Martial Art Boxing with Secret Method Spread for Thousands of Years

千年之间秘法流传的武术名拳

○ 徐氏太祖拳传人徐守礼演练"双飞燕"

自古胶州习武之风盛行，徐氏太祖拳即为当地的优秀武术拳种之一，相传为宋太祖赵匡胤所创，故称太祖拳。

清末民初，齐荫林在老胶县城隍庙街开设国术馆，传授查拳和太祖拳等传统武术功夫。其弟子闫宝山尽得其所传技艺，于1952年收年仅六岁的徐守礼为徒，传授太祖拳等传统武术。1964年，闫宝山病重期间，将徐守礼介绍给当时下放到胶州的武术名家徐学义，以继续修习武术。这期间，徐学义和徐守礼师徒二人将传统的太祖拳系列继承发展，融古开新，自成一家，谓之徐氏太祖拳。

徐氏太祖拳有着自己独特的创制逻辑，简而言之，它是基于人体力学特点，运用仿生学原理，参照猫的躲藏、虎的威猛、鸡腿的雄健、龙腰的婉转、鹰眼的敏锐、猴子的活泛、长蛇的灵动，结合传统太祖拳攻防动作舒展、大开大合的特点，创制而成的。其武术技艺的基本特点可表述为：困身似猫，抖身如虎，鸡腿龙腰，鹰眼猴相，行腰坐胯，身如长蛇，缘此而形成鲜明的技击之道。观其拳法，招数古朴，拳路精奇，正所谓"拳如流星眼如电，腰如蛇行腿如钻"云云，兼具外家拳之"刚"与内家拳之"柔"。而刀、剑、棍等器械套路，亦有着起如风、击如电的气势，可谓"身随刀转，刀随身走"，表现出很强的实战价值。

1998年，徐守礼创建了私立胶州育才武术学校，2008年该校被青岛市体育总会、青岛市武术协会授予"名优武校"。长期以来，徐氏太祖拳积极参与国际武术交流。已故掌门人徐学义曾任我国第一任国家武术队队长，随周恩来总理出访多国。当代掌门人徐守礼曾于1995年至1997年间，向时任日本首相桥本龙太郎派遣的八段、九段空手道运动员和教练传授中国功夫。2005年，他受邀率团出访韩国，其精湛的武术演出在韩国引起轰动。另外，他还多次组织举办中外武术交流赛事。2011年，他应邀参加第九届中国香港国际武术大赛，并担任总仲裁。目前，全国各地习练徐氏太祖拳者有10万之众。

查拳 剽悍矫捷的神力古拳

查拳原为回族"教门拳"，为中国传统长拳的五大流派之一。它形成于山东冠县，在山东、河北、河南、山西等地的回族中广为流传。历史上，查拳形成了三大流派，即山东冠县的张式查拳、杨式查拳和山东任城的李式查拳。

关于查拳的起源，说法不一。明末时，我国东南沿海地区常受倭寇袭扰，戚继光奉朝廷之命，征兵聚将，抗击倭寇。据传，时有西域的回族爱国义士查尚义（查密尔）应征东行抗倭，不料途中染病，只得在冠县滞留疗养。在当地回族百姓的悉心照料下，他逐渐康复，作为报答，便将自己擅长的拳法传授给了当地的回族乡亲，还将师弟滑宗歧请来共同传授武艺。后来，当地人为纪念两位义士，遂以其姓为拳法命名，查元义所传"身法势"被称作查拳，而滑宗歧所传"架子拳"则被称作滑拳。因查元义和滑宗歧系同门师兄弟，故而查拳、滑拳历来被视为一门。

历经数百年演变，查拳技艺不断得到充实提高，逐渐形成了集查、滑、洪、炮、腿于一体的完整体系。查拳姿势伸展挺拔，发力迅猛，动静有致，刚柔兼备，其节奏明快，步法灵活多变，无论往返进退、上下起伏，力求协调一致，整个套路潇洒紧凑，剽悍矫捷。它的主要套路包括十路弹腿、十路查拳及枪、刀、剑、棍、钩等器械，其中以腿见长的"弹腿"和以"仆步穿掌"为主要动作的"滑抄"最具特色。其主要拳法，由架子拳和身法势组成。架子拳共有四套，后来叫作头趟滑拳、二趟滑拳、三趟滑拳、四趟滑拳。其动作饱满、舒展有力，因此被称为大架拳。身法势共有十套，也称为十路查拳，其动作紧凑、快速小巧，称为小架拳。

查拳史上，人才辈出。早期有雍正五年（1727年）的武进士沙亮，绰号"飞腿"，是查拳门历史上有史可稽的第一位高手，在查拳传承过程中有着承前启后的作用，经其改造的查拳开始威震江湖。清末，张式查拳鼻祖张其维之手指功夫如钢铁一般，还练就一只虎尾镗，舞动起来快如电掣，允称绝技。其弟子张西彦、张风岭及杨式查拳宗师杨鸿修等皆名噪武林。清末民初，河北沧州人王子平师从杨鸿修，精研杨式查拳，又膂力过人，人称"神力千斤王"，1919年在北京击败了号称世界第一大力士的俄国人康泰尔，之后数次打擂，击败多名西方大力士。

○ 查拳表演场景

从名字来看，地功拳特别注重人地关系，可谓"人地合一"的拳种，或者说这是"人地合一"哲学在武术上的体现。地功拳又称地趟拳，因套路多为跌扑滚翻而得名，所谓"躺着练、滚着打"云云，道出了其功法特色。古代，地功拳盛行于山东和江南部分地区，传为北宋末年梁山好汉"浪子"燕青所创，属北派少林燕青门。

关于地功拳的源流，一种说法是，此拳系在醉拳基础上发展而成的，醉拳在摔跌时，虚晃摇摆，尽显酒醉之态，而地功拳只有摔跌并无醉意，两者的用意都是诱敌深入、麻痹对手，以达避实就虚、出其不意之功效。另一种观点认为，各种拳术都掺用摔跌动作，只是地功拳以摔跌为主，故有"九滚十八跌""就地十八滚"等说法。明戚继光所编《纪效新书·拳经》中有"山东李半天之腿""千跌张之跌"的相关记载。

明末清初，地功拳已在青岛地区流传。20世纪初，武术名家李清河、王永彬、邢富川、刘希伟、李清溪、李忠先等相继来青岛，在沧口、四方、大麦岛、辛家庄等地开设武馆，使地功拳在青岛地区广为传播。百多年来，地功拳凝结了历代传承人的辛勤汗水和不懈努力，在不断发展中传续到第五代传承人刁锡环手中。

地功拳具有高翻低滚、旋即而起、卧地而击、起伏闪避、一气呵成的特点，基本套路分为上路拳和下路拳。上路拳以传统八式为主，其内功发劲、技法变化灵活，既可变成击打、摔法、擒拿及反擒拿之术，亦可形成中远进攻防守或贴身靠打之法。下路拳多称地趟拳，以跌、扑、滚、翻等连环套路诱敌入彀，再以凌厉的腿法后发制人。跌法有仰跌、侧跌、缠跌及跳跌等十种，滚法有抢背、前

○ 地功拳第五代传人刁锡环在演练放剪动作（上）
○ 2014年地功拳少年武术团参加中华武术·跆拳道国际邀请赛获奖归来在地功拳武馆合影（下）

滚、后滚、横滚等，腿法有蹬、踹、剪、绞、绊、勾、扫、捆、踩等，其中尤以"剪子腿"为一绝，分为上封剪、中封剪、下封剪。"上封剪"击打对方头部、胸部，"中封剪"击打躯干、腰部，"下封剪"扫打腿部。其腿法奇猛，腰身柔灵，跌法巧妙，随机就势，攻防中讲究似退实进，下盘进攻，站着能行拳，躺着能走势，躺着练、滚着打是地功拳的功法特色。如此一来，上下结合，明手暗腿，足以令人防不胜防。

尹氏八卦掌的拳理源于易学，走架行于八卦，外形取于八象，技击与养生兼具，武道与易道相生，是中国传统武术中独具特色的一派。

尹氏八卦掌为八卦掌鼻祖董海川（1797—1882）的大弟子尹福（1840—1909）所创立，至今已有百余年的传承史。尹福是清末武术名家，人称"瘦尹"，为董海川的两大弟子之一，曾于皇宫大内供职，教授过光绪帝和内廷太监武术。董海川去世后，尹福继承了八卦掌的精髓并将其发扬光大，逐渐形成了有独特风格的尹氏八卦掌，特以其内含世所瞩目的皇室养生功法而负有盛名。后来，尹福之四子尹玉璋（1890—1950）习得真传，其动作敏捷，尤以闪转变化见长。1930年，尹玉璋来到青岛，在青岛国术馆任教，颇有声望。其间，他撰写了《八卦掌简编》一书。1933年，青岛市市长沈鸿烈筹建国术馆新馆，敦聘八大门派掌门人出任国术教官，尹玉璋便是其中之一。1950年，尹玉璋去世后，其弟子庞鸿智承担起尹氏八卦掌的传承重任，结合易、道、医等理论，将尹氏八卦掌的武术与养生功能逐步体系化。

尹氏八卦掌的要义可概括为：远取诸物，近取诸身，掌易相容，象形取意，内气外功，性命双修。它属于内家拳，兼具象形拳之特点，重义胜于重形，练气胜于练力。其精髓，乃内卦气，外卦功，以先天八卦为体，以后天八卦为用，八卦对八象，八象演八形，八形分八式。八形拳法系遵照乾、坎、艮、震四阳卦和巽、离、坤、兑四阴卦而创制的，象形取意之间，实现了阴阳互补之道，其要诀是：乾卦狮形走连环，坤卦麟形反身顾，震卦龙形势托天，巽卦凤形步如轮，坎卦蛇形顺势走，离卦形虚空行，艮卦熊形背身击，兑卦猴形蹲蓄神。在技击上，强调以守为攻，注重卦气与卦功相合的内功修炼，以穿掌为正宗，以冷掌技见长，步走八卦，出手直快，灵活多变，技击巧妙，往返折叠，宁转绕转，具有冷、脆、快、活、巧的特点。

总体上看，尹氏八卦掌理法精密，内外兼修，术道并重，阴阳相济，动静相宜，在易道、医道与武道相生的景深中确立了自己的风格，乃性命双修、身心兼养之功。它十分重视道德修养，强调练艺德为先，加之其运动形式独特，要领严谨，内涵丰富，缘此而将强身健体的理论与实践结合了起来。

○ 尹氏八卦掌传承人李国华（前）率弟子练功

尹氏八卦掌
Yin's Eight-diagram Palm
In the Depth of Field of Yi, Medicine and Martial Art

在易道、医道与武道相生的景深中

市级非物质文化遗产（崂山区）

人生有"戏法儿"，有欢笑，有奇趣。

古彩戏法二十四孝是我国特有的幻术表现形式，别具民族色彩和生活气息。在古代，"戏法儿"是百戏、乐舞、杂技等民间艺术表演的总称，包括各种幻术、绝活（如扛鼎、吞刀、吐火、履火、爬杆等）。溯其源，肇始于秦汉之际，汉武帝时颇为盛行，《汉书·武帝记》有"三年春，作角抵戏，三百里内皆来观"的记载。汉代陶俑中有杂技俑，壁画中亦有杂技图像。汉代还有一种"鱼龙漫衍"之戏，谓变幻之戏术也。对此，观众很感兴趣。于是某些艺人就做专场演出，加入道具，手法变幻多端，营造出种种奇特场景。这样，经过长期发展，就逐步形成了一种土生土长的艺术——戏法儿。元代后，百戏内容更为丰富，各种绝艺绝活精彩纷呈。

戏法艺人讲究八字真言，即捆、绑、藏、掖、撕、携、摘、解，将其作为他们演出（使活）及准备工作（卡活）的大纲。八字真言讲的是变戏法的主要动作与技法奥秘，后台做准备工作时，动作要诀是捆起、绑好、埋藏、掖夹；前后使活时，技法要诀是撕烂、携带、摘下、解开。

从前，由身上往下变东西的技巧被行业内称为"落活"，讲究"二十四孝""十八贤""十三太保"。《二十四孝》本是元代郭居敬编撰的一本书，记载了历史上二十四个孝子的故事。而在这儿，"二十四孝"则是指二十四种戏法表演形式，即亮瓷子、小苗子、倒包子、晃山子、夺窝子、环子、线棒子、丹球子、推搽子、摁滚子、摇滚子、拉拉子、偏心子、露底子、磕花子、转搽子、捞底子、合碗子等二十四子，称之为戏法"二十四孝子"，简称"二十四孝"。"二十四孝"也有通俗名字，即旱地拔杯、仙人摘豆、倒包子、空碗变酒、一粒入地、万粒归仓、栽种、空碗变鱼、饮不尽的水、变鸡蛋、变雏鸡、变蛇、变青蛙、罗圈献彩、九连环、线棒子、炒米、吞宝剑、吞铁球、古彩戏法等。

○ 古彩戏法二十四孝传承人牟衍铭在中国首届魔术戏法研讨会上做表演（上）
○ 牟衍铭为小学生讲解古彩戏法知识（下）

古彩戏法二十四孝的典型之作是"剑、丹、豆、环"。这里，"剑"指的是口吞宝剑；"丹"指的是丹出七窍，亦名月下传丹；"豆"指的是仙人载豆；"环"指的是九连环。因其观赏效果是四面看、八面瞧，观众从任何角度都可以欣赏到戏法表演的精彩之处，不漏痕迹中尽显其奥妙，故而被称为"地上戏法四大难"。

追溯万年以上，人类的审美本能就表现在岩画上。先民在巍巍岩壁上刻画，铭记着文明拓荒的记忆，留下了万世之思。在刀锋与山岩凿刻之间，原始美术发出第一道闪光，人类内心某种永恒的意志开始升腾。千万年间，传统美术之光绵延不绝，古老而生动的审美之光生生不息。

作为非物质文化遗产的重要组成部分，传统美术在内容与形式上的表现均称丰富多彩，体现了中国文化的诸多基本底色，是中国民间生活方式的艺术缩影，是劳动人民创造力与审美力的生动见证。历史地看，传统美术在不同地区有着各具特色的表现方式，琳琅满目之间，犹可察见民间艺术与其存在环境的内在的神秘关联，这就像丹纳在其《艺术哲学》中所阐述的那样，地理环境对艺术创作产生了深刻影响，地域精神耐人寻味。对于人和人类来说，传统美术是追求真善美的一种基本方式，与日常生活有着至为密切的联系，其光影无所不在，映照着内心和世界。春夏秋冬，四季轮回，每一次摹绘、每一次雕刻都是现实和理想的碰撞，在深刻的融合中赞美生活，照亮内心。

今古风华——青岛市非物质文化遗产图鉴
Treasures of the Present and the Past
The Illustrated Handbook of Intangible Cultural Heritage of Qingdao City

Part VII
Traditional Art

第七部分 传统美术

省级非物质文化遗产（平度市）

宗家庄木版年画

Zongjia Village Wood Engraving Painting
The Innovative Wood Waterprinted Art Originated from Weixian

源出潍县并有所创新的木版水印艺术

吉祥止止

弥久弥新的过年时光

中国生活有着对年画的丰富记忆，汇聚着过年的美好时光。

何谓年画？这是中国传统绘画的一种，肇始于汉代的"门神画"，而其精神底蕴则可追溯至上古时代的自然崇拜观念和神灵信仰观念，故而驱凶避邪、祈福迎祥成为贯穿始终的母题，在祈祷丰收、祭祀祖宗、驱妖除怪等年节习俗中，出现了与之相应的年节装饰艺术，乃有年画的精彩闪光。作为中国特有的一种绘画体裁，年画久为世代百姓所喜闻乐见，大多于新年春节时绘制张贴，故名年画。宋代以后，随着木版印刷术的兴起，木版水印成为传统民间年画最主要的一种制作方式，大多采用坚硬、纹理细腻的梨木或枣木木板制成有图案的雕版，刷上水墨，印在宣纸上，亦可用水性彩色颜料，分多版多次印成彩色年画。明清之际，年画内容更趋丰富多彩，演化成为反映汉族民俗文化生活的一部百科全书。

历史上，宗家庄木版年画的产生经历了"趸买——移植——自创"三个阶段。

清道光年间（1821—1850年），宗家庄的宗有明一辈以贩卖潍县木版年画为生，其子宗曜、宗昕、宗高分别开设了"北公兴""元吉""悦来"画铺，从潍县杨家埠请来师傅教授刻版、印制技术，开始制作年画。光绪年间（1871—1908年），宗家庄本地艺人的"线版"雕刻技艺有了长足进步，在画面装饰上大胆创新，突破传统框架，使画面更加鲜活且丰富多彩。宗家庄木版年画独特的花边、地锦图案和"窗旁"故事等表现形式，反倒被潍县木版年画艺人所借鉴，为潍县木版年画的复苏注入了新活力。鼎盛时期，宗家庄有专营木版年画的商号有30余家，附近荆戈庄、邵家疃、双丘、倪家庄等村也纷纷仿效，办起年画作坊，平度城西关大街也出现了10家年画铺。当时有年画品种300余种，画版1500余套，产品销往胶东及东北、朝鲜等地。民国初期，"公兴义"画师宗学珍创作了反映日本侵华的作品《日本攻打青岛》、反映辛亥革命的作品《攻打南京》和《湖北军事图》，具有重要历史价值和艺术价值，被当时的中央博物馆收藏。

宗家庄木版年画乡土气息浓郁，主要题材包括：祈福类，如《麒麟送子》《狮子滚绣球》《财神聚会》《连年有余》《金玉满堂》；神话传说类，如《猪八戒将媳妇》《猴抢草帽》《唐三藏西天取经》《八仙》；鸟兽花卉类，如《四季花卉》《榴开百子图》《欢天喜地》《当朝一品》《桃献千年寿》《地产凤凰孙》；戏曲故事类，如《回荆州》《空城计》《杨家将》《二进宫》《三国》《西厢记》。

总体上看，宗家庄木版年画有着鲜明的艺术风格，特别是在构图与设色上的表现令

宗家庄木版年画《湖北军事图》

人印象深刻，形成了独树一帜的美学风尚。构图上，多取散点透视，线条简练、挺拔、流畅，充分运用了概括、夸张、平面造型手法，赋予人物以形体饱满而眉清目秀的朗润之感。设色上尤为独到，以少总多，讲求强烈的色彩对比度和饱和度，多用大红、中黄、蓝绿色等色彩，以红色为喜庆、热烈的象征，把云、鱼以及人物衣饰甚至面部也往往印成红色的。采用透明的品色和单色为主、叠色为副、平涂水印的方法，使得年画的颜色特别艳丽而富有装饰性，这也正是宗家庄木版年画有别于他者的主要特色。与此相应，特别注重人物形象特别是面部表情的传神刻画，许多作品尽管做了夸张、变形处理，但并无不真实之感。如"门神"虽然是加大了头部、加宽了躯干并占满了画面，但这却使两员武将显得更加威武，给人一种安全感。《年年吉庆》则由于夸张了娃娃之胖，把线精炼到最大程度，再把娃娃周围的东西变成图案化的背景，这样就把一个可爱的白胖娃娃托了出来，非常醒目。创作构思上多运用象征、寓意、寄情的表现方法，画面充满祥和、欢乐、幸福的气氛，既是现实主义的，更是浪漫主义的。

1978年改革开放以后，宗家庄木版年画艺术获得重生。为抢救这一民间美术瑰宝，有关部门征集到遗落民间的原版刻版150余件。1979年8月，90余幅宗家庄木版年画作品在中国美术馆亮相。1997年，宗家庄年画传承人宗成云发起成立"宗家庄木版年画研究会"，致力于木版年画的保护、研究和开发工作，对原有制作工艺进行改进。

○ 财神（上左）
○ 观音送子（上中）
○ 金玉满堂（上右）
○ 宗家庄木版年画传承人宗成云指导弟子刻版（下左）
○ 宗家庄木版年画进校园（下右）

高友三剪纸作品

**小中见大
胶州剪纸之光**

回望胶州剪纸的历史，可感受到一重沉博、生动的岁月光华在闪烁。

1954年，在胶州洋河镇山子村张家莹明墓出土了五幅剪纸原样，将胶州剪纸的历史记忆引向了500多年以前。这些明朝剪纸原样成方尖状，幅长约8厘米，指掌之间刻有复杂的鸳鸯戏水、单凤朝阳等不同纹样，其构图之巧妙与刻工之精细令人叹为观止。

早期剪纸艺人高友三（1896—1980）代表了清末以来胶州剪纸的艺术成就。他一生有剪纸作品数以万计，晚年自费装印成20余卷作品集，自题封签为《高友三窗花集》，现胶州博物馆尚存两卷。

与年画一样，剪纸同样映射出浓浓的民间生活情趣，也是装点节庆时光的宝物。

剪纸，亦名剪画，是用剪子在纸上剪刻出的字或图案，以透空之美表达阴阳和谐之趣，是我国历史悠久的一种民间艺术形式。明清以来，胶州剪纸艺术在胶州湾畔的古胶州（地域包括今胶州市及青岛西海岸新区）大地上广泛流传。这一带，古来即为南北汇通之地，南北文化相遇并形成深刻交融。透过胶州剪纸，恰可看出这种南北汇通的文化气质。一般来说，胶州剪纸艺术崇尚粗壮质朴、简练明快的北派风格，同时又融入了纤巧工秀、装饰浓郁、近于写实的南国情韵，给人以华美而纤丽的感觉。历史地看，以胶州市和青岛西海岸新区为代表的胶州剪纸艺术，在我国北方颇具影响。

从表现形式上看，胶州剪纸大致分为单色剪纸、活动剪纸、彩色剪纸、贴彩剪纸四种。单色剪纸为民间剪纸的主体，是在一张纸上剪刻完成（多用大红色纸），如最常见的窗花、镜花、顶棚花。活动剪纸，是把花样剪好后贴在一张较硬而又透明的白纸上，再从活动关节处剪开，裁出外廓用线连接在一起，用丝线或马尾悬挂于窗户半空中，然后再连接到窗外的晒衣绳或树枝上，经风一吹，翩翩起舞，配以风哨，便翁鸣作响，栩栩如生，如《斗鸡》《狮子滚绣球》，可视为皮影和动画的雏形。彩色剪纸和贴彩剪纸，则是先用白纸把花样剪好，再用鲜艳透明的颜料渲染，或局部剪刻上色，然后粘贴装裱而成，今已不多见。胶州剪纸的用途多种多样，无论是逢年过节抑或男婚女嫁，墙上有喜花，窗上有窗花，顶棚上有顶棚花，炕边镶炕围花，镜子上贴镜花，连送喜用的饽饽上也贴有饽饽花，可谓日常生活的一大吉祥宝物。

剪纸艺术简单易学，用材便捷，深受大众喜爱。尤其在农村，几乎村村都有传统剪纸民间艺人，在胶州市的马店镇、张应镇、夼集乡，西海岸新区的琅琊镇、隐珠镇、宝山镇，更是世代相传、人人通晓。一把剪子、一张纸，经过能工巧匠之手，演绎成一幅幅生动逼真的画卷，抒发了人们向往美好生活、祈求幸福安康、扬善惩恶的情感。

经过历代传承，胶州剪纸艺术形成了独特的风格。在不失粗犷豪放的基础上，线条的刻画及线面的精巧结合，加之丰富的图案、文字等装饰手段，使作品显得更加充实饱满，名家精品层出不穷。在胶州市，臧苏则将剪纸艺术赋予新的生命，有《蝶恋花》等代表作。在青岛西海岸新区，剪纸艺术亦是名家辈出。1989年1月，《山东胶南民间美术作品展览》在中国美术馆举办，展出了100余名作者的250幅民间绘画、剪纸作品，引起了美术界和文化遗产界的关注。1995年，山东美术出版社出版发行了《中国琅琊剪纸》图集。2005年秋，在胶南市举办"相约琅琊——山东省剪纸大赛暨优秀作品展"，王运昌的17米巨幅作品《清明上河图》亮相，引起轰动。2010年，胶州市被授予"中国剪纸之乡"。

胶州剪纸传承人
管茹的作品（上）

胶州剪纸传承人
王明香工作中（中左）

胶州剪纸传承人董丽霞
在中央电视台现场
展示剪纸技艺（中右）

外国友人采访宣传
胶州剪纸艺术（下左）

胶州剪纸传承人高丰绪
展示剪纸技艺（下右）

指墨画

从指尖流出的水墨烟云

省级非物质文化遗产（即墨区）

中国绘画艺术传统博大精深，源远流长，指墨画是其中的一个分支。

指墨画又称指头画或指掌画，简称指画，是不借用笔等工具而直接以手作画的一种特殊的绘画形式。画者道法自然而别出心裁，以手为笔，力道从容，拿捏有度，在纸或者绢上进行勾、皴、擦、点、染的手法独具优势，晕染上色更为自然，其笔墨效果新颖别致，委实有传统笔画无法替代的一面，往往会出现奇效，带来浑厚朴拙、变化莫测之妙，某种独特意趣实非笔力可达。从另一个角度看，其掌型、指纹的恰当运用，又透着行为艺术的内涵，允称中国画百花园中的一朵奇葩。

取精用宏

指墨画的精神渊源与艺术圭臬

即墨指画艺术底蕴深厚，其艺术精神源出高凤翰，中经李朴和李承喆等大家浸润，而最终能自成一脉，指画大师张伏山的默默耕耘功不可没。

高凤翰（1683—1749），字西园，号南阜，晚署南阜左手，胶州人。清代著名画家，扬州八怪之一，为指墨画奠立了艺术精神圭臬。

李朴（1710—1790），字兆怀，号悔道人，海阳人。清乾隆时廪生，擅长书画，亦精指画。《莱阳县志》言其"善花卉、人物，鹰石尤佳，布墨冲淡，简洁无尘浊气"。

李承喆（1746—1827），字溪南，号唵道人，海阳人。其指画造诣精深，《莱阳县志》载："唵道人善水墨花卉，笔阔高古，尝见其墨莲数帧，清疏澹荡，枯而不涩，尤善指画，所作松鹿梅鹤蹁跹如生动，为世宝贵。"

张伏山（1910—1987），名存恒，号横河老人，即墨城阁里人，著名指画家。早年拜关松年、关友圣为师，习山水画，后考入华北大学，入李苦禅门下。他一生献身艺术，面壁六十载，研诸家笔墨，终成风格独具的指画巨匠。他对中国指画山水、花鸟贡献突出，注重画面的内涵蕴藉，画风清淡高雅，意境深邃，画技娴熟，功力深厚，信手涂去，烟云顿生。张伏山由笔画转到指画，将新旧线条结合起来，景物多取自黄山、崂山、泰山、桂林，画墨带有石涛、张大千遗风，开创了中国指墨画的"崂山画派"。其大型指画《东崂探胜》，卷长三丈有余，生动地展现了崂山一带自然景观。著名画家李苦禅为此画题跋称："名胜技法，堪称双绝。"

明清以来，指墨画屡见佳作。延至当代，即墨指墨画人才辈出，其中尤以韩国栋为代表。韩国栋师从张伏山，深得传统正脉与理法。他曾遍访名家，既继承了高其佩和潘天寿的古拙大气，又兼具当代风气，逐步形成自己的画风。其指法娴熟多变，充分运用手的各个部位，有效丰富了皴法技法，线条生辣凝重，构图高阔厚重，兼容宋人之雄浑气象与元人之简约意趣，已然臻于信手拈来、随心所欲之境。其代表作有人物画《十八罗汉图》《四大菩萨》，山水画《蜀道春秋》《溪山叠翠》，花鸟画《十二生肖图》《春花志》等。同时，他十分重视指墨画的传承和发展，先后培养出了数十名指墨传承人。

指墨画传承人韩国栋在作画

　　从创作过程来看，指墨画创作主要包括以下几个步骤：其一是布势。意在笔先，下笔前要做到胸有成竹，可在纸上先用指甲勾出大的轮廓线。其二是勾皴。充分使用手指、手掌、手背等部位进行勾、皴、擦、点，落墨成形。其三是晕染。用手指、手掌、手背等部位对整幅画面进行多次晕染上色。其四是调整。根据画面的需要进行局部整理，形成和谐统一的画面。其五是落款。用手指或毛笔题款、钤印。总体上看，虽以手代笔，然指墨画所表现的形态与审美取向，其实也正是毛笔画要追求的那种"屋漏痕，锥画沙，印印泥，金刚杵"的意蕴。

韩国栋的指墨画作品《曲阜圣庙万世师表》（左）

韩国栋的指墨画作品《蜀道春秋》（右）

辛氏锲金画

以刀为笔而錾就的金属工笔画

Xin's Metal Carving Painting
Metal Elaborate–style Painting Carved with A Knife As a Pen

省级非物质文化遗产（城阳区）

古有青铜器，今有锲金画，物华天宝之光穿越时空而相互映现。

中国金属雕刻艺术肇创于商周，其中一个重要的阴刻技法是"錾花"，锲金画即从此衍生出来。简言之，锲金画指的是在金、银、铜的表面上錾刻而成画，通过落刀的角度、轻重、深浅的变化而产生不同造型与折光效果，线条流畅，光影飞逸，故有"闪光的白描"之称。可以说，锲金画其实就是一种金属工笔画。近代以来，由于材料稀缺和技法复杂等因素，錾刻艺术濒临失传。

薪火相传 辛氏锲金画的家学渊源

辛氏家族世居城阳西城汇村。据《辛氏族谱》载，辛氏九世迄十一世俱为太学生。清咸丰年间（1851—1861年），九世辛毓榴始将书画刻于铜板，缘此而创立了锲金画艺术。十世辛立本集书法雕刻于一身，为宫廷名匠。光绪年间（1875—1908年），十一世辛湘统精于木刻和铜刻，晚归故里。清末，十二世辛奉毓在汉不其城址附近办私塾，后转而从商。民国初期，十三世辛继先兄弟专事黑陶烧制与砖瓦雕刻，开设泰记号。今辛氏锲金画传承人辛泽荣少时即酷爱书画，精研錾刻，传承家学，创辟新途。他以刀代笔，将过去多以纸、石、陶为载体的传统绘画手法予以杂糅，利用现代金属板材进行錾刻，将锲金工艺发挥得淋漓尽致，作品洋溢着一种特别的光影折射之秘和韵律舞动之美，锲金画艺术得以运化生新。

清朝以来，辛氏锲金画历尽沧桑而幸得绵延至今，渐成独树一帜的艺术风格。

锲金画的制作流程大致分为五步：第一步是选材，选用1.5毫米至3毫米厚的高抛光度金属板，裁板下料；第二步是磨刀，改良合金刀具，以适应金属板硬度和性能要求；

○ 辛氏锲金画作品《雄风》

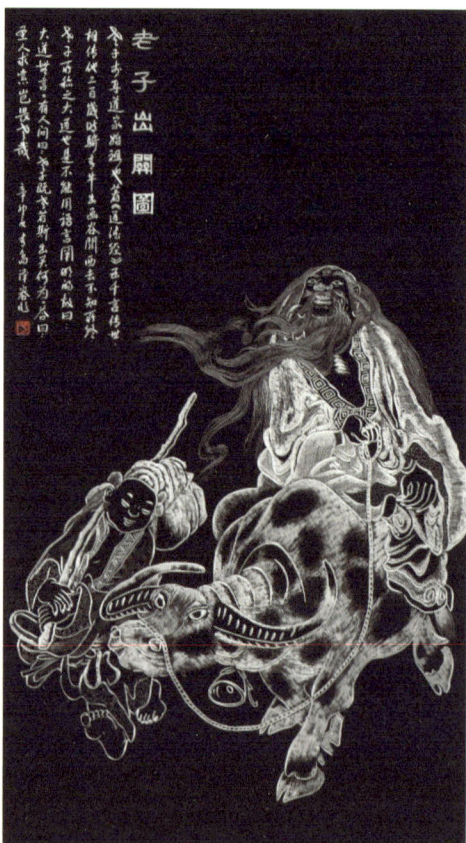

○ 辛氏锲金画作品《老子出关图》

第三步是打稿，用铅笔勾勒线稿，设计创作内容；第四步是雕刻，小大由之，推拉自如，刻出深浅粗细适中的线条，形成整体形象；第五步是上色，可在作品表面饰以色彩或做鎏金处理。这样，一幅锲金画就完成了。历史地看，锲金工艺传了雕刻艺术的宗脉，是一种综合性艺术，在金属板上精雕细刻，另勾一种灵气，在审美观中，以心观景，以心造景，足以产生美妙脱俗的境界。

数十年锲而不舍，辛泽荣的锲金画艺术技法日臻圆熟，形成了独特的艺术风格，作品细致精美，将传统锲金画艺术引向新的境界。他多次在海内外举办展览，引起了普遍关注和广泛好评。2008年，其作品入藏北京奥运博物馆。2009年，辛泽荣获"山东省十大民间艺术大师"称号。2012年，作品荣膺全国工艺美术旅游产品博览会特别奖。2014年，作品为国礼赠送法国戴高乐纪念馆。2017年，受星云法师邀请，"辛泽荣锲金画艺术展"走进我国台湾地区，各界人士前往观赏，对辛氏锲金画促进海峡两岸文化交流的做法给予充分肯定。2018年，作品纳入为上合峰会举办的非遗展览。同年，作品植入电影，亮相法国戛纳电影节。

辛氏锲金画作品：
观世音菩萨（上）

辛氏锲金画传承人
辛泽荣在青岛正阳路小学
传授锲金画文化（下）

　　胶南年画亦称胶南农民画，是在借鉴、吸收潍坊杨家埠木版年画、扑灰年画和新年画基础上，融合民间剪纸艺术、中国工笔画艺术等多种艺术形式而形成的富有特色的民间美术形态。清乾隆年间（1736—1796年），不少胶南人到潍坊杨家埠一带做事，或贩画，或帮工，逐渐使杨家埠木版年画技艺流传到今黄岛一带。黄岛民间很早就有一批擅长年画的民间艺人，他们或创作，或临摹，代代相传，绘制了许多丰富多彩的年画。

　　一般认为，新年画诞生于抗日战争和解放战争时期的解放区，1949年后在全国推行。20世纪50年代，胶南县组织民间艺人开始新年画创作，1972年又专门成立了年画创作小组。1985年6月，胶南县成立了山东省第一家年画学会。新年画借鉴吸收了传统工笔画、上海日历年画等民间艺术特点，从表现形式和技法上不断探索创新，独具地域精神，实现了乡土味和现代艺术表现形式的水乳交融。

　　胶南年画系手绘作品，具有鲜明的地方特色，形成具象与抽象共存的艺术风格。其创作手法上的特点是：构图简单、丰满而富于装饰性，色调跳跃而统一，造型稚拙、朴实而夸张。其风格，质朴、纯真、豪放，不矫揉造作；明快、强烈、绚丽，不浮华媚宠。其题材丰富，画中所描述的故事也多为表达吉祥如意、福禄寿喜、喜获丰收等人们所喜闻乐见的内容，寄托了劳动人民向往美好生活的理想。

　　历尽岁月沧桑，胶南年画传承不息。第二代传人陈明培养了李增梅、刘文艳、姜秀晔等数十位在全国获奖的骨干作者。第五代传人田胜创作手绘年画50余幅，作品多次在全国、省、市组织的作品展中获奖。

◯ 田胜绘《时年八节》

◯ 董桂香绘《大暑渔歌》

◯ 田胜绘《渔歌》

◯ 傅斌科绘《大暑天热儿童乐》

○ 刘世普泥塑作品

刘氏泥塑

Liu's Clay Sculpture
Classic Style of Jiaodong Colored Clay Sculpture

胶东彩色泥塑的经典样式

刘氏泥塑是青岛乃至胶东半岛地区民间泥塑艺术的经典形态，肇兴于城阳区河套街道的尚家沟一带。其渊源可追溯至清乾隆年间（1736—1796年）。当时的泥塑分为两大类：一是道教佛教彩绘塑像，久已湮没于历史沧桑；二是民间泥塑工艺品，其中又以泥塑玩具居多，民间曾流传着"孩子哭闹找妈妈，上街买个泥娃娃，逗得孩子乐哈哈"的民谣。今刘氏泥塑的代表性传承人为刘世普，其祖母和母亲均是有名的泥塑艺人。刘世普受母亲的启蒙而钻研泥塑艺术，继承家族传统而推陈出新，达到新的艺术境界。

泥塑制品以黏土为原料，经捶、摔、揉后制成泥料，再经雕、塑、捏等手法做出原型，然后磨光、晾干，即成原模，俗称"制子儿"。接下来是翻模工艺，用泥料从两侧压在"制子儿"上印成模坯，晾干坚硬后即可用以批量制作。最后是着色，彩绘颜料调以水胶，以加强附着力。刘氏泥塑选用河套当地特有的黏土，黏度高，质地细腻，再掺入少量草、棉花和清漆，使作品容易造型，自然风干后异常结实，不需火烤。

刘世普的创作内容丰富，举凡山水名胜、人物花鸟、瑞兽仙佛等皆有所见，尤以表现人物见长，如《道教神仙六十甲子》《贵妃醉酒》《迎奥运》等作品独具匠心，所做的道家塑像遍布广东、福建、云南、山西、四川等地，频见于崂山、泰山等天下名山。

○ 刘氏泥塑代表性传承人刘世普在工作中

糅模人泥塑第三代传人李培海在工作中

糅模人泥塑是肇兴于莱西市望城街道西水道村的一种民间美术形态。其渊源可追溯至清代后期，至今已有近200年的传承史。早先，西水道村人以贩卖泥塑产品为主，继而从修补发展到自行创作。糅模人泥塑的第一代传人为清同治时期（1861—1875年）的民间艺人李国文，其作品多为造型简朴的玩具类泥塑。自第二代传人李振全始，逐步趋向于具象化的写实性创作，并形成自家独有的艺术风格。民国初期，糅模人泥塑进入兴盛时期，作品在胶东一带颇为流行，人们喜欢以糅模人的美来形容比拟身边事物。第三代传人李培海尤精于人物和动物形象的刻画。如今，糅模人泥塑的代表性传承人为李泽志，他自幼随祖父学习泥塑，兼修古陶艺术，作品以佛像和人物肖像为主，形体美观，形象逼真，特别注重细微处的刻画，达到形影相映的地步。

糅模人泥塑作品以胶州本地的优质黏土为原料，分黄泥、黑泥两种，经过淘洗捶打、摔、揉，有时还要在泥土里加些棉絮、纸或蜂蜜，由此形成的泥料具有细腻、柔韧、可塑性强的特点。制作上，主要分为制子儿、翻模、脱胎、着色四个步骤，环环相扣。从类型上看，糅模人泥塑以捏制小型人物为主，配以小物件装饰，构成一定的故事内涵，形象精美细腻，具有生动传神的艺术效果。

糅模人泥塑第四代传人李泽志创作的人物塑像

平度泥塑艺术的历史前缘可上溯到新石器时代，初始光影隐现于岳石文化中。

明清以来，小型泥塑普及于民间。今主要流传于平度白沙河、蓼兰镇等地，有"西城年画，东城泥塑"之说。其中"东城泥塑"说的是平度城东大十里堡村的泥塑艺人高杰。他的泥塑生涯是从玩泥巴开始的，小时候他住在古岘镇大朱毛村的姥姥家，历史上这里曾是春秋战国齐国的陪都——即墨故城，文化积淀特别厚重。高杰的姥姥便是当地有名的面塑高人，耳濡目染之际，他就跟着学了起来，常用泥巴当面团玩，随手捏起了花、鸟、鱼、虫、刺猬等，一捏就捏到了现在，成为平度泥塑的传承人，有《这边风景独好》《快乐的山歌》《快乐农家》《往事如歌》等作品，荣膺"山东省十大民间工艺美术大师"和"山东省齐鲁文化之星"称号。

泥塑材料主要是黑黏土、大白粉等，全凭手工拿捏，造型洗练、夸张，形态稚拙可爱，作品朴拙雅俗，或艳丽大气，富有浓郁的地方气息。泥塑种类丰富多彩，主要包括如下三类：其一是人物类，表现憨厚、稚拙、羞涩、刚强、温柔、剽悍等众多的现实人物形象；其二是玩具类，多以动物特别是十二生肖形象为主；其三是挂片类，以脸谱、佛头、虎头、牛头、狮头等为主。总体上看，平度泥塑以古朴稚拙著称，善于捕捉人物的典型特征，喜以夸张的艺术手法造型，具有新颖、诙谐的艺术效果，给人带来拙而不蠢、朴中见雅的感受，达到了一种新奇的艺术境界。

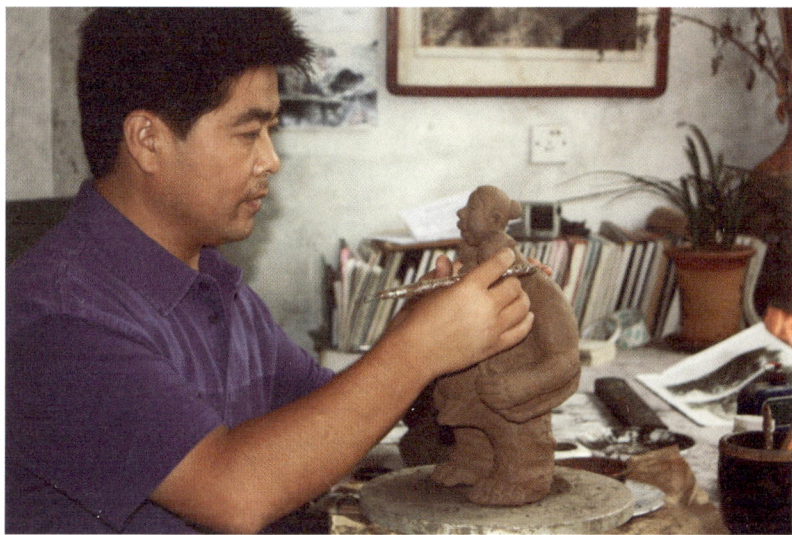

○○ 平度泥塑传承人高杰在工作中（右）
高杰的泥塑作品（上）

○ 崂山面塑作品

崂山面塑是王哥庄大馒头的统称，民间俗称香饽饽，是崂山一带世代相传的手工艺面制品，自明代至今已有500余年历史。

明初，宋氏兄弟迁至此地安家。后来弟弟移居他处，常来探望大哥，故称此地为"望哥庄"，后谐音演化为王哥庄。据《高氏族谱》《周氏族谱》记载，其祖先于明初自山西洪洞"大槐树"迁移而来，沿袭了以面食为主的生活习惯，也将面食加工技艺传入此地。世代相传，王哥庄人在面食制作上，投入了真挚的情感。食用之外，面塑融入了对天、地、神的祭祀和祈祷意义，寄托着国泰民安、风调雨顺的祝福。

王哥庄面塑制品花样繁多，有四大类百余个品种。一是祭祀贡品类，如寓意步步高升的枣山、富足吉祥的神虫、渔农百业兴旺的各式鱼花，以及元宝、花卷等众多寓意吉祥的面塑；二是婚庆嫁娶类，如寓意圆满幸福的宝圈、金玉满堂的喜饽饽；三是添丁生女类，如寓意祛病求吉的鼎柱、长命百岁的锁花、虎虎有生气的面虎、燕雀相贺的面燕；四是祝寿庆典类，如寓意多福多寿的寿桃、仙寿百年的仙鹤。各类面塑无论大小都制作精细、寓意吉祥，其中鼎柱、宝圈、面燕、面虎、锁花、鱼花等格外富有崂山民俗特色与文化内涵。春节时的面塑品种最为齐全，传统花样应有尽有。过元宵节，用豆面做成"十二月"捏花油灯；过二月二，用白面做成"盘龙""小刺猬"；过七月七，用木制榼子扣出饽花，多配以老虎、燕子、锁、圈、福寿桃、元宝、富贵鱼、枣花糕等图案；祝寿时，则要送"寿桃"，其上饰有寓意吉祥的装饰物，染以各种颜色，显得富丽堂皇，体现了尊老敬老的孝道。

○ 崂山区每年举办花样馒头大赛

112

流亭大馒头制作技艺产生于城阳区流亭街道东流亭村，系胡氏家族所创。据《胡氏族谱》记载及后人口述，约清同治元年（1862年），胡氏十世祖胡峄阳的玄孙胡象续在流亭集市开办面食铺，主营流亭大馒头，因麦香浓郁而名噪一时。后经胡苓世、胡延锥、胡瑞德、唐彩玲历代相传，延续至今。

流亭大馒头以小麦面粉为主料，其他如麦秸草、高粱秆、草编锅盖均为原生态材料，使得出锅的大馒头口感好，清香微甜，软硬适度，保持了小麦及其他原生植物的原本品质。其制作技艺，有如下八道程序：一是以家传秘方制作老底引子；二是和面，以老底引子、优质面粉和天然崂山水按一定比例调和揉匀；三是揉面成型，凭经验和手感揉捻成规范形状；四是发酵，以规定温度、湿度和时间进行发酵；五是入锅蒸煮，以麦秸草铺笼屉，蒸熟过程中，麦面与麦秸的原始香味融为一体；六是出锅，须趁热出锅，防止麦草粘于馒头上；七是冷却，将热馒头放置于高粱秆织成的盖顶上，成型后切勿接触金属制品，在适宜的温度和湿度环境中予以自然冷却，做到不起皱、不开裂、不串味；八是储藏、包装，须在恒温恒湿的环境中和规定的时间内善加储存，出库

流亭大馒头
Liuting Steamed Bread
The Original Taste and Aesthetic Feeling of the Cooked Wheaten Food

一道面食的原生态品味

祝寿用的大馒头（上）
结婚用的大馒头（左）

时做好包装。其中，揉面成型是一个至关重要的环节，其秘诀在于层层揉捻，意思是说这大馒头非一块整面揉成，而是由内到外经过逐层揉捻，形成内部结构分层、外部形状光亮润泽的特征，分解后，可层层揭开，分层食用，口感更佳。做老底引子、揉面、发酵等环节，全凭匠人的经验和手感来掌握，属祖传技艺。

百年来，流亭大馒头从最初的单一面食发展到50余个品种，举凡婚庆喜事、生日庆典、生子添喜、馈赠亲友、摆设供品等所需花样一应俱全。2004年，第六代传人胡孝初在传承祖传技艺的基础上，研制出描花面塑流亭大馒头，使之具有了工艺品属性。

○ 付氏核雕：五小沙弥

小中见大

手上精妙的微观世界

核雕是以核桃、橄榄核等果核为材料的微雕艺术形态。微雕工艺不见于唐宋以前，而明清之际频见其踪影。清末民初，随着西洋先进仪器和工具的引入，微雕大兴。理所当然，真正的微雕精品不是产生于精密机床上的，而是诞生于微雕大师们充满灵感和意念的刀锋中，其惟妙惟肖、栩栩如生之美，往往要借助放大镜、显微镜才能欣赏。至于微雕之所用材料，多为核桃、杏核、橄榄核、樱桃核、杨梅核和象牙、犀角、沉香木之类，其共同特点是质地细腻坚硬、纹理缜密，因而易于奏刀，相关作品可与玉器、宝石扇坠、金银配饰一样炫耀于世，被奉为珍宝。

　　付氏核雕之文化底蕴可追溯至古不其文化，艺术风格形成于清朝。当今，传承人付洪波承继外祖父付凤凯的核雕技艺，又师承南派核雕大师王鼎新，将南工海派鬼斧神工之细腻与北方粗犷豪放之气质融会贯通，形成亦文亦野的独特风格。

　　付氏核雕多选用青岛崂山大蜜桃核、杏核、枣核及南方橄榄核等为原料，运用平口刀、圆口刀、三角刀、锉刀等工具，通过剜、刻、拨、挑、刮、钻、削等十多种技法雕刻制作而成。付氏核雕擅长人物立体雕刻，整体造型玲珑精巧，讲究画面的比例，充分利用果核的形状、麻纹、质地，随物赋形，精心布局，采用浮雕、镂雕、圆雕等手法，略留刀痕，总体上，文大于野；人物形象刻画细腻，神态逼真，须眉毕现。付洪波的果核立体圆雕作品《水浒108将》，人物千姿百态，喜怒哀乐，胖瘦俊丑，各具神态，是核雕界中的首创；橄榄核内壁雕刻《刘海戏金蟾》，方寸之间，将人物形象刻画得惟妙惟肖；橄榄核圆雕《崂山道士》，结构紧凑，声情并茂，讲述了主人公王生的故事。

○ 付氏核雕：罗汉（上）
○ 付氏核雕：奔马（左）

莱西葫芦雕刻

葫芦雕刻

Gourd Sculpture
Auspicious Gourd Full of Local Charm

充满乡土韵味的吉祥葫芦

小葫芦有大意味

吉祥之物

《诗经·大雅》有"锦锦瓜瓞，民之初生"之歌吟，大意是人类出自葫芦瓜。葫芦内里长子，有多子多福、万代永续之含义。葫芦音近"福禄"，亦常被当作装满财宝的神器。缘此，人们视之为吉祥之物，叫做"宝葫芦""吉祥葫芦"。葫芦雕刻是一门古老的综合艺术，融绘画、书法、雕刻于一身，集笔、墨、色、刀为一体，题材广泛，形式多样，诗文、山水、花鸟、人物等均可镂刻。

莱西葫芦雕刻产生于明代，迄今已有400余年的传承史。早期作品多为蝈蝈笼、蛐蛐笼、葫芦荷包及其他小型陈设品等。历经变迁，葫芦雕刻技艺日渐成熟，逐步形成了以大型镂花和刻、绘、烙为一体的观赏葫芦雕刻。

莱西葫芦雕刻的原材料主要有大瓢瓜葫芦、丫丫葫芦和扁圆葫芦三种。选用皮壳光洁、形体匀称、无疤痕者，合理化用葫芦的外观与精神内涵，以意构象，以象寓意，形成别具一格的葫芦艺术。从制作手法上看，采用线刻、浮雕、镂空等工艺。线刻是用刀刻出图案，内着色填彩，颇似工笔白描。浮雕是受刻瓷影响发展起来的一种新方法，先做线刻，再将线外部分剔去外皮，从而凸现图案以达到浮雕效果。镂空亦称镂花，在葫芦上选取三个镂花带开成光面，在光面上绘画或烙画，显得更加生动传神。

莱西葫芦雕刻分布于马连庄及其周边乡镇，尤以崔格庄村的李氏家族最有代表性。近年，李泽志开发出破型雕刻工艺，相关产品颇受欧美工艺品市场的欢迎。

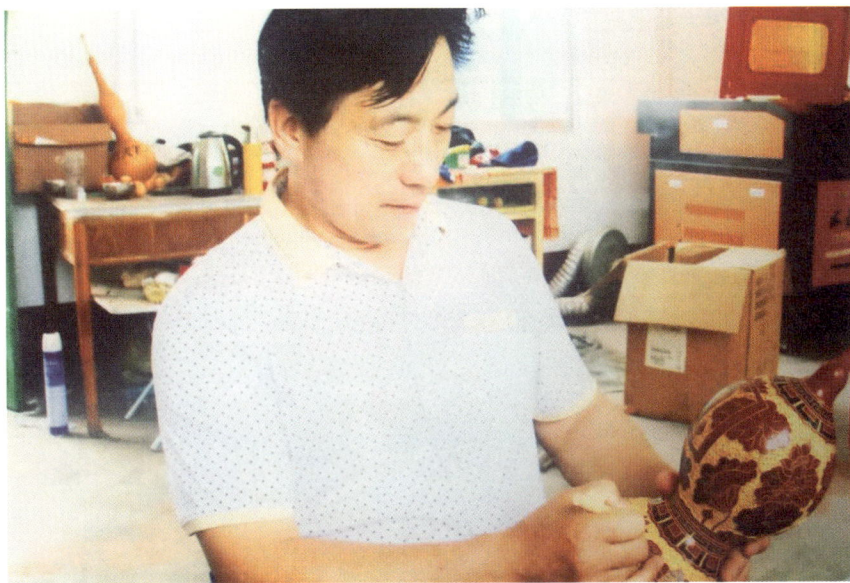

莱西葫芦雕刻传承人在创作中

○ 黄氏烙画作品

黄氏烙画

Huang's Pyrograph

Burning out Homesickness with Fire

用火焰烙出一片悠悠乡愁

烙画又称烫画、烙花等，是利用碳化原理，通过控温技巧，在葫芦、竹木等材料上勾画烘烫作画，作品具有立体感和独特的艺术魅力。溯其源，烙画肇始于西汉，距今已有2000余年历史，清末民初，逐渐形成以河南、河北、山东等地为代表的几大派系。

黄氏烙画的创始人是黄肇选，20世纪20年代初他加入了闯关东的队伍，在辽宁丹东开办了丝绸庄和黄记家具坊，将烙画技艺用于家具制作，一举成名。十余年后，黄肇选回到即墨老家开店，继续从事烙画制作。20世纪70年代，黄肇选将毕生所学烙画手艺传授给孙子黄旭。黄旭的作品讲究布势，即所谓"远观其势，近观其质"，在疏密、取舍、开合之间，体现出由近至远的层次感。他尝试将中国传统绘画与西方油画的艺术风格给适度结合起来，赋予烙画以新的生命力。2013年，黄旭的葫芦烙画作品荣获第五届中国（山东）工艺美术精品博览会金奖，被誉为"小葫芦上烙出大世界"。

黄氏烙画选料多样，薄如宣纸，厚如树皮，小到直径二三厘米的葫芦，大到几米长的木板，俱可烙出精彩画面。创作的关键在于把握火候和力度，做到"意在笔先，落笔成形"。特别是在宣纸上烙画，对温度的掌控、着笔的力道都有很高的要求。

○ 黄氏烙画代表性传承人黄旭（右）在向弟子传授烙画技巧

周氏布老虎

Zhou's Cloth Tiger
The Treasures with Powerful Home-guarding and Blessing

虎虎生威的镇宅、赐福宝物

布老虎是一种传统工艺品，独具乡土韵味和中国民俗情调。旧时，小孩百岁或生日之际，会得到一只布老虎，这是人生礼物，亦是避灾驱邪的吉祥物。

周氏布老虎制作工艺始于明代，迄今已逾450年历史。周氏家族是即墨五大家族之一，其代表人物周如砥（1550—1615）曾在明朝任国子监祭酒等职。周家世居大沽河流域的段泊岚镇章家埠村，受当地风俗影响，把老虎视为镇宅、赐福的神物。周家的女眷都喜欢用布料缝制布老虎，代代传习至今。改革开放后，周氏布老虎成为深受欢迎的工艺品，生产规模不断扩大，不断推陈出新，产品销往山东各地。

周氏布老虎以手工制作，包括裁剪、缝制、填充、装饰、整理等工序，核心技艺是"缝大片"。布老虎共有七大片布料，虎背两片，虎耳四片，虎肚一片，所有布片都要反缝，针脚要均匀、密实。针法包括倒钩针、平针、锁边针等五种，布片缝制的顺序、针线的松紧、针脚的长短都有讲究，唯此方可制作出形态周正、造型朴实而独具魅力的布老虎。缝好后，从留口处依次把丝绵填充到虎头、虎耳、虎尾、虎肚等部位，再缝合留口。然后还要做一番装饰，布老虎的眉毛、眼睛、鼻子、胡须、嘴巴、尾巴都要另行制作，并运用绣花、钉珠、钉亮片、镶嵌、剪贴布片等多种手法予以装饰。

○ 周氏布老虎代表性传承人周宁（左）在向小学生传授布老虎缝制方法

117

传统技艺的表现形式多种多样，多姿多彩。

某种程度上可以说，一切出自人手的风物，往往都带有传统技艺的某些内涵，是劳动人民智慧的结晶。这是我们看待传统技艺的一个基本视角。作为非物质文化遗产的一种至为丰富的重要形态，传统技艺源远流长，形成了十分深厚的历史文化积淀和非常鲜明的地方特色。日月星辰下，传统技艺带着深刻的民族记忆和地域精神从历史中走来，将文化史和生活史的底蕴展现出来，意味深长。

青岛地区的传统技艺流传深广，反映了日常生活的精致、优美与生动，浮动着齐鲁文化和海洋文明的光影，也渗透着近代以来中西合璧的城市记忆。

岁月常新，冉冉物华为之闪光，多少岁月深情凝结为作品。不经意之间，瞩目传统技艺作品，会感到历史的朴素与神奇。

Treasures of the Present and the Past

今古风华——青岛市非物质文化遗产图鉴

The Illustrated Handbook of Intangible Cultural Heritage of Qingdao City

Part VIII
Traditional Art

第八部分 传统技艺

鲁绣暨即墨镶边传统技艺

鲁绣（即花花边传统技艺）　国家级非物质文化遗产（即墨区）

梦彩镶边传统技艺　省级非物质文化遗产（即墨区）

Lu Embroidery and Traditional Handicrafts of Jimo Lace
Flowers Are Not Flowers, Flowers Are Flowers

花非花，花即花

花非花，花即花，在循环往复的岁月中闪动。

花边亦称镶边，是我国历史悠久的传统工艺品。出自即墨的花边素雅精良，实现了传统鲁绣的历史性蝶变，作为一种美观实用的高档工艺美术品，行销海内外，在国际上享有"抽纱瑰宝"之誉。

追溯历史，鲁绣肇创于齐国时期，距今已有着2500年以上的历史。公元前567年，齐置即墨，作为齐国的东方大邑，即墨物质文明发达，盛行鲁绣。历经沧桑，到了明万历年间（1573—1620年），金家口开港通商，渐成南北海上贸易要津。至清中期，即墨成为山东沿海最繁荣的城镇，即墨绣花的小扣锁（捏绣）、刺绣等手工艺流行，几十家绣铺的手工艺品通过金口港交易到外地。19世纪末，英国传教士詹姆士·马茂兰夫妇来到烟台，为传统鲁绣和中国妇女的绣花绝活所倾倒，想做一番沟通东西方的事。1893年和1895年，他们先后创办了仁德洋行和培真学校，组织教授欧洲抽纱工艺并生产相关产品，开展进出口贸易。1904年，即墨人卢忠溪慕名来到仁德洋行当工人，他勤奋好学，彻底掌握了"棒槌花边"和"钩针花边"的编织技艺。1918年，仁德洋行从意大利引进一幅12吋×18吋（1吋＝2.54厘米）的"手拿花边"底样，卢忠溪以此为样本，细加揣摩，终悟得其工艺奥秘。1926年，卢忠溪回乡创业，在即墨城北阁开办裕民花庄，专营

鲁绣之光

即墨花边的千秋渊源

历史地看，即墨花边是在鲁绣的基础上衍生而来的。

今所言鲁绣，即频见于古文献中的"齐纨"与"鲁缟"，是有史可稽的最早的绣种。鲁绣兴起于春秋时期的齐鲁地区，至汉朝时已相当普及。《汉书》有"齐三服官作工各数千人，一岁费数巨万"的记载。《论衡》有"齐郡世刺绣，妯女无不能；襄邑俗织锦，纯妇无不巧"的记载。可见，当时鲁绣行业十分昌盛和重要，甚至设立了"服官"专门管理这一行业。作为齐国的东方大邑，即墨内在于这一历史景深中。

齐鲁文化之光闪耀东方，乃有即墨花边之熠熠生辉，照见了丝绸文明的起源，凝结着礼乐文明的光彩。"中国有礼仪之大，故称夏；有服章之美，谓之华。"可以说，即墨花边是华夏文明精神的一种见证物，带有文化自觉的意味。

鲁绣餐布 ○

古时，绣花是女子必学之技，为女红（gōng），专事"黼黻文绣之美"。女红，旧指女子所做针线、纺织、刺绣、缝纫、茶艺诸事及其制成品。古代即墨，农家多有一种叫作"撑子"的绣花架子，鲁绣工艺随着这种特殊工具而代代相传。农闲时节，女子们三五成群聚在一起，在撑子上飞针走线，用不同技法在衣裙、手帕、鞋袜、被褥、肚兜及轿衣上绣出各种美丽图案。女红时光，绵长而优美。

"手拿花边"制品。后来，即墨人于德和亦赴烟台学习花边技艺，并掌握了多种花边编织方法。1932年，于德和带着数幅意大利手拿花边实样回到即墨，创办了德记花庄。经过反复实验和改进，于德和将原来用细线做的花边实样改进为21/4线制作，沿用至今。经改进后的这种花边层次分明，更具立体感，也更加适合即墨当地绣工制作。随着"手拿花边"的流传发展，许多民间艺人在加工制作过程中，不断吸收当地的"小扣锁"、刺绣等工艺特点和针法，使之相互交融，逐渐衍生出一套独特的具有民族传统特色和地方艺术风格的工艺针法。由于这种工艺针法演变形成于即墨民间，人们就将用这种针法制成的花边称为"即墨手拿花边"，这也就是今所谓"即墨花边"的雏形。就此，即墨民间艺人站在了传统与现代的结合点上，把握契机，有所作为，成功创制了具有中西合璧特点的即墨花边，赋予传统鲁绣以新的表现形式。民国初年，本地区形成以即墨为中心，北至莱阳、海阳，南到崂山、西跨沽河两岸的花边生产区，仅即墨就拥有裕民、德记、仁记、百川、明新等私营花边庄45家。1936年，即墨花边同业工会成立。

中华人民共和国成立后，即墨花边（镶边）迎来新的历史机遇。1956年，即墨花边厂成立。此后，即墨花边进入了鼎盛发展时期，全县多达七万余人从事花边生产和贸易。1983年，即墨花边荣获了中国工艺美术最高奖"百花杯"金奖。1990年后，因受到

民间艺人与孩子们（上）
花边编织中（中）
梦彩镶边传统技艺传承人
孟宪良（右）向老艺人请教（下）

121

国内外市场不景气的影响,即墨花边厂倒闭。随后,即墨花边(镶边)进入了新的改革与经营阶段,青岛国华工艺品有限公司(使用"即花"品牌)和青岛华美集团有限公司(使用"梦彩"品牌)先后成立,致力于传承创新,挑起了复兴鲁绣、重振即墨花边(镶边)的历史重任。

即墨花边(镶边)以精制棉纱、各种机织的小带、亚麻布和棉布等为主要原料。制作时,将机织带子按图稿铺成花边的骨骼,再用疏密不同的针法手工填织千变万化的图案,集锁、编、织、缠、拉、露、镶等20多种工艺和80余种针法为一体,达到平、薄、光、匀、齐、净的工艺技术要求。织边的主要针法有锁灯笼扣、织密布、绞柱、搁边、二针网、三针网等50余种,刺绣的主要针法有插花、行梗、纳底、抽经(纬)、锁边、陶眼、扒丝、抽勒、切勾等24种,无论织边或刺绣均须拉线松紧一致,底线适宜,用线不碾不毛,网眼均匀清晰,针码平均,对织出的图案要求角尖、弧圆、边齐,整体平整、不卷不曲。这样,经过镶拼,把花边和刺绣

孟宪良作品：
千年商都，泉海即墨

连缀成套，使得两种不同的工艺针法虚实相应、和谐统一，达到了左右对称、层次分明、色泽清秀、浮雕感强烈的艺术效果，令人耳目一新。

在漫长的传承、发展过程中，即墨花边（镶边）传承鲁绣风华并广泛吸收了欧洲的花边编织技术，形成了独特的艺术风格。虽说产品花样不断推陈出新，但其原始的手工编织技艺一如既往，在岁月中延续下来，其独特的编织技艺有着机制产品所无法替代的美感与灵气。当前，这种纯手工技艺已十分罕见。

要言之，鲁绣在即墨熠熠生辉，渐臻佳境。长期以来，即墨花边（镶边）着力表达民族美感，善于吸纳域外精华，不断实现自我超越，成为东西方文化对话、交流与融合的产物，具体而微地表现了中外文明融合互鉴的意义。

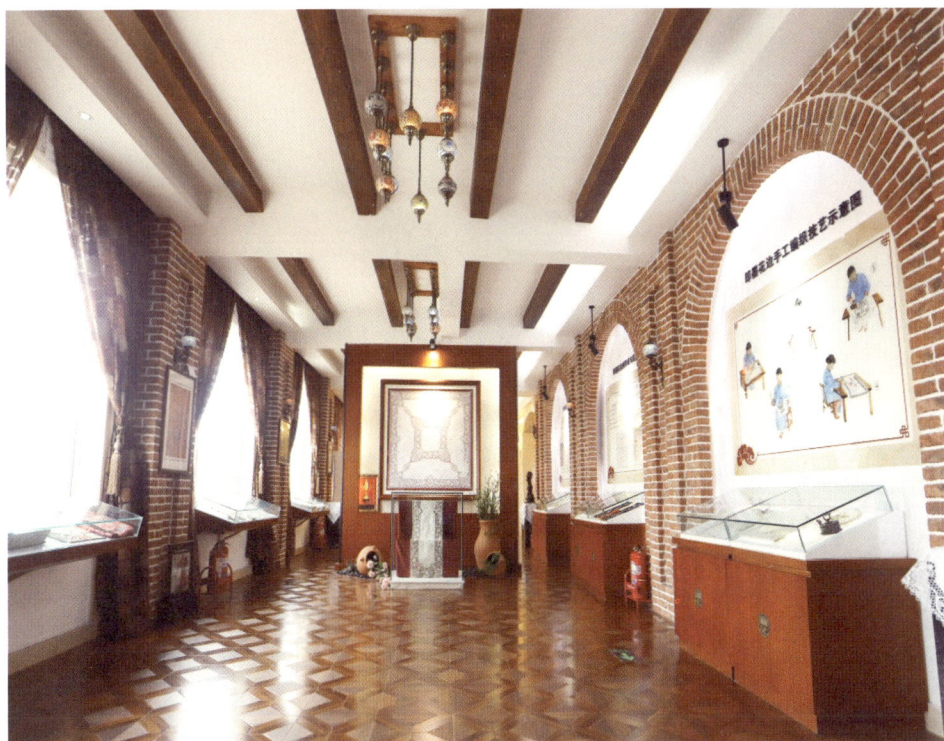

即墨花边博物馆

盖巾花边传统技艺
Traditional Technique of Scarf Lace
Weaving the Beauty of Daily Life
编织日常生活之美

　　盖巾花边是一种独具特色的传统工艺品，主要流传于棘洪滩街道古岛社区及其周边区域，至今已有300余年的传承史。

　　明末清初，一种被称作"捏绣"的"小扣锁"手工工艺悄然兴起，在棘洪滩一带民间广为流传。后经不断改进，衍生出一套独具特色的工艺针法，此即"手拿花边"，给出了"盖巾花边"的雏形。民国时期，相关技艺臻于成熟。1949年以后，花边编织技艺在棘洪滩一带得到大力推广，当地多数农村妇女都有着学习花边绣织技艺的经历。其中，林淑英、郑洪梅等传承人尤其热衷于此，致力于这门古老技艺的传承更新。就产品来看，盖巾花边主要包括盖巾、鞋面、枕套、嫁衣、戏装等种类。由于做工精巧，花样繁多，用途广泛，盖巾花边深受人们喜爱。

　　盖巾花边是一种单线织绣的花边，主要采用21/4、21/6、20/4等不同股数的丝光线和优质亚麻布为原料，包括设计、缩样、刺样、印纸花、整料、印布花、抽线、包边等近20种工序，集织边、刺绣中的80余种针法为一体，达到平、薄、光、匀、齐、净的工艺水准。织边的主要针法有锁灯笼扣、织密布、绞柱、搁边、二针网、三针网等50余种，刺绣的主要针法有插花、行梗、纳底、齐针、抽经（纬）、锁边、掏眼、扒丝、抽勒、切勾等24种。无论织边或刺绣，均须拉线松紧一致，底线适宜，用线不碾不毛，网眼均匀清晰，针码平均。织出的图案要求角尖、弧圆、边齐，整体平整，不卷不曲。

○ 盖巾花边

盖巾花边不论产品规格大小抑或纹样长短，都要综合运用各种工艺和针法，经过镶拼，把花边和刺绣连缀成套，使两种不同的工艺针法虚实照应、和谐统一，达到左右对称、层次分明、色泽清秀的艺术效果，具有强烈浮雕感。纹样上，主要有四季锦绣、龙凤呈祥、富贵牡丹、花鸟鱼虫等图案。由于图案清晰美观、色泽素雅、花样繁多等因素，而具有很好的装饰性，是一种独具特色的民间工艺品。

○ 民间艺人在编织盖巾花边

大欧鸟笼制作技艺

Making Skills of Da'ou Bird Cage
Weaving Time in the Bird's Twitter and Fragrance of Flowers

在鸟语花香中编织时光

　　天地之中有鸟鸣，春秋之间有鸟笼，传统生活意趣具体而微地显现了出来。

　　大欧鸟笼可以精致到何种地步？时间首先给出了回答。明初，欧艳芳一族从"小云南"迁徙至即墨，立大欧村。彼时，族人好养鸟，乃成制作鸟笼之风俗。清朝中后期，大欧鸟笼制作臻于鼎盛，其胭脂鸟笼等名款在京城市场颇受欢迎，成为王公贵胄的宠爱之物，一度作为贡品进入宫廷。故此，即墨有"张院的簸箕，毛子埠的升，大欧的鸟笼进了京"之说。由此，可见其精致与稀有。

　　大欧鸟笼发轫于即墨大欧村，此地早在宋朝已成村落，透出鸟笼的历史前缘。明初，大欧鸟笼实现了制作技艺的历史完型，至今已有500余年的传承史。20世纪80年代，大欧鸟笼开始复苏，成为畅销海内外的工艺精品。

　　大欧鸟笼制作工艺精细考究，纯手工制作，有100多道工序，选用优质毛竹、檀木、梧桐、牛骨等材料精工制作。笼身多以毛竹制成，精选三年以上色泽好、无疤痕的老竹，其竹丝细密，结实耐雕而不易崩裂，容易定型且不易变形。笼底板选用上好的梧桐木制作，梧桐木具有耐磨损、纹理美观、色泽温润而不易被虫蛀的优点。将鸟笼框圈好后，一个关键程序是放于锅中以热水蒸煮，确保其不干裂、不变形，坚固耐用。笼身雕刻精美，多见龙凤、花鸟虫鱼等各种吉祥纹饰。在组装环节，要配上瓷碗、金属钩等配件。观之，鸟笼大小有致而品种齐全，形状有圆形、方形、扁形、花鼓形、凸腰形等，不一而足。

○ 大欧鸟笼作品

○ 大欧鸟笼制作技艺传承人吴金昌在工作中

即墨发制品传统制作工艺
Traditional Manufacturing Skills of Jimo Wig Products
Jimo Form of Wig Art Since the Spring and Autumn Period

省级非物质文化遗产（即墨区）

春秋以来假发艺术的即墨形式

发之美惠

即墨发制品的历史前缘

古代即有假发，称作"副"或"蔽髻"。

假发为传统服饰工艺品，肇始于春秋时期，从秦汉至唐宋已然普及，至明清则大为盛行。晋成公曾作《蔽髻铭》，言蔽髻上镶有金饰，非命妇不得使用。普遍意义上妇女所戴假髻，称"缓鬓倾髻"。唐代段成式《髻鬟品》中记载的蔽髻不下百余种。历代史书的《礼仪典》中，对发饰皆有明文规定。齐置即墨以后，纵秦汉时期，即墨物质文明发达，其中应当就有假发艺术的吉光片羽。

即墨发制品是我国发饰文化的典型代表，由传统的发饰制作技艺传承而来。

明万历年间（1573—1620年），金口港开埠，至清乾隆年间（1736—1796年）已臻兴盛，出现了"通四海，达三江"的繁华景象。此际，即墨的一些民间艺人，把从各地收购来的人发加工成档发、色发和戏剧假发，借助口岸之便销往南洋、欧美等国家和地区。20世纪初，为适应新形势，即墨的制发艺人纷纷到青岛和烟台寻找新的商机。在烟台北大街附近的环文胡同，聚集了大批即墨制发艺人和制发作坊，他们为适应外商需求，改进制发工艺和质量，借鉴前人"大缸染色"的技法，染出"刚灰"与"欧洲红"等各种色彩的头发用以制作假发等发制品，环文胡同一度被视为烟台的"即墨胡同"。1904年胶济铁路建成通车，有力地促进了沿线的经济发展，即墨的发制品行业跟上形势发展，蓝村、鲁家埠、索戈庄一带的档发艺人创造了用人发手工结网的技艺，发网生意兴隆一时，当时的家庭妇女几乎个个会结发网。中华人民共和国成立后，即墨的发制品以品种繁多、色泽齐全著称于世。"刘家假发""朱牌发网"等，以质量好、品种多、交货快的特点，誉满国内外市场。1982年，即墨发制品厂开发了用于美发教学的新产品"教习假发"，采用手工制作，经过出皮、植发、化装、填充等生产过程，使这一产品具有形象生动、和谐自然等特点，出口日本、美国、德国、奥地利等十几个国家和地区。1983年，依据美国黑人妇女酷爱轻微弯曲的长发的特点设计出"BMF组装假发"，改变了过去所有假发制品的佩带式使用方法，是在传统工艺上的创新与发展。1989年，春宝牌教习假发产品荣获首届国际博览会金奖，同年被商务部授予"中华老字号"荣誉称号。2002年，"即发"商标荣膺中国驰名商标称号。经过数百年传承，即墨发制品日臻完备，被誉为发饰工艺品之瑰宝，如今已占据国际70%的市场份额。

即墨发制品传统制作技艺内涵丰富，包括档发、发网、男女假发、教习假发、色发、植发、包装整形等多方面的技艺流程及相关细则，主要以优质人发及人造发为原料，以专用发胶、网料等为辅料，集选料、摘发、水洗、拉荒把、梳拉、吃酸、中和、

20世纪60年代的即墨发制品厂

催化、氧漂、染色、固色、烘干、剪边整形等30多道工艺和50余种技法为一体，制成品形象美观，生动逼真，舒适自然。

即墨发制品保持着地道的纯手工技艺风范，工艺精湛。长期以来，即墨民间艺人在不断融合当地发制品制作技艺的同时，又吸纳了欧美等国家发制品制作的技艺精华，实现了发艺上的中西合璧。回望历史，即墨发制品制作技艺源远流长，植根于中国深厚的发饰文化传统，在春秋战国的历史风烟中微光乍现，在明清之际显露峥嵘，飘过岁月，历尽沧桑，以师徒相传的方式流传至今，业已形成一整套流程完备的制作工艺，代表着中国乃至世界发制品工艺的顶尖水平。

20世纪60年代的即墨发制品厂

早期生产的档发、发网产品

教习假发生产线

色发梳整

对假发进行整理、包装

127

泊里红席编织技艺

Weaving Skills of Poli Red Mat
Long Time Weaved by Sorghum Straw

省级非物质文化遗产（青岛西海岸新区）

以高粱秫秸编织的悠久时光

孙膑之为 泊里红席的传说

关于泊里红席，有一个动人的传说。回望战国岁月，著名军事家孙膑因受庞涓诬陷而被施以膑刑后，一度流落民间，据传他曾经隐居泊里一带。卧床养伤之际，吃着老百姓做的高粱饭，端详着高粱秸，有所思。几经琢磨，他就用秫秸劈成篾子，编成席子铺在炕上，受难时光似乎变得舒适了一些。秫秸原本是白色的，因为孙膑膝伤未愈，编织时有鲜血滴在了席子上，便形成了红白相间的颜色。当地百姓受到启发，为纪念孙膑，便循其法，开始编织秫秸席，名之曰"红席"，世代相袭，流传至今。两千载春秋的编织，令人感慨。

泊里镇位于青岛西海岸新区南部，其为"红席之乡"的岁月久矣。溯其前缘，红席之用尚可追溯至战国时期。明清之际，泊里红席普遍流行，形成产业，制作技艺完型。

泊里红席俗称秫秸席，系以红白两色高粱秸为材料编织而成的。其选料十分考究，所用高粱秸秆取自特定区域栽培养护的优良品种，具有颜色明亮、无霉斑、不糜烂的特质。加工时，首先要进行剁根、铣杆、劈杆、晾晒等前期处理，再将晾晒后的劈杆浸泡变软，破成0.5厘米宽的篾子，然后经过刮、挑、熏等工序，方可用于编织。红白两色的秸秆篾子交叉编织，在艺人手中组合出不同的花纹图案，具有纹理清晰、光滑柔软、结实耐用、美观轻便、冬暖夏凉及天然环保的特质。

泊里镇一带，家家户户都有炕上铺红席的习俗，所谓"炕上没有席，脸上没有皮"云云，道出了生活的真味道，一丝乡愁凝结其中。逢年过节，泊里大集都会挂满、摆满一张张红席，尤其是娶媳妇、祝寿和过年时，泊里红席更是馈赠亲戚朋友的佳品。20世纪80年代以来，泊里成为远近闻名的红席集散中心，产品行销海内外。

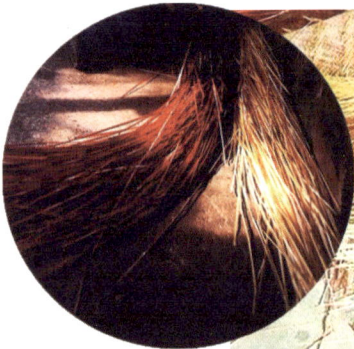

○ 篾子
○ 民间艺人在编织红席
○ 泊里大集上的红席

草编，初称"草帽辫"，是一种传统的草制工艺品。

平度草编始于清咸丰年间（1851—1861年），后来随着烟台和青岛的开埠而大兴，出口海外，并受到西洋草帽辫工艺的影响。新工艺一经传入平度，即与胶东民间传统草编、蒲编、麻编、柳编等手工技艺相融合，发展成为独具特色的平度草制工艺品。几经嬗变，至1978年改革开放以后，产品日渐多元化，包括草辫、草帽、草茶垫、草门帘、草提篮、草拖鞋、草地毯、草坐垫、草纸篓及草装饰品、草包装品等，达10余类上万个品种，畅销亚欧美50多个国家和地区。

近代平度草编兴起后，乡村妇女纷纷从事此业。对此，晚清及民国文献多有记载。《续平度县志》载："草帽辫，销行西洋诸国，为妇女手工业。"一时"妇女竞而习之，得值颇优，积其资，可备嫁奁。"20世纪30年代，"西乡新河附近，又有设庄倡织台湾草帽者。草由海舶运来，分布各村，令妇女学织。工值优厚，一帽之工致者可得银八元，低劣者亦二元。一月之中，人可织帽二，青年妇女竞习之。帽则造成后运贩西洋诸国，其值颇昂"。透过波谲云诡的历史，似可见"女红"之光影复现。

编织罗月
平度草编的兴盛

平度草编制作工艺严谨，主要包括选材、熏蒸、染色、晾晒、编掐草辫、缝制、整形、修饰等环节。其中"掐草辫儿"尤见功夫，将一根根麦秸挑压交叉编出各种不同纹理的草辫儿，种类繁多，举凡筛子、民翅、套翅、抖翅、棕角、对草、龙骨、锯条等类型皆有所见，又依据麦草数量不同而分为多种编法，由最初的编辫、平编、绞编、编花等发展到今天的锥砌法、串接、串钉等数十种。近年来，不断引入新工艺，产品设计日趋时尚，传统草编文化蝶变生新。

○ 家庭妇女在做草编

○ 印染晾晒

○ 成型剪筋

○ 草编工艺品展厅

平度草编工艺
Pingdu Straw Weaving Skills
The Evolution From grassroots to fashion

省级非物质文化遗产（平度市）

从草根到时尚的蝶变

泥老虎传统制作工艺

Traditional Production Skills of Mud Tiger
Folk Toys with Totem Charm

有图腾韵味的民俗玩具

虎之象征

泥老虎的缘起

上古图腾之光闪过，带着龙吟虎啸闪过，于是就有了泥老虎。

中国民间，老虎常被视为勇气、力量和威严的象征。即墨泥老虎是一种带有即墨文化元素的民间泥塑，始于清末，至今已有百余年历史。说起来，古来即墨民间就流传着"童恢驯虎"和"曹氏村落"的故事，妇孺皆知。"童恢驯虎"说的是东汉不其令童恢为民除害的故事，内中亦有老虎为同类赎罪而赡养老妇人的孝信奇闻。"曹氏村落"说的是曹氏族人为解决人口不断减少的难题，而借助虎威以增加人口的故事。先辈艺人从历史中得到启发，制成泥老虎，可作为祭品用，亦可做小孩玩具用。

百年而今，泥老虎传统制作技艺以家族方式流传于即墨车家沟村和舞旗埠村一带。舞旗埠村李氏泥老虎的创始人是李元仕，他曾在高密接受过泥塑名师的指点，学成回乡后，潜心研究泥老虎制作技艺，有所成。他秉承泥老虎雕塑的传统底蕴，追求自然美与工艺美的结合，形成了独特的风格。他制作的泥老虎虽憨态可掬，然不失神秘粗犷的色彩，一派狂野而真率之气，深受当地民众特别是孩子们的喜爱。

○ 李氏泥老虎

泥老虎的制作材料，是出自即墨东部的一种黄色黏土，黏性强且不易开裂。其制作工序有十几道，内中包含着诸多巧妙构思。先和泥、踩泥，做好泥坯。然后塑出虎头和虎尾，其中装入苇哨，外刷白粉，反复上色，虎头和虎尾以羊皮或牛皮纸黏结。泥老虎身上粘有两根羽毛，面部凸出，立体感强，且虎头内部空间比较大，保证适当挤压可发出洪亮、厚重的声音。鬃毛系用毛笔或竹签着墨所画，一般用黑、绿、红、黄色等颜色来点眼、勾纹、描耳鼻，线条粗放野逸，特别是眼部线条的勾勒很关键，要体现出泥老虎的威猛、凶悍之姿。

○ 制作泥老虎用的模具（左）
○ 泥老虎传统制作工艺传承人
　　李秋先在给泥老虎涂粉（右）

虎头鞋、虎头帽是流传于即墨移风店镇的传统儿童服饰，有吉祥之意。

即墨老百姓最早从何时起开始穿戴虎头鞋帽，这已不得而知。然渊源有自，一种古老的祈福心理循环往复，相关精神因子可追溯至先秦时代。回望沧桑岁月，穿戴虎头鞋帽的习俗可能在两千多年以前已显露端倪，与梦想、光荣和命运隐秘相关。

市级非物质文化遗产（即墨区）

虎头鞋虎头帽 少儿服饰的图腾色彩
Tiger-head Shoes and Tiger-head Hats
Totem Colour of the Children's Clothing

虎虎生威
虎头鞋虎头帽的由来

移风店镇位于大沽河畔，春秋战国时的棠邑古城址即在域内。战国之际，田单以"火牛阵"大破燕军，收复失地。然连年战乱，民不聊生，大沽河两岸瘟疫频发，野兽横行，对百姓尤其是少儿生命造成了严重威胁。念老虎为百兽之王，人们便用丝线在布鞋上绣出虎头，借以威慑百兽，解厄呈祥。

为修复战争创伤，重建家园，即墨大夫颁布政令，鼓励生育。无论贫富，凡家中添丁，官府都会表示祝贺。有人见即墨大夫身着大红帽子，神采奕奕，便想效仿着给孩子做一顶，沾些贵气。然大夫帽子可不是随意就能仿制的，有僭越之嫌。于是人们就用红布做一个小披风，用丝线绣出虎头模样，制成虎头帽。孩子过百岁时，头戴虎头帽，脚踏虎头鞋，蕴含着"无病无灾，长大当官"的美好意愿。若是女孩，则改用绿色染布缝制。男红女绿，寓意"红官绿娘子"。缘此，缝制和穿戴虎头鞋帽的风俗，就在大沽河畔流传开来。

虎头鞋帽纯系手工制作，以麦糠、丝线、布条和纽扣为料。先依纸样剪裁布料，缝成形；再用各色丝线绣出眼睛、眉毛、鼻子和嘴巴。小孩"百岁"时，由女性长辈亲手缝制，所以说"姥姥的帽子、舅母的鞋"，反映了中国社会和睦美好的家庭生态。

○ 虎头鞋、虎头帽

虎头鞋、虎头帽的实用性与观赏性俱佳，内在的文化价值才是其经久不衰的原因。虎为百兽之王，威震八方，又不似龙那般象征帝王，因而被劳动人民奉为保护神，寄托着对子孙后代的祝福和对美好生活的向往，希冀借虎威驱邪避灾，保佑子女顺利长大成人，建功立业，平安幸福。未尝不可视之为一种民生图腾，既喜气洋洋，又虎虎生威，这就是虎头鞋、虎头帽的文化喻义。

○ 传承人正在制作虎头帽和虎头鞋

131

胶州大沽河黑陶制作技艺

Jiaozhou Daguhe Black Pottery Making Technique

The Flowing Light of Dongyi and Aftertaste of the Ming Dynasty

东夷流光与明朝余韵

龙山时代

追溯黑陶艺术之起源

远溯四五千年以上，新石器时代的三里河人即已开始制作黑陶，将龙山文化推向了巅峰。三里河最经典的黑陶作品就是镂空高柄杯，俗称蛋壳陶，胎壁非常薄，漆黑光亮，有"薄如纸，硬如瓷，明如镜，黑如漆，声如磬"之美誉。数千载之后，黑陶制作技艺在大沽河畔重现。

○ 仿龙山文化黑陶镂空高柄杯（蛋壳陶）

冷家庄地处大沽河东岸，村东北分布着独特的黑色和黄色陶土，是制作陶瓷的绝佳材料。因此，便有了制陶人。明永乐二年（1404年），叶氏一族由"小云南"迁徙至此，发现陶土后，便开始制陶。数百年来，叶家窑出产的陶制品在胶州及即墨、平度等地备受欢迎，曾一度占据青岛地区70%的市场份额。

20世纪90年代以前，叶家窑的产品称为土陶，多为实用性器皿。随着时代变迁，黑陶由实用性转向工艺性，造型与工艺都发生了根本性变革。造型上，从花盆转为各式花瓶，从青砖青瓦转到平面浮雕作品。制作工艺上，亦由简单雕刻发展到镂空、挑点、剔泥、平雕、浮雕等近30种技法。黑陶制作有20多道工序，先制成泥坯，经手工拉坯造型后，用工具反复压光，使陶坯表面密度增加，光滑如镜。然后，使用特制的雕刻刀，运用线雕、浅雕、深雕、镂空等技法，手工雕刻出各种图案。接着装上耳、环、鼻、腿等配件，放在外面阴干，最后入窑烧制。黑陶表面呈现纯净的黑色，是以独特的无釉无彩碳化窑变的古老工艺烧制而成的。入窑器物需烧制一天一夜，温度控制在1200摄氏度左右，出窑后就是浑然天成，无须再做任何处理。叶光德从事黑陶制作50余年，将祖传手艺提高到了新的高度。经数百次试验，他终于仿制出4000多年前龙山文化的代表性器物——黑陶镂空高柄杯，壁厚仅0.3毫米，"蛋壳陶"荣光再现。

○ 大沽河黑陶制作技艺传承人叶光德在雕刻黑陶

花叶与黑陶的絮语

黑陶制作技艺

Black Pottery Making Technique

胶州湾东北岸的黑陶之光

The Light of Black Pottery on the Northeast Coast of Jiaozhou Bay

　　黑陶在胶州湾东北岸亦有着深沉的闪光，那里的城子遗址昭示着4000多年以前一个海洋聚落的黑陶情怀，点亮了龙山文化的深沉记忆。

　　西城汇村地处墨水河南岸，距新石器时代的城子遗址和汉不其城所在地不远，受龙山文化和汉文化精神之浸润久矣。人间正道是沧桑，在断裂的盛史中顽强延续着的，是本土黑陶那至为深沉的文化灵光。新的闪光出自明朝，自弘治十五年（1502年）开始，得墨水河畔黑黏土之惠，西城汇人又开始烧制黑陶了。此后的500余年间，西城汇的黑陶制作技艺日渐成熟，古老黑陶的荣光得以在古不其地重现。起初，他们主要烧制日用陶瓷品，满足本地人的需要。至清同治年间（1861—875年），西城汇的黑陶制品已经扩展到了建筑用的砖、瓦等方面，日用器物亦见多样化，黑陶艺人田世茂、辛开统等技艺精湛，所烧制的黑陶制品做工精细，质量上乘，使得西城汇声名远播，成为遐迩闻名的黑陶之乡。至民国初年，西城汇已有50余家黑陶工艺作坊，产品包括建筑用陶和日常生活用陶。中华人民共和国成立后，实施公私合营，在合并西城汇黑陶作坊的基础上组建成立了崂山第一砖瓦厂。1971年，该厂研制出"350"型轧瓦机，使得生产效率有了很大提高，砖瓦产量大幅增长，产品畅销山东、华北各地和东北三省，北京城市建设中就使用了大量出自西城汇村的青瓦，西城汇的黑陶产业亦达到了鼎盛时期。

　　西城汇出产的黑陶色泽光亮，胎薄质硬，式样美观，轻轻敲打便会发出清脆响声，适用于蒸、煮、炖和食品储存等方面。其制作工艺包括选料、和料、拉胚、晾晒、打磨、雕刻、压光及烧结等环节。在选料上，系以该村得天独厚的麦饭石黑黏土为原料，加水浸泡后和泥，制成泥料。和好的泥料经反复捶打后，放在檩子上拉胚成型，然后放在室外晾晒，需要每隔8分钟至10分钟转动一次，使之均匀晾干。待胚体至半干，则以崂山海边的鹅卵石打磨光滑，然后进行雕刻、压光。烧结是关键步骤，干透的胚体装窑后，加松木或煤高温烧制一天一夜，温度要达到1000摄氏度以上。然后以土封窑，利用烟火熏烤陶胚，最终形成色泽光亮的黑陶制品。整个烧结过程包括烧制、封窑、冷却三步，一般需要三天三夜才能完成。

　　时光，在黑陶面前沉静下来，有着古老记忆的眸子凝视着未来……

平度何家楼的制陶史已历600余年，形成了深厚的历史积淀。

明洪武二年（1369年），张氏祖先张文忠由四川梓潼县迁徙至平度，居住于县城水胡同，以代代相传的制陶为业为生。成化十二年（1476年），重修平度州城，需大量砖瓦，一部分张氏族人外迁至城东南仲家屯建窑定居，烧制砖瓦等建筑用陶。数年后，张氏十世祖南迁至今何家楼所在地，建起了新的作坊和陶窑。中华人民共和国成立后，何家楼村成为制陶专业村。

平度境内多优质陶土，为陶器烧造提供了良好的前提条件。制陶者探测到适宜陶土后，将地上50厘米至80厘米的浮土剥去，挖取地下60厘米至80厘米无沙粒陶土，集中运输存放在作坊附近，经日晒自然风化，用时将陶土堆成一团，泼水灌透，过一段时间后，由人工反复踏踩，后放入室内，堆成圆锥形，使用时以木头刮子，层层细剥，去掉泥中杂物，用手搓成圆条形陶泥，务求细腻柔和。

土陶采用人工拉胚，在轮上一气呵成。做好的陶坯放在地上多次凉晒和整形，大型器皿要在轮上二次拼接加工才能完成，下轮时需两人合作将陶坯抬下，放在场院平板上晾晒加工。复经多道工序，陶坯干透后，即可装入窑内烧制，经烧窑、焖窑等程序，将产品烧透，出窑后呈现青色或红色。

当今土陶制作仅剩张洪升、张书仁、张永敏三户，他们从事土陶生产多年，皆为名门之后，保留了世代相续的传统工艺，积累了丰富的制陶经验。三人都有自己的拿手绝活，常聚在一起切磋技艺，取长补短，推陈出新，研制生产了大量异型陶器，如手制的金鱼挂盘、花盆、万字花图案鱼缸底、狮子绣球、雕刻笔筒、葫芦、漏盆及各式茶壶，带来了土陶烧制技艺的新风尚。

○ 何家楼土陶

○ 何家楼土窑

手工花灯
Handmade Lantern Technique
Auspicious Lanterns of the Earth

人间星球的吉祥灯笼

蓦然回首
黄昏花灯的诗意

古时，花灯主要作照明用，多以竹木为骨架，以纸绢为外皮，中置蜡烛。照明之外，花灯亦有酬神娱人的功能，常在祭祀仪式或者"傩戏"上出现。古时，每逢元宵节，人们乐于结伴去赏花灯。

唐人苏味道所吟"火树银花合，星桥铁锁开。暗尘随马去，明月逐人来"说的就是这回事。辛弃疾"众里寻他千百度。蓦然回首，那人却在，灯火阑珊处"写的也是元夕赏灯之事。唐寅诗云："有灯无月不娱人，有月无灯不算春。春到人间人心玉，灯烧月下月如银。"道不尽，花灯的万千滋味。今，虽已不涉实用，然某种神采与乡愁令人动容。

花灯亦名灯笼，是汉族特有的一种传统工艺品，始于汉，盛于唐，宋代遍及民间。

清末民初，孙立文被父亲送到昌邑饮马镇的一家灯笼铺当学徒，掌握了手工花灯技艺，后传与其孙占鸿，复传于孙志芳。今，孙志芳制作的花灯大体上分为两类，一是用于儿童娱乐的花灯，二是用于装饰的花灯，以体现节日的隆重气氛。

花灯制作要经过30多道程序，主要包括构思、绘画、彩扎、裱糊、编结、刺绣、雕刻、装饰、组装等环节。目前，手工花灯已经变成了一种由多种技法、多种工艺、多种装饰技巧和多种材料组合而成的工艺品。一方面，它集民间编织、剪纸、绘画、诗词于一体，纯手工制作，大小部件上百个，种类多达数十种。另一方面，它有着独特的古建筑造型，花灯大致分为三层，最上面是"双檐"，中间是花灯主体，下面是莲花底座，整个造型就像一座矗立在大地上的宝楼。与此同时，它还有着传统的色彩搭配，主要采用红、黄、蓝、绿四色，分别象征着东、南、西、北四个方位，与皇家庭院建筑所使用的颜色一样并且有着传统的色彩搭配。

孙志芳的花灯代表作是《贵妃醉酒》，创作灵感源于盛唐往事。这是一对双花灯，红色"双檐"周围贴满了鎏金丝线，金黄色的流苏自然垂落，纸质蓝色云龙气势逼人，四角分别挂着的玉质吊坠让花灯充满了灵气。花灯的主体部分是由六角铁架支撑起来的，外面罩上了白色的绢布，绢布上为孙志芳手绘的山水画，围绕主体的是六根用红纸包裹的竹柱子。花灯的底座亦称精巧，粉红色的莲花底座寓意安泰祥和，上面贴着金色的剪纸，配以紫色的小饰物，显得十分精巧。

○ 孙志芳制作的花灯　　○ 手工花灯传承人孙志芳在制作花灯

为苍生祝福的『天下食印』

莱西果模制作技艺
市级非物质文化遗产（莱西市）

葛村榼子制作技艺
市级非物质文化遗产（即墨区）

红陶榼子制作技艺
市级非物质文化遗产（城阳区）

天下食印

从日常生活到祭祀礼仪

云何果模？它是民间制作面食时用以塑形的模具，俗称"饽饽榼子"。它与早先的印刷模板有异曲同工之处，所异者，不是印在纸上，而是印在面团上，是将各种吉祥图案印刻于面食之上。缘此，或可称之为"天下食印"。溯其源，唐朝已初露端倪，最早的记载见诸封演所著《封氏闻见记》，曰："玄宗朝，海内殷赡，送葬者或当衢设祭，张施帷幄，有假花、假果、粉人、面粮之属。"说明当时已有用面塑作为祭品的风俗，而所列面食祭品就是用果模塑形的。果模制作，实际上也就是中国艺术"诗书画印"在民俗文化中的体现形式。图案丰富多彩，包罗万象，其中较具代表性的有寿桃、佛手、莲花、卍、方胜、如意、百合、元宝、银锭等，龙、凤、燕子、鱼、麒麟、鹿、马、猴、虎、狮等各种鸟兽类图案亦常见，另外还有文字类的福、禄、寿、喜等。

果模（榼子）是青岛及山东半岛地区独具特色的一种民俗物品，其制作技艺源远流长，千年而今，绵延不息。民间生活中，多使用木制和陶制果模。在此介绍的莱西果模和葛村榼子为木制，另有出自城阳大涧村的红陶果模。

莱西博物馆藏有许多明清至民国时期的果模类文物，包浆厚朴，光泽深邃。历史上，民间艺人博采众长，从花鸟鱼虫中，从故事传说中，从器物和服装上，采撷各种艺术元素，将其糅合在一起，以写实、写意和仿生等手法，创作了生动活泼、具有强烈艺术感的果模作品。如今，任德明、孙国良、李和顺等传承人致力于果模艺术的发扬光大。

有温润包浆的果模（莱西博物馆藏）

古代果模（莱西博物馆藏）

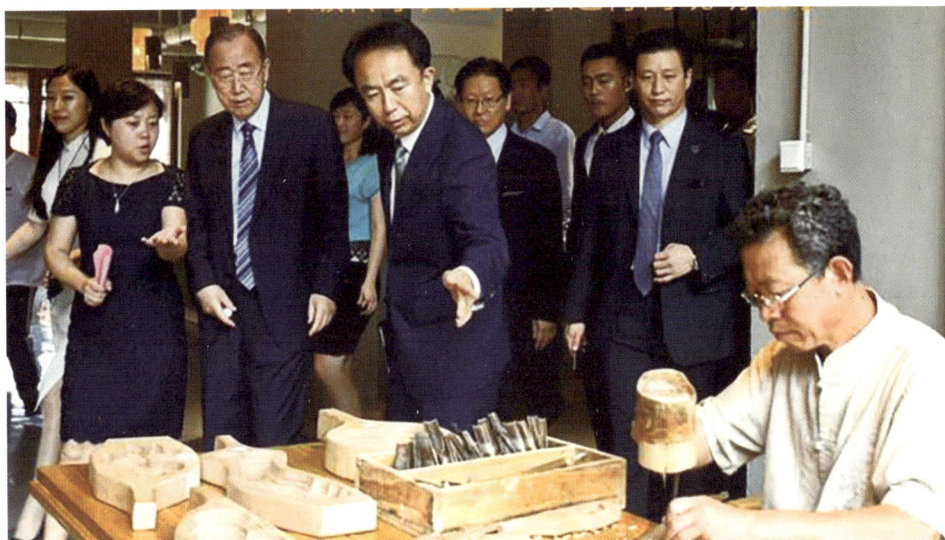

联合国第八任秘书长潘基文
在即墨古城观摩葛村榼子

葛村榼子制作工具

葛村榼子亦称馒头面膜、榼花，出自即墨龙山，多选用苹果、梨等果树类木材为原料，精雕细刻而成。其制作技艺由王丕良创于1802年，世代相传。制作时，要经过摸墩、割板、晾晒、画样、排料、气蒸、刨平、拉荒、雕刻、磨光等流程。中华人民共和国成立后，榼子制作已成葛村一大产业，因有"榼子葛村"之称，产品曾多次参加广交会。至今，即墨流传着"官庄筛子窝洛子缸，葛村的榼子走四方"的民谣。

红陶榼子是一种稀有类型。所用泥土取自大沽河与桃源河入海交汇处，细腻纯净，富含磷、镁等矿物质。泥饼做好后，以铁刀刻出外形，以钢丝勒出凹槽，修出整齐的轮廓后就可以雕刻细部了。泥胎刻好后，背光晾干，入窑烧制，采用氧化焰气，使泥胎中的铁转化为三价铁，器表便呈红色。烧制过程当中，要特别注意升温、高温、保温和冷却的平衡，如此一来，烧好的红陶榼子色泽朱红，密实坚硬。

光影中，榼子带着一缕乡愁闪现。清同治版《即墨县志》中有关于"巧果子"的记载，说的是七夕节（农历七月七日）的故事。每临七夕节，家家户户都要做一种叫作"巧果子"的面点，亲友之间互相馈送，以表祝福。巧果子怎么做？先用油、鸡蛋、糖和引子将面和好，揉好醒好后，即用榼子印出图形，然后放在锅里烙熟。做好后，用红线穿起来，挂在儿童脖子上。于是就有了满街欢乐的时光，孩子们边玩边吃，不亦乐乎。巧果子是用十二生肖题材的小榼子榼出来的，多呈几何形，图案精美，榼出来的小动物栩栩如生，烙熟后香甜酥脆。据说吃了巧果子，孩子会心灵手巧。

七夕之乐

榼子与巧果子

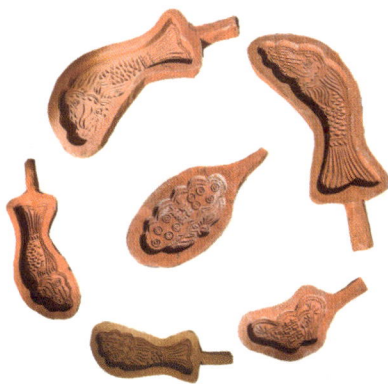

红陶榼子（上）
红陶榼子制作技艺传承人
李义勤在雕刻作品（左）

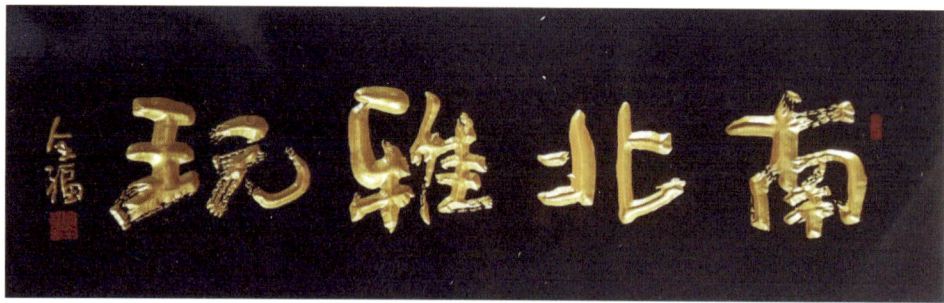

○ 耿守安制作的"南北雅玩"匾

　　匾额雕刻工艺肇始于先秦时期的竹、木书简，秦时中国文字统一之后渐趋完善。至明清时期，中国建筑中的亭、台、楼、阁普遍挂有牌匾。

　　明清时期，即墨一带随经济复兴，士绅阶层崛起，立坊挂匾、表功扬名之风兴于城乡。当其时，匾额雕刻工艺渐同传统木工分离而成为专门技艺，即墨开始有了专门从事匾额雕刻的工艺作坊。清末，书法家黄肇颚、王垿、康有为等书体匾额广为流行，带动本地匾额雕刻工艺日臻完善，邵佳木、张翼之、耿信修等一大批专门从事匾额雕刻的艺人应运而生。民国初年，耿信修与邵佳木自青岛回到即墨，合伙在即墨三都河村（今属莱西市姜山镇）开设作坊，制作传统家具的同时，继续从事匾额雕刻，后将其技艺传与耿信修之子耿式田。中华人民共和国成立后，耿式田到"中国木雕之乡"浙江东阳系统学习传统木雕技艺，吸纳了以散点透视构图为特点的平面浮雕技法，随后逐渐形成了用刀精准、线条流畅、构图简洁鲜明的艺术特色。耿式田之子耿守安幼承庭训，尽得家传书画木雕工艺。大学毕业后，在福建仙游从事高档家具雕刻及古建筑修复工作十余年，其间多次游历江浙一带，对古旧建筑匾额、楹联详加揣摩，广采博览，不断吸取各地雕刻名家技法，逐渐养成古朴、沉雅、清新的艺术风范。

　　可以说，匾额雕刻就是中国书画的立体书写。它以刀为笔，奏刀之先，意征笔墨。变字画之法，为雕刻之工，明书画之理，方得雕刻之妙。某种程度上可以说，匾额雕刻是中国书画艺术的二次创作，呈现出独特的立体效果，获得一种更加古雅、厚重的艺术格调。建筑上的匾额，有标识建筑属性、澄明其内在义理与情感的功用，实现了书法、雕刻与建筑艺术的协调，令人赏心悦目，更能彰显中国传统文化的内涵。

○ 耿守安的木雕作品《朽木莲台》

○ 麦草画《五牛图》

麦草画手工技艺

化腐朽为神奇的民间绘画艺术

Handcraft of Wheat Straw Painting

Folk Painting Art Turning Corruption into Magic

汉朝以来
麦草画的由来

泊里麦草画的悠久历史可追溯至东汉时期，相传汉光武帝刘秀被王莽追杀，无奈藏于麦田中，叛军踩平麦田，搜寻许久无果而去，刘秀幸运地躲过了灭顶之灾。从此，人们视麦草为圣物，开始制作麦草画进贡朝廷。

泊里一带，遍种小麦和高粱，这就为麦草画艺术的发育成长提供了条件。小麦既朴素亦神圣，上至国家徽章图案和国庆大典，下至民间祭祀天地与圣贤神人，小麦在历代人们的日常生活中都被赋予了崇高地位，它象征着和平、丰收，被视为神圣、祈福、吉祥之物。麦草画的出现，恰是人们对小麦的崇拜、情感与智慧的结晶。

麦草画是存在于青岛西海岸新区泊里镇的一种民间艺术形式，系以麦秆为主要材料做成的艺术品，千百年来，形成了颇具特色的制作技艺。

麦草画的制作工艺比较复杂，制作周期也比较长。大致上看，麦草画的制作主要包括以下步骤：首先要精选麦秆，剖展、压平制成平面状的作画材料。同时要准备好基础图案，形成画样，并确定画面的形制，根据作画材料的长短尺寸和横竖纹理，将基础图案分为若干个小部分，理清各个小部分间的关系，形成设计图纸。做好上述准备后，就把画样拓展到作画材料上，剪裁分割后进行最重要的一个步骤——烙烫，根据图案要求熨烙各部分小件，最后将图形粘贴上板装裱。

泊里麦草画创造性地融入国画、油画、版画、剪纸、烙画及书法等多种艺术手法，经40多道工艺，纯手工精制而成。采用烙铁熨烙着色的高难度表现技法，赋予画面以深浅、浓淡、明暗变化的质感、层次感和立体感，彰显麦草画的独特艺术魅力。

○ 麦草画《高山流水》

传统香制作技艺 含有中药的香气氤氲之道

Traditional Incense Making Skills
The Aroma of Traditional Chinese Medicine

胶州传统制香技艺 市级非物质文化遗产（胶州市）
谈家庄传统黄香制作技艺 市级非物质文化遗产（胶州市）
云桥香制作技艺 市级非物质文化遗产（即墨区）

香气氤氲，物质与精神的升腾，在日常生活中表达真意。

青岛地区有着较为悠久的制香史，制香地主要分布在即墨和胶州。

即墨云桥村邻墨水河云溪河段，其制香史可追溯到明永乐年间（1403—1424年）。当时，于、董两家祖先自"小云南"迁至此地，途经临淄，发现当地盛产榆木，便萌生制香念头。定居云桥村以后，两家人开始研究以榆木为原料制香的技艺，经几代人不懈努力，终于在清雍正年间（1722—1735年）研制出独特的制香工艺。至民国初期，形成以万泰源、义顺源、东太源、西太源四大香庄为主的规模生产，周围村庄也纷纷效仿，发展制香业，产品俱冠以云桥名号。改革开放后，云桥香业重现生机，1980年注册了"云桥牌香"商标，现有数百户重操旧业，正如当地人赞叹的"晓日腾云财源恰似泉中水，春风送雨生意如同锦上花"。云桥香以榆树皮为主要原料，并配以当归、白芷、肉桂、甘草、藿香、冰片、乳香、麝香、辛一、故芝、金银花、木香、陈皮等118味中药，经八道工序加工而成。

胶州素有制香传统，主要集中在南王家庄和谈家庄两个村子。南王家庄位于李哥庄镇，毗邻大沽河东岸。清季，村民王忠业祖上到黄县扛活期间学到制香手艺，代代相传。至今，村里已建有上百家制香厂，实现了集约化生产。南王家庄所制香系以60多种中草药和榆木粉经科学配方加工而成，技艺精湛，以"胶州传统制香技艺"列入青岛市非物质文化遗产保护名录。

谈家庄东临大沽河，西靠胶莱河，其制香史肇始于清光绪年间。当时，谈家庄村民谈麟志南下谋生，在广东江门看到家家户户制香，甚是好奇，便到制香作坊学习制香手艺。中年返乡后，他开始制作黄香，代代相传至今。现传承人为胶州丰伟制香厂厂长谈伟，在继承传统的基础上，研发出含有20多种中草药的卫生保健香。

○ 初加工的云桥香

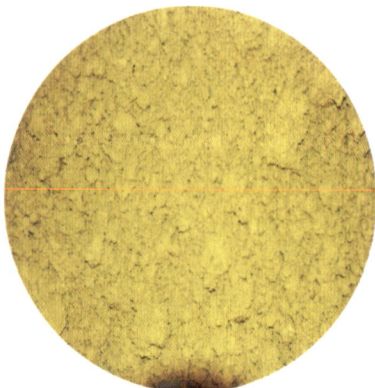

○ 谈家庄传统黄香制作场景

○ 胶州传统香的原料

可以说，锔艺的妙处在于残缺与完美的微妙对称。

锔艺是中国特有的一种器物修补技术，专门用以修补锅、碗、盆、壶、缸等饮食器具，以金属为原料，借助炉火，锻打两头带钩的细钉，以金刚钻打孔，用锔钉铆合器物裂璺，使之严丝合缝，经久耐用。常言道"没有金刚钻，别揽瓷器活"，说的就是这回事。说起来，别种技艺往往是用来造新的，而锔艺却是用来补旧的，能使破碎的物件"重生"，变换成另一类独具观赏和艺术价值的工艺美术品。其中匠心，尤可感思。

许多年以前，街巷中不时会传来锔艺所特有的亮音，可如今已经消失很久了。回望历史，目光凝注于张择端的《清明上河图》，其上就有宋代锔艺匠人的形象，当时称作锢漏匠。而在胶东半岛，可以探寻得更远一些。如所知，潍坊铜炉匠所供奉的祖师爷——胡鼎的原型，其实就是打油诗的开山鼻祖——唐代诗人胡令能。他少时家贫，无奈以修补锅碗盆缸为生，却也活得自在，人称"胡钉铰"。青岛的记忆中，不经意之间偶尔也会飘过锔艺的吉光片羽，模糊而清晰之间，尚可勾起我们对往昔岁月的感怀，如今虽说街巷中那些锅瓷、锅壶之音早已不复听闻，但是多少锅匠曾为日常生活添彩，巧手转换之间，又弥补了多少岁月的遗憾。

在青岛，延传至今的锯艺已十分稀有，因其稀有而更珍贵，其中尤以陈氏锔艺、王门锔和代氏锔艺三家为代表。

陈氏锔艺始于清乾隆年间（1736—1796年），至今已有200余年的传承史。第一代传人陈永贵在皇宫中从事修缮工作，接触到许多珍贵器物，有妙手回春之术。后将手艺传给其子陈福来，复经陈希亮、陈叔安、陈大雷到陈嘉豪，完成了六代传承。陈氏锔艺主要包括锔、补、镶、嵌、包、金缮、银缮、无痕修复等手法，配以柳叶钉、菱形钉、

时光清浅
并不遥远的锔艺往事

往昔街巷中的锔艺匠人

锔艺
匠心独运的器物修补之道

The Art of Repairing Utensils with Copper
An Ingenious Way to Repair Artifacts

代氏锔艺　市级非物质文化遗产（平度市）
王门锔　　省级非物质文化遗产（市南区）
陈氏锔艺　省级非物质文化遗产（市北区）

陈氏锔艺传人陈大雷
无痕修复的紫砂壶（上）
陈大雷无痕修复
的手绘青花瓷
清明上河图杯子（右）
王门锔操作流程（下）

元宝钉、芝麻钉及花钉等修饰。锔壶上，陈氏锔艺创立了内锔、包盖、无痕修复等独具特色的新手法，而且还将传统的金缮手法改进为金缮加内嵌锔钉的手法，可实现古瓷器的无痕修复，允称独门绝技。陈大雷作为锔艺"细活儿"名家，当年曾受一位日本客户之托，修缮一件珍贵的侧把壶。他不仅补好了壶盖上方磕掉的一块，还嵌上一只镂空蝴蝶，壶身、壶盖各有一半翅膀，称之为"比翼双飞"。从这里可以看到，陈氏锔艺已然脱离了简单的修补残缺，而演化成为一门赏心悦目的艺术。

王门锔尤善于"锔活秀"，其精妙之处恰在于此。"锔活秀"是锔艺行当中最难掌握的一种绝活，言其难，是因为没有规范可参照，完全依照瓷器、紫砂裂纹处的位置及花纹图案来锻制锔钉。尤其是传世稀少的古旧瓷器、紫砂的锔补修复难度就更大，危险性也更大，操作必须一次到位，没有重复的机会。对此，王门锔历代传人都有着深刻体会。其第五代传人王振海既是锔匠，亦为道人，是泰山元极门第37代掌门人，道号逯寔。其祖父曾是清宫造办处的锔瓷御

周氏铜艺第五代传人
王振海为其弟子周华
题"舒雅居"斋号（左）

周氏铜艺作品（下）

工，人称"王神手"。得其祖传，王振海掌握了"锔活秀"的精湛技艺。而其弟子周华的"锔活秀"因缘是某天逛古玩市场时萌生的，当时周华偶然看到一只修复的湖蓝色茶盏，底部"趴"着几只金黄色小青蛙，边上镶着半片金黄色荷叶，很巧妙地将裂痕装点成了艺术品，为之赞叹不已。有感于这种精湛的铜瓷技艺，他拜王振海为师，习得真传，牢记师傅"缝补生命，修复艺术"的嘱托，刻苦钻研技艺，逐渐形成独具特色的铜瓷技艺风格，成为山东"锔活秀"的后起之秀。

代氏家族的锔补技艺出于平度，从清末传承至今已历120余载。代氏铜艺向来以"细活精，粗活快"而著称，在平度一带广为认知。第二代传人代宝庆技艺尤为精湛，后经第三代代永智传于第四代代德寿。在当下铜艺普遍失落的年代，代德寿依旧迷恋于铜器的缺陷之美，深情鼓捣着一片片残破的时光，勉力存续传统铜艺的精华，锔出的活儿不仅严丝合缝，而且美观中看。他收藏了各类锔补器具上千件，想办一家铜器博物馆。另外，他还潜心搜索着历史，希望能从历史文献中找觅得更多信息，走出铜艺长期匮乏正史记载的困境，以澄清千秋铜艺之谜。

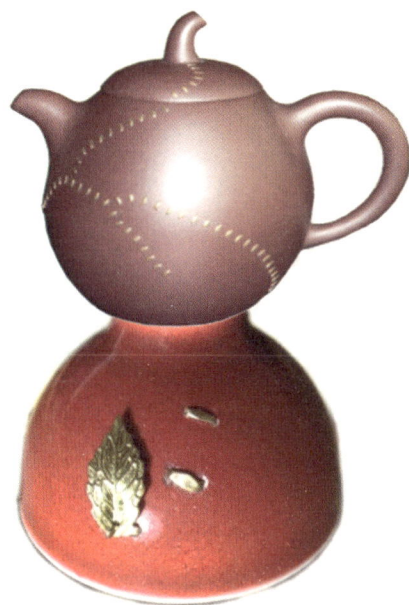

代德寿的
拉式铜紫砂壶（上）

代德寿铜补装饰
釉里红碗盏（下）

代氏铜艺第四代传人
代德寿在锔瓷（左）

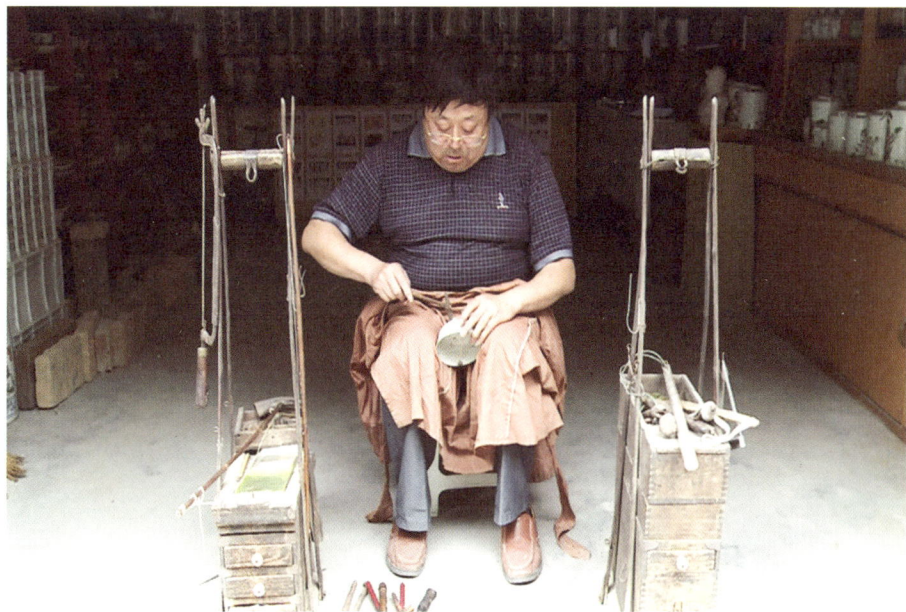

143

20世纪初胶州湾的木质渔船

　　海中有岛屿，海上有帆影，木船是留在胶州湾文化史上的一重经典记忆。胶州湾区域木质渔船制作及航海时光非常久远，可追溯至数千年以前。

　　红岛地处胶州湾湾底，其造船记忆由来已久。到了清咸丰三年（1853年），红岛东大洋村渔民于海先造出一只简易木船，后经不断改进，造出可用于海上捕鱼的渔船，从而替代了沿用数百年的木筏。后来，红岛一带渔村拥有木质渔船300余只，千余名渔民从事海上捕捞作业，捕捞范围逐渐由近海向外海扩展。中华人民共和国成立后，红岛渔船数量迅速发展到980多只，年捕捞水产品总量达9790吨，海上捕捞呈现出前所未有的繁荣景象。20世纪70年代开始，在沿用传统手工制作木质渔船的基础上，对船体体积和动力装置进行了改进，吨位增加，大多渔船都加装了柴油发动机，渔船的航行速度得以大大提高，捕捞范围显著扩大，具备了外海捕捞作业的能力。

　　木质渔船主要以榆木、柞木、槐木等硬杂木制作骨架、肋骨，以红松木制作船帮、船舱面和船舵。制作过程环环相扣，首先是铺底打好骨架，形成船体框架，接着铺好肋骨、船帮、舱面等，然后再经过艌船（接缝处密封）、刷漆等工序，最后再安装上舵、浆、锚、桅杆和帆，一条木质渔船就做好了。木质渔船按照桅杆数可分为一桅、双桅和三桅船，按尺寸分小船、中船、大船三种，分别在岸边、近海和外海作业。

　　如今，随着造船业和捕捞业的现代化，传统的木质渔船业已退出了历史舞台，进入当地的民俗博物馆。然而，木质渔船制作作为一种传统技艺依旧具有特殊意义，承载着古老的航海时光。

陈列于韩家村民俗博物馆的木质渔船

明清时期，阴岛（今称红岛）渔民捕鱼，基本上沿用古老的捕鱼工具，如木杆网、石窟网和蒲网，就地取材加工而成。中华人民共和国成立后，渔业生产得到稳定发展。1950年，阴岛有各种渔网6731件，1954年有网具11446件。1966年至1976年间，红岛渔业开始全面向机械方向发展。20世纪70年代末期，红岛共有网具29995件。

红岛渔民善于出海捕特色海鲜，捕小虾、钓光鱼均使用手工编制的特制渔网。制作这类渔网，从筹集棉麻丝线加工材料到织成渔网，所有工序都由手工完成。长期以来，渔网编制技艺全靠父子师徒传承，世代相传。

○ 编制渔网用的工具

○ 旧渔网

先前，编制渔网所用材料多数为棉线，少量为丝线和麻线。主要包括五个编制步骤：一是捻线和打结，捻好的线缠绕到线撑子上，再缠绕到梭子上。视具体情况，使用不同的织板（嘴子）工具来确定网目的大小，然后以"打结法"将棉线织成网衣。二是用猪血或栲皮栲染，蒸晒，防止霉烂。三是网衣上下敷以网纲，上绠扎浮子，称作浮绠；下绠扎脚石，称作脚绠。四是联网，出海前将网衣片片相连，谓之"联网"；出海下网前再依次连成大片，做出成品渔网。编制工具包括织板、线撑子和梭子等。一般情况下，网目边长1厘米至10厘米不等。

○ 韩家村老人在修补渔网

市级非物质文化遗产（城阳区）

渔网编制技艺

Fishing Net Weaving Skills
Precise Weaving of Sailing and Fishing Time

航海捕捞时光的精密编织

古搭之妙

山中石屋的由来

崂山石砌房建筑技艺有着悠久的历史，如今何家村还保留着十几处200年以上的老房子。明中期，有徐姓青年路过此地，看到河岸上长着许多楮树，适合做罗圈之用，便回家说服父母，举家搬到此处定居。由于此处靠近石人河，故起名石人河村，后来又有邱氏、李氏两家搬来此处。至清初，有何氏一族从鳌山卫迁此定居，随后又有多姓氏祖辈携眷迁入该村，石人河村渐渐兴旺起来。1936年，石人河村改名为何家村。早期何家村的外来家族生活非常艰苦，这一点从延续几百年的房屋即可看出，当时的房屋矮小狭窄，十分简陋。人们从河中捞起鹅卵石，和黄泥一起砌墙，上山伐木做檩条，用山草或麦秸批屋顶，木棂小窗还不到一米高，秋冬用白纸封糊窗棂。这样盖成的房子，虽十分简陋，却也古拙质朴，冬暖夏凉。村内街道弯曲，胡同狭窄，参差不齐，别有一番奇趣。

在崂山，石砌房俗称石屋，是一种传统民居，常见于何家村等地。

崂山石屋历史悠久而特色鲜明，体现了明清及民国时期胶东民居的基本风貌，特以其地道的手工石砌技艺而独树一帜。古来世居此地的人们就地取材，利用河道中的鹅卵石和山上的花岗岩，辅之以木头、麦秸、泥土等材料，用原始的手工技巧营造出坚固实用且冬暖夏凉的石屋，就此形成崂山石砌房建筑技艺，流传至今已有数百年历史。

这是一种看似简单实则科学、复杂的建筑技艺，贯穿于选址、设计、营造的每一个环节之中，落实在正房、偏房、厨房、厕所、院墙、院落、大门、门窗、石碾、饮马槽、巷道、石阶等所有部位之中，体现在一个个细节之中，古拙精妙之意随处可见。石屋多依山面河，因势而造，巧妙利用地形、地貌和高差等因素，特别注重建筑与环境的协调，体现出人与自然和谐的理念。营造过程中，大量运用绘画、雕刻等艺术技巧，诸如门枕、挑翅、迎风、山墙通气孔等处多采用菊花、梅花鹿、铜钱等图案，线条流畅，纹饰精美，而石狮、石鼓等无不雕刻得细微精致，增加了建筑的美感和艺术效果，寄托着村民祈求平安吉祥、辟邪纳福的朴素意识。

要言之，崂山石屋历经风雨沧桑，以古朴的形象阅世，凝结着当地的自然禀赋、地域精神、民俗文化、审美趣味和建筑艺术的诸多密码，深沉表述着崂山人的日常生活底蕴，无言诉说着漫长岁月中无法忘怀的宜居梦想。

○ 崂山石砌房

市级非物质文化遗产（莱西市）

莱西民间砖雕
Laixi Folk Brick Carving
The Essence of Northern Brick Carving Art

北方砖雕艺术的精华

花样繁多
莱西砖雕上的吉祥图案

砖雕是我国的一种建筑装饰艺术。从遗存的文物发现，汉唐之际，莱西民间住宅就使用了鱼纹砖、菱形四神纹砖等砖雕制品。至明清时期，莱西民间砖雕已见普及，几乎村村都有，且形式多样，成为北方砖雕的一个代表。

莱西砖雕艺术源于民间，风格趋于质朴素雅，而非圣殿名堂般华丽。简洁明快的图案，如动物纹、花卉纹，都为平民百姓所喜闻乐见。从类型上看，主要包括山花、滴头花、马头花、影壁花和圆雕等，是用于山尖墙、滴角、马头和影壁处的雕花，因位置不同，花样图案亦不同，呈现多姿多彩的风貌。此外，彩

山花，多雕以卷云纹、荷花、牡丹等，寓意祥和富贵。滴头花，多用卷草纹、卷云纹或万字纹、寿字纹。马头花，较典型的有刘海戏金蟾、麒麟送子、喜上眉梢和鲤鱼戏莲等。影壁花，则分为底座、四角边框、滴水檐、花嵌和影壁心五部分。各种花卉和几何纹样繁多，如鲤鱼望月、连年有、喜得贵子、马上封侯（猴）、佛手、寿桃、西榴、凤凰穿牡丹、梅兰竹菊、松竹梅，不胜枚举。

色砖雕和立体砖雕亦有所见。立体砖雕给出了有别于他者的又一显著特征，嵌在屋脊两端或中间，如画龙点睛，锦上添花，显得格外绚丽夺目。彩色砖雕如同着色年画、民间布艺、刺绣一样，达到了烘托、渲染的彩砖艺术效果，山花的色彩装饰，颇似女人的头花、耳坠一样显眼，使建筑显得稳重大方，富丽堂皇。莱西民间砖雕结构饱满匀称，形态变化多端，图案变形与写实结合，粗犷概括与点线互为衬托。雕刻技法以浮雕、阳刻为主，阴刻、透雕相互协调，整体清雅大方，雅俗共赏，是莱西砖雕的主要特征。

历史上，在莱西各个村庄都能见到精美的砖雕，其技艺被能工巧匠世代相传。最为典型的如清代砖雕艺术家王晓文，传说他雕的"狮子滚绣球"夜间能跳下来守门，虽然有些夸张，却也足见其技艺之高超。至今，当地年长者都对其砖雕绝技津津乐道。他的"刘海戏金蟾"马头花和"团寿"山花是莱西砖雕艺术的典范之作。

莱西民间砖雕艺术，不论是构思还是表现形式，都有其独特的风格和特征，每一件砖雕作品都采用变形、夸张或概括的手法加以雕琢。动物侧重于神态的描绘，花卉多采用夸张手法。在表现方法上多运用对比，方中求圆，静中求动，多采用曲线表现动势。造型粗犷生动，构图饱满，形神兼备，在对称与均衡中充满张力。古老而常新的时光凝结于砖雕，表达着民间艺人丰富的想象力和巧夺天工的艺术才华。

黄酒传统酿造技艺
在千古雄奇的精神光晕中酿造生活

Traditional Brewing Techniques of Yellow Rice Wine
Brewing Life in the Spiritual Halo for Thousands of Years

即墨老酒黄酒传统酿造技艺　省级非物质文化遗产（即墨区）
妙府黄酒传统酿造技艺　省级非物质文化遗产（即墨区）

从即墨的千古荣光中闪现，带着两千载春秋记忆映射时空而沉醉岁月，这就是即墨黄酒的故事。现在，这故事显得愈加绵长而醇厚。

即墨黄酒是以黍米（俗称大黄米，亦称金米）为主要原料，陈伏麦曲为糖化发酵剂，配以当地优质矿泉水或麦饭石水，经自然发酵而成的原汁酒，具有红褐透明、微苦焦香、余味深长、盈盅不溢的独特风格。即墨黄酒以其悠久历史、独特工艺和优秀品质，成为中国北方黄酒的典型代表，享有"黄酒北宗"之誉。所谓"南有绍兴花雕，北有即墨老酒"，说的就是这回事。其历史前缘，当在春秋战国时期。

千秋激荡　即墨黄酒的历史前缘

历史地看，黄酒早于白酒。《礼记》有"仲冬之月，乃命大酋，兼用六物，大酋监之，毋有差贷"的记载，已然昭示了夏、商、周三代的酿酒时光。即墨是我国北方最早开始大规模酿制黄酒的区域之一。寻历史前缘，人们多将目光投向春秋战国之际。时当公元前279年，为破围困即墨三年的燕军，即墨守将田单先诈降，复于夜间将千余头牛角缚以兵刃、牛尾缚以苇灌油的火牛从城中放出，狂奔向燕军营盘，齐军尾随火牛进攻，燕军大乱，溃不成军。齐国军民乘胜追击，一举收复失地。田单破燕是中国古代战争史上以少胜多、出奇制胜的著名战例，史称"火牛阵"。胜利后，即墨大宴三日，传即墨百姓犒赏众军士的酒就是早期的即墨黄酒。

宋朝以后特别是明清时期，黄酒酿造已成为即墨的一大产业，随着压榨取酒技术的成熟，所产黄酒也被称为"老干榨"。清道光年间（1821—1850年），即墨黄酒产销臻于鼎盛，畅销全国各大商埠，而且出口日本及南洋诸国。光绪年间（1871—1908年），即墨城内有"隆盛栈"等后院酿酒、前庭卖酒的老酒馆数十家。1919年，即墨有"源兴泰""泉盛祥""元聚栈""振源馆"等老酒作坊500余家，年产品50万公斤。

1950年，在合并多家老酒馆的基础上建起山东即墨黄酒厂，沿用传统工艺生产黍米黄酒，正式定名为"即墨老酒"。1993年，随着即墨妙府老酒有限公司的成立，"妙府老酒"与"即墨老酒"并存。察之，一同列入山东省非物质文化遗产保护名录的"即墨老酒黄酒传统酿造技艺"和"妙府黄酒传统酿造技艺"同曲同工，有着共同的历史渊源和技术禀赋，俱以"古遗六法"为号召。

黍米必齐　酿酒原料须用黍米之王，当年颗粒饱满整齐、色泽金黄均匀的优质大黄米做原料，这是即墨黄酒与其他黄酒的根本区别。

　　曲蘗必时　酿酒麦曲，须选用每年中伏时节的优质小麦，在清洁、透风、采光、温度适宜的室内踏成并陈放一年，方可用作糖化发酵剂。

　　水泉必香　水是酒中之血，好水才能酿好酒。酿酒采用的是富含多种矿物质的矿泉水或麦饭石水，水质甘醇清香。

　　陶器必良　酿酒所有容器，必须选用质地优良、无渗漏的陶器良品，以确保其对酒体原液的增益作用。

　　湛炽必洁　酿造、陈储所用器具必须加热烫洗，严格杀菌消毒，防止杂菌污染。

　　火剂必得　蒸米的火候要两快两慢，控制温度恰到好处，以使黍米焦而不糊、红棕发亮，达到充分协调、丰满之目的。

古遗六法 酿酒之道，其来尚矣

即墨老酒雕塑

　　云何"古遗六法"？所谓"黍米必齐，曲蘗必时，水泉必香，陶器必良，湛炽必洁，火剂必得"是也，为酿酒技艺之本，昭显着北方传统黄酒酿造工艺的精髓。无疑，这是遵循《周礼·天官·酒正》"以式法授酒材"及"辨五齐之名"的原则而取得的经典酿酒法式，一如郑玄"作酒既有米曲之数，又有功沽之巧"的注言，体现了精神与物质的合一。要言之，"古遗六法"是千百年酿酒实践的经验结晶，沉积着浓厚的传统酿酒文化基因。即墨黄酒（老酒）的主要原料是优质黍米，米粒大，光滑圆润，饱满整齐，脐大色深，色泽均匀，无杂质，无污染，是酿造黄酒的上乘原料。酒曲选用当地优质小麦，在中伏季节制作，发酵后陈放一年，这种酒曲也被中医选为药用，称为"神曲"。在优选原料和器具的基础上，经过制醪、糖化、发酵、压榨、陈储、勾兑等十几道工序，其中特别要把握好以下六个工艺关口：

　　糊化（制醪）——将大黄米冲洗干净，浸泡均匀，倒入锅中，生火加温，待米煮透后，边加温边用锅铲搅拌，并适时添浆，要使醪焦而不糊，到呈棕红色时出锅。

　　糖化——将制好的醪在案板上摊凉，待降到适当温度时，按一定比例拌入加工好的曲面，再反复摊搅（打耙），使之混合均匀。

糖化作业（上左）
发酵用的麦曲（上右）
醪入缸发酵（下左）
对酒液进行压榨（下右）

20世纪90年代出产的
即墨黄酒

发酵——将摊搅好的糜装入发酵缸内，在适当的温度下酵母连续发酵，达到一定的天数，再倒入二次发酵罐内继续发酵，直到彻底发酵完毕，成为酒醪。

压榨——将发酵好的酒醪装入酒袋，挂石压榨。滤布、盛酒盘应冲洗干净，灭菌彻底，榨出的酒应褐红晶亮。

陈储——将榨出的原酒经灭菌放入储酒坛内，在恒温下陈储存放待用。

调整——取陈储好的原酒按产品标准要求进行新酒老酒调整，按年份出厂。

较之绍兴黄酒，即墨老酒（黄酒）酿造工艺颇为独特。如所周知，绍兴黄酒采用的是蒸饭法，即用蒸锅将稻米等原料蒸熟后再添加曲种发酵取酒。唯独即墨老酒（黄酒）采用的是"糜法"，即将泡透的大黄米放于锅中，加热过程中不断搅拌添浆，使其焦而不糊，而成糜，加曲发酵取酒。至于酒品的地道，尚有赖于酿酒师在每道工序中的精准拿捏，有一种神秘经验包孕于中。用这种独特工艺酿出的酒品，颜色红棕澄亮，焦而不糊，其香型独特，微苦焦香，温馨醇厚，余味深长。酒体含有人体所需多种氨基酸、微量元素及酶类维生素。据科学测量，每升即墨黄酒（老酒）含氨基酸高达10110.94毫克，比啤酒高10倍，比红葡萄酒高12倍。其中异亮氨酸、亮氨酸、蛋氨酸、苯丙氨酸、苏氨酸、色氨酸、缬氨酸等是人体不能合成或合成速度不能满足生理需要的氨基酸，允为滋补健身之佳酿，古来即被用作"药酒"。简言之，其特色可归纳为五点：色——黑褐晶莹，香——芬芳馥郁，味——微苦而香，液——盈盅不溢，功——舒筋活血。

即墨老酒博物馆

150

○ 寺后老烧锅酒酿造场景

省级非物质文化遗产（城阳区）

寺后老烧锅酒传统酿制技艺

Traditional Brewing Skills of Sihou Laoshaoguo Wine

『岛城小茅台』的渊源与特色

The Origin and Characteristics of "Qingdao Small Maotai"

寺后老烧锅酒传统酿造技艺发端于清光绪年间（1871—1908年），为城阳夏庄史家泊子村于氏十六世祖所创。初，于氏以开烧锅配制地瓜酒为业，后专营白酒酿制，形成独特技艺，晚年将技艺和经验传授给儿子于崇魁。1919年，于崇魁受聘赴山西汾酒发祥地"义泉泳酒坊"任掌锅。1932年，于崇魁返乡，将汾酒酿造经验融于家传技艺，推出于家老烧锅酒。中华人民共和国成立后，于崇魁将酿酒技艺传给儿子于盛久。1962年，流亭机场将饲养马匹剩余的高粱用于酿制白酒，特聘于盛久与其儿子于宝功担任技术指导，所酿机场白酒名声大噪，被誉为"岛城小茅台"。1998年，于宝功成立寺后酒厂，并将酿制技艺传给子孙。2002年，第六代传承人于同刚创立了"寺后老烧锅于家酒"品牌。

○ 寺后老烧锅酒窖藏

寺后老烧锅酒传统酿造技艺流程为：选料、粉碎、蒸煮、摊凉、撒曲、发酵、上锅、蒸馏、老熟、勾兑、检验等环节。最重要的是制曲、发酵和蒸馏，这是整个流程的关键环节，需要丰富的经验和娴熟技艺作为保障，也是于氏祖传技艺精髓。配方、温控、火候以及时令变化而带来的差异，都是历代长辈亲口传授，并通过长期的经验积累才能掌握的。其中，选料是基础，必须使用崂山天然矿泉水和青岛本地栽种的优质高粱、玉米为原料。蒸馏接酒则根据家族传承经验，采用"掐头去尾"方法，烧出的头锅酒、二锅酒、三锅酒分级入库老熟。老熟、勾兑是在酒窖中以特制陶缸储存，窖藏三年以上才能勾兑制品，以保证独有口味和品质。在制曲、发酵、蒸馏、接酒等诸多环节中，技巧、技能、经验尤其是酿酒师的悟性非常关键，一个细微处把握得好坏，往往会产生迥异的效果。所以，寺后老烧锅酒特有的柔和细腻、晶莹清澈、醇和爽净、清香四溢、回味绵长的品质，无不出自酿酒师的精妙运化。

寺后老烧锅酒韵味独特，酒体丰满细腻、甜绵柔和，酒色晶莹剔透，品味醇和爽净，回香悠长，兼有清香、果香、酱香口味，具有入口微甜、清爽的显著特征。

琅琊酿酒工艺

出自千古琅琊梦的琼浆玉液

省级非物质文化遗产（青岛西海岸新区）

Langya Brewing Skills
Nectar from Langya Dream for Thousands of Years

其来尚矣

琅琊酒香之绵长

琅琊酿酒工艺的历史前缘可追溯至2000多年以前。据《越绝书》和《吴越春秋》等典籍记载，越王勾践为称霸中原，迁都琅琊，吴越传统酿酒工艺也随之而来。秦始皇一统天下后，三度登临琅琊台。时方士徐福上书，欲入东海以求长生不老之药，许之。据说徐福同时献上的还有用祖传技艺酿制的美酒，秦始皇大加赞赏，赐名"琅琊御酒"。缘此，潮起潮落间，悠悠酒香与云光一起飞逸。至唐宋时期，琅琊酒由米酒酿造改为蒸馏酒酿造。

琅琊酿酒工艺源远流长，洋溢着醇厚的传统酒香，从2000多年以前绵延至今。

1958年，原胶南地区（今属青岛西海岸新区）原有的许多家小作坊合并组建为胶南酒厂，1980年更名为青岛第一酿酒厂，1994年改组为青岛琅琊台酒业股份有限公司，所产"琅琊台"牌白酒被评为"中国驰名商标"。

琅琊酒以高粱、小麦、大米、糯米、玉米等粮食为原料，采用传统的"老五甑"工艺，经泥池发酵、混蒸混烧而成。其核心工艺为"老五甑"，是续渣配料的典型操作方法：以班组为单位，每个班组将所投入的糁、辅料按比例分成三份；再与酒醅配料，配料方式是窖池酒醅自上而下，先起面糟（蒸酒后作为扔糟），再起回渣、三渣、二渣、大渣；分别蒸酒后，自窖池底部依次入大渣、二渣、三渣、回渣，然后封窖。其间，用五甑蒸馏，故称这种酿酒工艺为"老五甑"。在整个酿造过程中，酒曲自然作用，酒醅自然发酵，酒液自然老熟。

琅琊酒酿造场景

外国专家在琅琊台酒业股份有限公司考察

封缸地瓜酒作坊展厅

明天启年间（1621—1627年），即墨地瓜种植已达数十万亩，时称"地瓜县"。清初，有人借鉴"古遗六法"来酿造地瓜酒。民国时期，即墨有上百家地瓜酒业户，其中城东张师傅的"张记家酿"口味最佳，他自祖辈那里得到地瓜酒酿造技艺之真传。

中华人民共和国成立后，即墨黄酒厂成为北方黄酒酿造中心，亦曾酿制地瓜酒。于秦峰和赵永建均曾在该厂工作，对"古遗六法"深有研究。1993年，于秦峰创立即墨妙府老酒有限公司。1994年，赵永建出任墨河封缸酒厂厂长。他们在酿制黍米黄酒的同时，亦尝试用红薯和紫薯为原料酿造新型黄酒，致力于黄酒的多元化与个性化，以加深即墨作为"黄酒北宗"的文化与技术内涵。

地瓜酒属于清爽保健型黄酒，集粮、薯、菜、果营养为一体，被誉为绿色、保健的"天赏之物"。其酿造过程包括制曲、制酒、贮存、调配、检验、包装六大环节，分为精选、清洗、蒸煮（水）、打浆、摊凉、糖化（麦曲）、入缸（酵母）、发酵、压榨、沉清、过滤、灭菌、贮存、调配、二次过滤、检验、装瓶、灭菌等20道工序。其酿造技艺的要点是：精选原料，低温发酵，科学调配。酿造的关键在于酒曲的发酵上，曲发不足，酒味恶劣；曲发有余，酸得发涩。地瓜煮熟后，用棍子捣成稀糊状，放进大瓮，再掺上提前制好的酒曲进行发酵，发酵周期约40天。到期，揭开瓮盖，四处飘香。视之，一瓮红幽幽的液体，雪白的酒沫儿在瓮沿跳出一圈浪花。酒色古艳，持小杯舀来品尝，如同琼浆入喉，甜香醇美，妙不可言，宛若江南名酿"女儿红"。

妙府地瓜酒制作技艺传承人于秦峰指导员工检测地瓜酒

胶州黄酒制作技艺

Making Skills of Jiaozhou Yellow Rice Wine

与《齐民要术》相契合的纯手工酿酒

Handmade Wine Consistent with Qiminyaoshu

从即墨到胶州，黄酒的悠悠神韵继续飘荡，带着久远岁月的深情厚谊来到今天。于是，我们继续重温这山海之间的黄酒故事。

胶州洋河镇宾贤村有姜家，其酿制黄酒的历史至少可追溯至清咸丰初年，至今已逾150年。姜家黄酒制作工艺严谨，与古代农科典籍《齐民要术》所载黄酒酿制流程几乎完全一致，可谓传统酿酒技艺的"活标本"。尤为可贵的是，姜家黄酒酿制所用的发酵老曲系用当地本季新产小麦制成，里面完好保存着姜氏家族150余年的酒曲"密码"，从清末一直沿用到现在，可被视为传统酿酒工艺的"DNA"。

姜家黄酒之品质，首先得益于洋河一带优越的地理地质环境。经研究检测，洋河镇方圆48平方千米范围内的地表以下水源皆为麦饭石水，富含丰富的微量元素。这一带盛产优质大黄米，颗粒饱满，晶莹透亮，韵味深厚。缘此，地域精神得以进一步昭显。加上冬季昼夜温差明显等因素，都为传统黄酒的酿制提供了独特的条件。姜家黄酒即以洋河当地出产的大黄米（黍米）和麦饭石水为主要原料，制作上秉承传统手工工艺，整个生产流程分为小麦制曲、酒曲发酵穿孔、大黄米蒸煮、下曲和拌、曲米装缸、封缸酝酿、开缸出酒七大步骤。每年立冬装缸，辞灶出酒。酿制过程中，要用麦秸草烧细火，用大铁锅将大黄米蒸煮熟，将酒曲微火炒熟。与当今盛行的机械化酿酒工艺截然不同的是，姜家黄酒至今沿承口传心授的传统酿制模式，其奥秘尤在于"下曲和拌"，这是制作流程中最为重要、直接决定黄酒口味和品质的一步，至今尚需要依靠传统的"指测"法来完成，以确保酒体获得理想的色泽浓度和酸甜度，内中凝结着传承人的手感、经验和智慧。缘此，乃有色如琥珀、酸甜爽滑的佳酿。虽经150余年的风雨沧桑，然口味和品质一直香醇如初，而内在的精神底蕴历久弥新。

历史上，洋河姜家黄酒曾作为民间年节祭奠用酒和中药引子而被广泛使用。清末至民国时期，姜家黄酒臻于鼎盛，姜佩德、姜佩盛、姜佩和三兄弟创办了制售黄酒的"德盛和"商号，其影响力波及整个胶东半岛。在传统工艺逐渐被压缩被忽视，现代化流水线大行其道的今天，纯手工酿制的洋河黄家黄酒显得弥足珍贵。

○ 黄酒制作工艺传承人姜永建在挑选大黄米　　○ 洋河姜家黄酒作坊，开缸出酒之际

○ 崂山绿茶制作技艺传承人江崇焕（左一）与国学家文怀沙（左三）等畅谈茶艺

崂山自古流传着"喝了山茶叶，头清眼明去心火；吃了绿茶草，血脉通畅身体好"的谚语，山茶叶和绿茶草是崂山故有的既可做茶亦可入药的野生茶。

崂山绿茶制作技艺始于清光绪十一年（1885年）。当时，江嵋先考中秀才后，回乡设立村塾。他得知学童读书困倦，只因入夜还需做农事，颇为感动，便琢磨起以茶解困之法。于是他攀登上崂山天茶顶，采野生茶叶，访道士，研习制茶技艺。不久，他终于创制了独具养生价值的崂山绿茶制作技艺。尔后，此技艺流行于崂山及周边区域，传承至今。

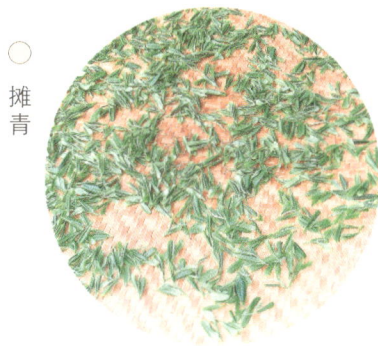

○ 摊青

○ 烘干

○ 扁茶

崂山绿茶制作技艺主要包括摊青、杀青、回潮、辉干等工序。摊青是指对鲜叶进行有节奏的适当翻动，使水分均匀散发，间隔时间逐次延长。至鲜叶光泽转暗，手握稍感绵软，青气消减、清香显露即可。杀青的基本原则是"嫩叶老杀，老叶嫩杀"，以杀匀杀透。杀青温度须保持一致，切忌忽高忽低。回潮实质上是一个二次加工过程，杀青叶变凉回软后先予以密封包装，待叶片剩余水分均匀析出后再度开封加工。辉干者，待茶条回软后适当搓团做形，随着茶叶水分的散失，手法逐渐减轻，茶叶明显触手时停止做形，烘一刻钟即可，须避免茶温过高形成老火。其中，回潮是崂山绿茶制作技艺所独有的一道工序，经回潮工艺加工的茶叶呈现卷曲、扁平两种形态，叶底美观，具有香高、味醇、耐冲泡的特点，而尤以醇厚的栗香为特色，这是崂山绿茶特有的香气，辨识度高。

总体上看，崂山绿茶的历史分为两个阶段。古时，以采集崂山西麓茶涧内几棵海拔约800米的古山茶树叶来制，产量很小，却也是殊为珍贵的。自1958年"南茶北引"成功后，随着茶树的大量种植，崂山茶产量迅速增加，成为我国北方纬度最高的重要产茶区。

155

省级非物质文化遗产（市南区）
市级非物质文化遗产（城阳区）

海鲜传统腌制技艺

独具特色的『一卤鲜』之法

Traditional Seafood Marinating Techniques
A Unique Method of Marinated Seafood

"一卤鲜"为胶东方言，即用盐稍微"卤"一下，也就是腌制一下海鲜。在此，"一卤鲜"既是说腌制好的海鲜，亦是海鲜传统腌制技艺的代称，指的是使鱼等海鲜不变质并保持一定鲜度的腌制技艺。这"一卤鲜"诸字最好用本地方言喊出，拉长的音调中，分明有"一卤鲜天下"之意在焉。

"一卤鲜"技艺肇兴于青岛，遍布胶州湾沿海区域，频见于市南、城阳、崂山等地。反观历史，就其在城市生活中的知名度而言，尤以湛山张氏家族的海鲜腌制技艺最具代表性，多见于旧报记载，形成了有历史记忆价值的话语权。民国时期，湛山张家的"一卤鲜"技艺臻于成熟，历经张立松、张吉珖、张恕玉三代而传承至今。

城阳上马街道的海鲜腌制技艺有着悠久的历史。上马地处胶州湾北岸，渔业资源丰富，久已具备远洋捕捞能力。同时，胶州湾也是我国著名的海盐生产基地，因此海鲜腌制具有得天独厚的条件。以海盐腌制，是当地渔民保存海鲜的一种基本方法。不晚于清中期，上马的腌鱼习俗已见普遍，并流传至今。传承人孙绍忠尤以老汤腌鱼手艺见长。

每年白露至来年夏至，是海鲜腌制季节。腌制器皿一般为陶瓷缸，亦可用木盆和石槽，特别是用花岗岩石槽腌制的海鲜更佳，花岗岩中的矿物质在腌制过程中可不断补充海鲜的营养成分。就腌鱼来说，多选用大小适宜的鲜鲅鱼、加吉鱼、白鳞鱼、黄花鱼、带鱼来腌制，另外舌头鱼、鲈鱼、鼓眼、面包鱼、偏口鱼等亦有所见。从海鱼捕捞上岸到腌制完成需要多道工序，主要包括选鱼、割鱼、搓鱼、腌鱼、发酵等步骤。在割鱼环节，要使用特制的割鱼刀才能完成。具体操作方法是：先开片，去除内脏和鱼鳃，鱼肚皮保持完整；接下来要用盐搓洗鱼，将1斤盐加入10斤水中，搅匀化开，鱼的两面都要用盐搓匀；然后，将鱼头尾交叉依次放入容器，盖上黄麻布片；腌一天后，要用另一容器将鱼上下颠倒一番，倒入鱼汤，然后再度腌两三天即可。

作为一种传统技艺，"一卤鲜"早先主要用于腌鱼，20世纪90年代以来，各种贝壳

○ 大缸老汤腌鱼

○ 城阳区海鲜腌制技艺传承人孙绍忠在腌鱼　　○ 将腌制后的鱼挂在院子里晾晒

20世纪二三十年代，湛山"一卤鲜"已名满岛城。对此，当时多家报纸有所记，亦写作"一撸鲜""一卤儿鲜"等，报道餐饮风尚，亦留下了非物质文化遗产的珍贵记忆。1928年《中国青岛报》载："本商埠湛山一撸鲜鱼滋味甚佳，系当地渔夫以少许盐卤施与鲜鱼而成。据湛山张姓供货者言，其腌鱼技艺乃祖上所传。"1932年《东鲁日报》载："一卤鲜鱼在劈柴院内有售，可充年鱼上席，售价甚低。"1934年《胶澳日报》载："湛山一卤儿鲜鱼今到货，六月天仍可保鲜味不变，欲购者从速。"可见当时湛山张家的"一卤鲜"已然成为岛上名吃，为珍馐，为年货，广受欢迎。张家已尝试用冰块保鲜，夏天供应市场，在当时这是一项绝技。

类小海鲜腌制亦逐渐流行起来。其实，无论是鱼还是其他小海鲜，都是作为本地的特色美味而行世的，而之所以受到八方食客的喜爱，恰在于其素朴、精良的制作技艺，在于对新鲜度的自然延续。腌过的海鲜经过恰当烹饪后，味道鲜美，别有风味。食用时，人们尤其喜欢配以玉米面饼子，这样不仅冲和了咸度，而且还以其特有的粗粮清香丰富、提升了咸鱼的鲜味，于是咸鱼饼子自成绝配。当然，它配以馒头亦称美味佳肴。

湛山张氏家族旧照（上）

市南区海鲜腌制技艺传承人张恕玉在中国香港皇家大酒店开展传承活动（下）

"一卤鲜"菜品

157

沙子口金钩海米加工技艺

Processing Skills of Shazikou Golden Hook Dried Shrimps
The Way of Drying Shrimps in Sunlight and Moonlight

日月光华中的甜晒之道

金钩海米系选用崂山沙子口海域出产的新鲜蛎虾（鹰爪虾），经手工加工制作而成的，因其色泽金黄透红，形似钩状而得名。得益于特殊的地域条件和当地渔民上百年总结下来经验智慧，金钩海米成为海产八珍之一，享誉国内外。

首先，沙子口金钩海米之所以品质优良，得益于这里具有其他海域无法比拟的自然优势。沙子口沿海多为砂质海滩，海水清澈，不易泛起淤泥，海底水流湍急，便于蛎虾生长，所产蛎虾肉质紧而有弹性，味道鲜美，无杂质。其次，沙子口海域滩涂较短，渔场离陆地较近，从渔场到陆地只需几个小时，确保了蛎虾的鲜活。再者，沙子口紧依崂山，南九水河、凉水河、流清河等富含矿物质与微量元素，为制作海米提供了绝佳水源。

明清时期，沙子口渔民即已普遍开始用蛎虾晒制海米。春季，蛎虾达到生长高峰期，个头与产量均大，所制成的海米为"春米"，质量优于"秋米"。因此，每年春季就成为制作海米的最佳时节。届时，众多渔船组成浩浩荡荡的船队，多于夜间出海作业，翌日凌晨满载而归。收获的蛎虾成筐成篓运上岸来，活蹦乱跳，鲜活诱人。

加工好的金钩海米

金钩海米加工技艺亦复杂亦简单。先将选好的蛎虾置于大铁锅，加入崂山矿泉水和适量的盐蒸熟。接着，将其置于干净木板或地面上摊开晾晒，此即"甜晒"。待虾皮干透、肉质风干时，则以手搓揉脱皮，便制成独具特色的金钩海米。加工过程中，尤其需要把握好蒸煮的火候、甜晒的时机和揉搓的力道。甜晒是金钩海米加工的奥妙所在，要特别注意天气，把握好温度湿度，温度一般不超过25摄氏度为宜。日晒之外，尚需夜晾，让海米吸收月光和朝露的精华，以使甜度更高。同时，严格控制海米的干湿度，不能太焦也不能水分过大，要细心翻检，试手感，看颜色，控制好干燥程度。

金钩海米加工技艺：甜晒

石花菜又称草珊瑚、麒麟菜，是生长在珊瑚礁或海底礁石上的一种海藻，在我国黄海、东海均有分布，以山东半岛海域产量最大，以崂山地区夏季采摘的为最佳。关于石花菜，《本草纲目》有"清肺部热痰，导肠中湿热，阴虚湿热、痔血等症，皆可用之"的记载。由于石花菜含有多种维生素和矿物质，营养丰富。如今，用石花菜熬制的凉粉业已成为青岛市民餐桌上不可或缺的一道传统特色小吃。

○ 道家凉粉

关于石花菜凉粉，有这样一个传说。两千多年前某日，一位道士在海边修炼，正当落大潮之际，只见落潮后露出水面的礁石上长满了一种海菜，这就是石花菜，道士便采回一些，做汤喝。未想，却因临时有事而耽搁了及时食用。等回来时，看到这石花菜已溶化、凝固成冻，乃尝之，甚觉爽口，便传与他人共享。此后，崂山海边居民便常在落潮之际采回石花菜，以慢火加山泉水熬制成汁，冷却为冻，以凉拌食用。据说当年秦始皇派人到崂山寻长生不老之药，有人便将石花菜凉粉献上，秦始皇喜爱有加，称之为"长寿菜"。

优质的石花菜凉粉是由崂山山泉水、野生海底石花菜精制而成。主要流程是：先将晒干的石花菜碾压敲碎，清洗多遍，彻底去除其中的杂质。然后在铁锅中加入少许猪大油，烧至八分热时，就将清洗干净的石花菜放入锅内，并加入适量醋翻炒，待石花菜变软后加入山泉水熬制三四个小时。接着，将熬好的石花菜自然沉淀过滤，保留纯净无杂质的汤汁，盛于器皿中定型，再置于冷却水中自然冷却，这样就制成了凉粉冻。

看上去，石花菜凉粉晶莹剔透，入口则顿生鲜嫩爽滑之感，真是一种人间美味。

○ 石花菜晾晒

石花菜凉粉加工技艺

Processing Skills of Gelidium Bean Jelly

来自大海的长寿美味

The Longevity Delicious from the Sea

海之珍馐 美味出自何方

胶州湾海盐制作技艺

从『煮海为盐』开始的漫漫时光

Making Skills of Jiaozhou Bay Sea Salt

The Long Time from Boiling Seawater into Salt

东风盐场旧影

出自东夷

胶州湾海盐的历史渊源

自古以来，胶州湾擅渔盐之利，孕育了悠久灿烂的渔盐文化。

追溯上古时代，夙沙氏为东夷产盐部落的首领，亦为黄帝重臣，被奉为盐宗。作为海盐业之历史开端的标志，夙沙氏"煮海成盐"之说在胶州湾地区广为流传。胶州湾北岸地势平坦，滩涂辽阔，非常有利于海盐生产，是我国重要的海盐产区。20世纪初，胶州湾揭开了近代大规模盐业生产的序幕。1908年，哥伦比亚公司购买了胶州湾的大片滩涂，开始围造盐田，成功提炼出了食用盐。后来，东风盐场发展成为青岛盐区的重要代表，盐场面积36431800平方米，闻名全国。

胶州湾海盐制作技艺源远流长，在传承古代盐业史的基础上，近代以来主要由东风盐场几代盐工予以发扬和传承。

胶州湾海盐制作技艺有着科学、严谨的标准，主要包括纳潮、制卤、结晶、堆垛等流程。其中，"纳潮"是指根据潮汐变化，在涨潮时引潮入储水库。"制卤"是指海水自储水库输送到制卤池，海水升级为卤水，经过初、中、高三级制成饱和卤水，其间利用风能和太阳能将卤水蒸发浓缩直至饱和。"结晶"是指将饱和卤水灌入结晶池予以蒸发浓缩，经新卤结晶和混合卤结晶两步，原盐逐渐析出，氯化钠纯度一般在95.5%以上，全年原盐结晶厚度一般在18厘米至20厘米。"堆垛"是指春秋两度将结晶池内卤水排干，将盐从池内捞出送至盐台子，堆积成垛，篷盖封存。

海盐加工制作场景

古法榨油技艺

Ancient Technique of Pressing Peanut Oil

Ancient Methods Passed Down from the Imperial Concubines of Southern Song Dynasty

传自南宋太妃的古老做法

○「古法六艺」示意图

古法榨油技艺由来已久。1279年，南宋末代太妃谢安、谢丽从临安（今杭州）天目山逃至崂山，在塘子观隐居。据传，正是她们带来了木榨油技艺。1879年，何家村的何继澄开设古法榨油作坊，以木榨油机生产花生油。1918年，日本人借鉴崂山古法榨油技艺，在奉天路（今辽宁路）创办三井油坊。1928年《胶澳志》载，当年青岛港花生仁和花生油出口量较1908年翻了20倍，占全国的五分之四。其时，崂山王哥庄镇就有50多家油坊。20世纪50年代，三井油坊等收归国有。20世纪90年代，国有企业改制，嘉里粮油（青岛）有限公司投入资金，对"古法榨油技艺"实施生产性保护和改良。

古法榨油技艺概括为"古法六艺"，即"严选料，佳产地；秘法炒，熟炒香；小榨技，见精细；取初榨，得上品；正宗味，真地道；依古法，妙储藏"，选用青岛本地含油量高的大花生为原料，确保出油率。品质上，只选取初榨花生油，原香浓郁，色泽晶莹剔透。工艺上，采用独特的密封装置，通过瞬间的高温压榨，保留花生的天然醇香。储存中，严格控制温度，使花生原香妙藏于内。古法制作的花生油虽然出油率低，但味道纯正，营养丰富，可保存两三年而不变质。遵循"古法六艺"开发出胡姬花花生油系列，如今"胡姬花花生油"业已成为中国驰名商标。

现在，古法榨油工艺在运用于大规模现代化生产的同时，民间尚有留存，延续着传统的魅力。古法榨油技艺传承人何云显、万延滨在海云庵民俗馆和崂山王哥庄二月二农场重建了古法榨油老油坊，将原汁原味的古老木榨技艺展现于世人面前。

○ 古法榨油技艺传承人何云显、万延滨复原的老油坊及其工艺流程展示

青岛糖球制作技艺

Making Skills of QingdaoSugar-coated Haws

Sugar-coated Haws with Childhood Memories

那些凝结着童年往事的冰糖葫芦

回味无穷

追忆青岛的糖球时光

岁月弥漫，青岛糖球流传至今而更形其胜。糖球制作技艺耐人寻味，在糖、山楂和芝麻的隐秘融合中展开，主要有四道工序。一是糖球连串：把精选的山楂去核、去蒂、清洗、晾干后串到竹签上，每串七八个山楂。二是糖浆熬制：把糖、水和芝麻按一定比例放到锅里，急火熬制，关键是要掌握好火候。三是糖球蘸制：将山楂串贴着熬好的热糖上泛起的泡沫轻轻转动，快速、均匀地裹上薄薄一层糖浆，要有水晶般的透明效果。四是糖球晾制：把蘸制好的糖球晾到木板或石板上，让糖浆凝固。

1990年，海云庵糖球会诞生，成为青岛最具影响力的民俗文化节之一，使青岛成为天下糖球的荟萃之地。当时，青岛本地就有高家糖球、李府家糖球、傻二甘栗糖球、赖家糖球等数十个知名厂家，形成糖球产业链，诸如芝麻糖球、雪里红糖球、拔丝地瓜糖球、香芋土豆丸糖球、翡翠糖球、去核夹馅糖球、什锦糖球、巧克力糖球、山药糖球、软枣糖球、苹果糖球、香蕉糖球等60余个品种应运而生。高炳南所创"高家糖球"是青岛糖球代表，把小糖球做成了大民俗，将传统技艺展现于海内外。如今，青岛糖球已完成自身功能的转化，从传统小吃变成节日食品、祭祀食品、礼仪食品、馈赠佳品，像月饼、粽子一样成为日常生活中的传统美味。

糖球起源于宋朝，据吴自牧《梦粱录》载，宋朝已有"糖葫芦"。千载而下，小小一串糖球，具体而微地见证了城市生活史的嬗变轨迹。

近代开埠后，青岛的一些外来移民做起了卖糖球的小生意。此后百年间，街巷中回荡着叫卖冰糖葫芦的声音，装扮了无数人的童年时光。

青岛糖球制作技艺传承人高士源在制作『雪里红』糖球

青岛糖球制作技艺传承人高士湘在制作超长糖球

吃糖球

糖球制作场景：蘸糖浆

○ 19世纪末的春和楼

香酥鸡为青岛老字号春和楼饭店的传统名菜，为中华名小吃品牌。春和楼始创于19世纪末，经营正宗鲁菜，其独到的香酥鸡烹饪技艺久负盛名。

○ 春和楼的香酥鸡

香酥鸡选料严格，制作考究。所选用的是800克左右本地散养的当年雏鸡，经腌制、汽蒸、油炸、改刀、上油等十几道工序秘制而成，每道工序皆有严格的技术手法、操作流程和质量标准。成品香酥鸡具有香味浓郁、皮酥肉嫩、色泽金黄、摆盘讲究等特点。

120多年以来，经春和楼始创时期的大厨王师傅以及刘景伦、任荃、王海平、郝一伟、徐岗等一代代名厨的传承发展，春和楼的香酥鸡烹饪技艺臻于完备，标志着鲁菜技艺的精良品质。

1924年，《中国青岛报》刊文介绍香酥鸡（酥香鸡）："酥香鸡一上桌，即香气四溢，动箸夹食，酥烂脱骨，入口咀嚼，竟不费力，齿颊间异香频频。询问店伙，得知系该饭庄自饲养之雏鸡，秘方配料，烹饪之法独特，故口味不同他鸡也，本商埠民众多来光顾。"1936年，上海《时报》报道："青岛春和楼厨师前日应邀抵沪，其拿手的香酥鸡，酥香入味，百吃不厌，在城隍庙南酒楼出售。"可知香酥鸡不仅在本地赫赫有名，而且已名扬沪上。20世纪早期，溥伟、劳乃宣、刘廷琛、王垿及康有为等寓居青岛的名流均曾到春和楼品尝过香酥鸡，康有为还为春和楼题写了字号。中华人民共和国成立后，王震将军、徐特立老人、朝鲜次帅吴振宇、美国海军上将特罗斯特和莱昂斯上将等品尝香酥鸡后，无不大加赞扬。

○ 香酥鸡的腌制过程

岛上珍馐
香酥鸡的美誉度

香酥鸡烹饪技艺
外酥里嫩而香气馥郁的鲁菜名品

省级非物质文化遗产（市南区）

Cooking Skills of Crisp Fried Chicken
A Famous Shandong Dish with Crisp Outside and Tender Inside and Full of Aroma

周氏流亭猪蹄制作技艺

一道地方名吃的世代传承

Making Skills of Zhou's Liuting Pig's Feet
Inheritance of A Local Famous Food from Generation to Generation

流亭猪蹄为青岛的地方名吃之一，特以其色泽鲜亮、味道清爽、口感软糯、香而不腻等特征而闻名八方。它出自流亭，因以为名。明中叶，流亭镇已成为当时即墨县的十二大集市之一。清咸丰初年，周方绪始创流亭猪蹄制作工艺。光绪二十年（1894年），周正诺传承其法，周氏流亭猪蹄制作技艺臻于成熟，所酱制猪蹄品味绝佳，曾招徕不少晚清官员前来品尝。青岛近代开埠以后，流亭成为进出青岛的交通要道，商贾云集，地方小吃繁多，流亭猪蹄脱颖而出。历经沧桑，至1978年改革开放后，第四代传人周钦公在继承传统的基础上，改进了家传配方，使流亭猪蹄的制作规范化，传统作坊演变为现代饭店。周氏流亭猪蹄成为城阳的经典美食，成为青岛家喻户晓的十大名吃之一。

周氏流亭猪蹄制作技艺严谨，包括选料、焯加工、修整、配制料袋、蒸煮、配制陈年老汤和冷却等20多道工序。从材料上看，要选用大小重量均衡、表面无淤血、带筋的A级猪蹄为主料。入锅蒸煮前，要对猪蹄进行焯加工和外形修整。蒸煮工序十分关键，特别是要精准控制好火候、水温和时间，将猪蹄配以家传秘方调味品进行蒸煮，中间翻锅再加一次调料。接着，将蒸煮好刚出锅的猪蹄浇入陈年老汤，冷却至规定温度。其技艺秘诀尤在于配制调料和陈年老汤，所用调料系以各种纯天然香辛料调配而成，这项工作主要是靠师徒间的言传身教来完成的。所用陈年老汤系多年延续而得，加工过程中，将其按特定比例加入蒸煮过的猪蹄原汤中，再熬制到规定的时间，确保丝丝入味。就此，做好的猪蹄十分诱人，也就有了征服大众味蕾的可能性。

一只刚刚做好的猪蹄

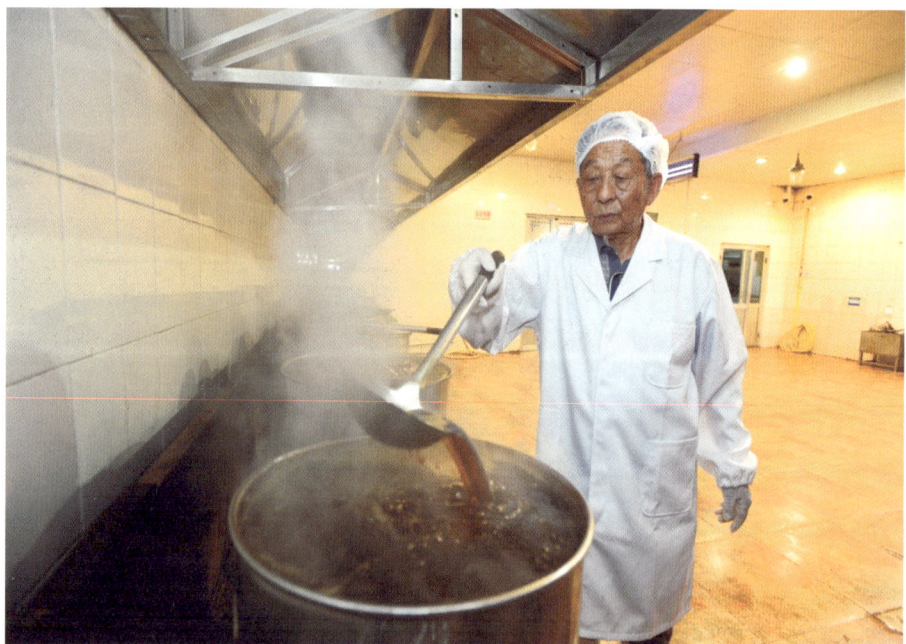
周氏流亭猪蹄制作技艺传承人周方绪在酱制猪蹄

万和春排骨砂锅制作工艺

Making Skills of Wanhechun Ribs Casserole
Internal Neutralization of Various Raw Materials

多种原料的内在中和

万和春排骨砂锅米饭是青岛十大特色小吃之一，被评为"中华名小吃"。

20世纪20年代，创始人王治绪受东北酱骨头独特制作方法的启发，潜心研究用砂锅炖制排骨的技巧。他秉承守正固本的理念，以中和为原则，色、香、味、形调和适度，讲究正味，而摈弃偏味、杂味。创业之初，王治绪为他的排骨米饭起名"万和春"，注重质量，严守信誉，深受老百姓的喜爱。1941年，他在青岛东镇开设万和春大成号，专营排骨砂锅米饭，形成正式的品牌。改革开放后，王治绪的次子王世河重操父业，对排骨米饭的配方进行挖掘和整理，于1985年成立了万和春饭店。1996年，万和春迁至台东八路，注册了"万和春"商标。自此始，几经沧桑的万和春老字号焕发青春，享誉岛城。

○ 一块刚刚做好的排骨

万和春排骨砂锅米饭以鲁西南猪脊骨为主料，配以肉柱、公丁香、豆蔻、肉蔻、砂仁等十大样和大枣、枸杞、桂圆等六小样佐料，使用特制的宜兴砂质陶制砂锅，经传统鲁菜中的溜、煮、炖、焖四大工艺制成。做好的砂锅排骨色泽红润、口味独特、肉质酥烂、香而不腻，保留了猪肉的特有鲜香味，肉不脱骨，入口即化。万和春排骨砂锅米饭口味适中，老少皆宜，加之价格合理及食用便捷等因素，而深受欢迎，数十家门店分布于岛城的大街小巷，均客盈门。

万和春排骨砂锅米饭面世近百年来，经过几代万和春人的精心传承打造，得到了广大市民和八方游客的认可，先后获得"中华名小吃"和"山东省金牌快餐"等荣誉称号，在"青岛十大特色小吃"评比中连续多届排名首位。

○ 万和春继承人王世和在为排骨米饭添加秘制配方

泊里烧肉制作技艺

Making Skills of Poli Soy-braised Meat

The Way of Charming Aroma and Being Fat But Not Greasy

香气迷人中的肥而不腻之道

泊里烧肉是青岛西海岸新区的一种地方传统名吃，始于清光绪年间（1875—1908年）。当其时，胶南泊里人张德福在高密一家烧肉铺当学徒，得缘结识了善于烧制东坡肉的密州府大厨王清远，成为至交并结义金兰。张德福深得王清远师傅真传，学成烧制东坡肉的高超技艺。返回泊里后，他创立了以经营熟食制品为主的商号"昌德斋"，其烧肉肥而不腻，香气弥人，深受欢迎。第二代传人张文田虽身在战乱中，生意惨淡，然其独特技艺依旧远近闻名，泊里烧肉的名气越来越大。至孙辈张金宝时，昌德斋的生意主要靠挑担沿街流动叫卖的方式进行，是泊里大集上最受人们喜爱的食品。中华人民共和国成立后，重开店铺，名"泊里张家烧肉铺"。1995年，第四代传人张华君将祖传泊里烧肉推广到胶南市城区，并重新挂起"昌德斋"的百年号牌。至今，逢年过节之际，泊里烧肉依旧是当地人餐桌上必备的佳肴。

传统的昌德斋泊里烧肉，使用猪头肉为主要原材料，经洗、煮、熏等多道工序加工而成。配料秘方里含有藏马山菇等几十种料味，其中包括20多种中草药物。由此制成的烧肉口味独特，以其肥而不腻、香气弥人、营养丰富的特质而远近闻名，还具有补虚、滋阴、养血、润燥的作用，堪称佳肴。泊里烧肉以热食为最佳，口味最正；而凉食，最好切成拼盘，调以蒜汁儿，亦别有风味。此外，也有辅以香葱卷于薄饼内，再蘸些甜酱，香脆可口，品味更佳。历经传承发展，今昌德斋泊里烧肉已形成系列化品牌，经营种类繁多，有红烧猪头肉、红烧东坡肉、红烧猪蹄、烤猪蹄筋儿、红烧大肠、特色烧鸡、风干鸡等制品，深受消费者的青睐。

○ 配料（右上）
○ 烧制中的泊里烧肉（右下）
○ 烧制好的泊里烧肉（左）

"大面子"是青岛城阳地区民间节日所供奉、馈赠、烹食的猪头肉的俗称，因猪头在青岛地区民间历来有头筹、第一、面子大等意思，故称"大面子"。

城阳古称不其，据传大面子即始于东汉不其令童恢，他勤政爱民，曾以猪头做诱饵捕捉蟒蛇猛兽，成就了一番为民除害的功德。清至民国时期，城阳成为青岛及胶东地区的交通枢纽，八方商贾云集，其中袁先伦、王氏、任氏三家专门从事肉制品加工销售。当时，今城阳大面子制作工艺传承人刘淑玲的祖父刘成桂开设中药铺，常与这些业户一起研究以中药材入料煮猪头的技艺和配方，因此掌握了大面子的烹制秘诀。

城阳大面子酱猪脸制作技艺的主要程式是，选用无污染一级净猪脸为原料，配以传统调味佐料经过蒸、煮、焖、脱脂等工序酱制而成，从而加工成色泽鲜嫩、香味浓郁、肉质厚道、油而不腻的猪脸食品。其加工制作流程有十几道工序，包括选料、浸泡、修整、蒸煮、冷却、真空包装及杀菌等。简言之，其技艺秘诀主要体现在如下两点：一是调料，城阳大面子酱猪脸的调味配料由20多种纯天然植物、矿物及药物调味品构

○ 大面子酱猪头肉

成，各种调味料配置标准严格。二是蒸煮，对水温、时间、脱脂、出锅、冷却均有严格的标准要求，冷却后色泽鲜亮，食用时香而不腻，所用老汤系多年延续而成，是产品保持稳定品质的重要因素。缘此，而形成了鲜明的产品特征：城阳大面子酱猪脸的大小、重量基本一致，经先进科技脱脂等多道工序酱制而成，色泽鲜嫩，香味浓郁，醇和厚道，油而不腻。猪头肉呈酱红色，切割后内部呈米白色，肉、冻既粘连又易于剥离。置于盘中，色彩斑斓，块状分明，晶莹剔透，允为一道实惠的美味珍馐。

○ 城阳大面子制作工艺传承人刘淑玲等在工作中

水煎包传统手工制作技艺

Traditional Hand-made Skills of Pan-Fried Buns
Mystery of the Brittle Golden Crust Full of Fragrance

那醇香薄脆的金黄嘎渣之谜

几度沧桑，生活延续，技艺流传。

水煎包俗称炉包，是我国北方面食小吃的经典之作。即墨水煎包系胡家村胡姓始祖所创，始于明代。据即墨《胡氏族谱》载，明永乐二年（1404年），为避战乱，胡氏三兄弟自河南洛阳迁来即墨，在城南定居。日常耕作之外，他们还在城外淮涉河边上做起了水煎包生意。当时，淮涉河河滩宽阔，每逢集市，食客云集，但雨季常有山洪从城东南三标山泻下。胡家兄弟因地制宜，以秫秸搭起小屋，内置几排板凳，就是一家四壁镂空的简陋餐馆了。恰因其简陋，而更显生动，食客喜之，便形象地呼之曰"蝈蝈笼"。若是毁于山洪，亦可快速复原，颇为实用。明万历年间（1573—1620年），胡家凭着"蝈蝈笼"水煎包生意而致富，其后人与即墨黄氏联姻，从此跻身宦缨之族。随后，便将这水煎包生意转与即墨南关人董文卿经营，所做水煎包不改本色，美味依旧。清末民初，"蝈蝈笼"包子铺已遍及即墨城乡，并传至胶东半岛多地，遐迩闻名。20世纪80年代以后，传承人崔秀玉、王方忠创立了"大柳树"品牌，注册了"蝈蝈笼"商标，规范了工艺流程和操作方法，致力于水煎包传统手工制作技艺的发扬光大。

即墨水煎包的制作技艺主要包括发面、调馅和烙制三个环节。先看发面环节，采用老面引子和面，三发两醒，至面团硬软适中，以切开时内里有均匀小蜂窝眼为宜。调馅环节讲究各种要素的内在协调，新鲜蔬菜粗细均匀剁碎，适当保持原汁，手切精肉成丁，肉菜分放而混成，辅之以三鲜八配，比例适当。烙制环节的关键在于烙嘎渣，也就是通过火候、水分和温度的控制而赋予包子以带有金黄色泽的一层酥脆薄皮，当地土话称之为"嘎渣"。平底锅加油，温火烧热，铺满包子，待烙上嘎渣即添入适量浆水，趁水汽弥漫之际将包子逐个翻转，接着便用急火将锅烧开，待锅中水尽，则用温火使嘎渣变得又薄又脆。如此烙制的水煎包，个个嘎渣金黄，溢油欲滴，令人望而垂涎，欲罢不能。

数百年来，即墨水煎包因鲜香可口而广受老百姓喜爱，时常在人们的日常生活中闪过一道美味的灿灿金光，素朴中见珍奇。

刚出锅的水煎包

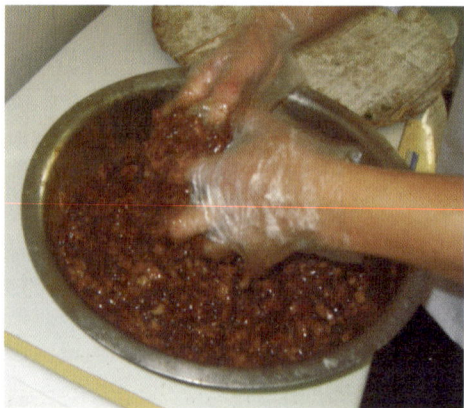

调馅

包包子

麻片亦称芝麻片，为酥类点心，孩子们特别喜欢的一种传统小吃。

作为即墨老字号"馥郁斋"的传统产品之一，麻片久已成为即墨人民日常生活不可或缺的美味之一，久有流传。清嘉庆初年，苏州陈家落户即墨城，创设茶食店馥郁斋，开始生产销售麻片，世代相传，绵延至今，已有200余年历史。

即墨麻片因其面片薄平、色泽金黄、入口脆香而闻名，是新媳妇回娘家、逢年过节、走亲访友的必备礼品，融入即墨人的节庆、礼俗文化生活之中。早年亦曾作为皇家贡品，所谓"稍沾唇齿醉酥香，点点芳芝缀浅黄，何故难博妃子笑，墨城麻片几时尝"云云，道出皇宫妃子对即墨麻片的憧憬。20世纪30年代，即墨麻片制作技艺第五代传人陈志诚接过馥郁斋的经营权，其生产延续到中华人民共和国成立以后。1956年，国家对私营工商业实行社会主义改造，合并馥郁斋等店号，成立即墨县酱菜糕点加工厂，

○ 麻片

麻片为主要产品之一，由即墨麻片传承人陈建勋担任技术指导。20世纪80年代初，该厂更名为即墨利民食品厂，传承人陈敬五担任该厂技术科科长。1995年，利民食品厂停产，原技术副厂长、即墨麻片第八代传承人兰永证承包了麻片生产车间，注册成立了即墨市馥郁斋糕点厂，恢复老字号。2006年，即墨市馥郁斋糕点厂转产，兰永证的徒弟王忠芳、孙建章为延续传统技艺，便选择了几家私营企业继续生产即墨麻片，产品畅销山东半岛。

即墨麻片使用优质面粉、精制白糖、花生油、芝麻仁等原料，经过化糖、调糊、和面、擀饼、撒芝麻、锤压、刀切、烘烤等十几道工序精制而成。其技艺秘诀尤其表现在和面工序上，和面时，要一边加面，一边不停地搅拌，整个过程只添加面粉而不加水，面粉加入的量与时机至关重要，全凭制作师傅的经验和感觉来掌握。

即墨麻片色泽诱人，因所用芝麻及相关工艺细节不同而有所变化，或浅黄，或金黄，或黝黑。未入口，先闻其香，片薄如纸，不嚼自化，带来香、酥、脆、甜之感。

○ 即墨麻片制作技艺传承人王忠芳在青岛非物质文化遗产博览园内制作麻片

即墨麻片制作技艺 香酥脆甜中珍藏的童年味道

市级非物质文化遗产（即墨区）

Making Skills of Jimo Sesame Slices
Childhood Taste Cherished in Crisp and Sweet

省级非物质文化遗产（胶州市）

胶州作古典家具制作技艺

融合南北的明式家具艺术流派

Making Skills of Jiaozhou Classical Classical Furniture
A Faction of Ming Style Furniture Art that Blends North and South

胶州作

古典家具之气质

中国古典家具制作具有深厚的文化底蕴和独特的艺术样式，是中华文明及其传统技艺的缩影。历史地看，明式家具向为历史所重，各流派中尤以"京作"和"苏作"最具典范价值，而出自胶州的家具艺术品亦是独具特色的一派，然由于其精品大量外流，而未能形成规模，故而大众多闻京苏晋，而鲜知胶州。要言之，胶州制作的古典家具是在本地工艺基础上，融合苏作家具的轻巧雅丽和京作家具的豪华气派而形成的家具艺术流派，史称"胶州作"。理所当然，胶州人的质朴、明快、自然的特色渗透于中。

唐时，古胶州板桥镇即为通商口岸，至宋时成为北方唯一设市舶司者，成为南北汇通之要津，这是"胶州作"产生的历史背景。当其时，苏杭一带的能工巧匠纷纷北上胶州，给胶州作注入了秀美典雅的元素。经宋元两代的发展，至明代创造出别具特色的胶州作古典家具，相关工艺体系完型于清中期。

"胶州作"多以花梨、紫檀、红酸枝等红木为材料。选料考究，归结为五个要点：一是"老"，要求木料放置时间长，充分干透老化，以免走形；二是"实"，要求选用结实的芯料；三是"大"，木料大则出料绰绰有余，便于造型和曲线；四是"直"，木料受力均匀，不易折断开裂；五是"正"，要求木料颜色统一，以使家具色调一致。从工艺上看，"胶州作"使用榫卯结合和框架结构，形体与式样全部依靠框架的自立和完备来实现。外观造型方面，"胶州作"十分注重外部轮廓的线形变化，将实用性、艺术性与传统美学融于一体，依靠独特的艺术语言——线条来实现审美。比如椅子S形靠背曲线，在展现其适应人体工学的同时，还表现出独具一格的造型特色。另如"马蹄足""反马蹄足"等的腿足，都是富有弹性且生动的艺术曲线。漆饰工艺方面，注重体现木料的本质属性，凸显自然纹理，展现自然得体的花色纹路。

300多年来，"胶州作"工艺一直以口口相传、手手相教的方式传承。1929年杨德臣在胶城簸箕市街开设"德成永"家具店，1938年杨永禄在胶城铁市街开设"复昌永"家具店，均有声名。出自杨家木匠之手的家具做工精细，实不亚于苏派工艺，人称"杨木头"，允为"胶州作"之精品。至今，"胶州作"古典家具制作技艺传承人杨春生承续祖辈技艺而有所创新，经过长期的收藏、修复、研究和开发，使胶州作古典家具制作技艺得到了良好的传承和保护。2011年，杨春生被评为"山东十大民间工艺大师"。

○ 胶州作古典家具

○ 在中国非物质文化遗产博览会上展出

170

田横砚制作技艺

Making Skills of Tianheng Inkstone

Shandong Inkstone Treasure Warm As Jade with Heroism fighting

温润如玉而豪气凛然的鲁砚瑰宝

田横砚是因为砚石采自田横岛而得名的，质地优良温润，有储水不耗、涩不留笔、滑不拒墨、磨之无声的优点，被誉为"鲁砚之宝"。

田横岛位于即墨东南沿海，分布着特殊的岩石矿脉，蕴藏着大量黑色泥质砂岩，其质地坚硬、细腻，色泽光润，是制作砚台的绝好石材。尤其是掺有贝壳、混有红润或金星的石料更为珍贵，可谓神韵天成。采石一般在冬季进行，待退潮时乘小船在矿脉处采掘，捞出的石材要经过露天晾晒，使其冻裂，以便于加工。

碧海丹心

追怀田横砚的历史底蕴

田横砚由来已久，沉积着历史的深沉底蕴。清乾隆版《即墨县志》有"田横石质坚，色黑如墨，少有文才，偶见金星，以其制砚，下墨颇利"的记载。清代"扬州八怪"之一的高凤翰，开创了鲁砚粗犷豪放、古朴简练、浑朴凝重的风韵。他刻成多方田横砚，以诗、书、画、印相结合，姿态万千，各臻其妙，对田横砚的风格影响至深。清礼部尚书匡源曾携弟子亲赴田横岛采石制砚，触景生情，感怀历史，赋诗《田横岛石砚歌》云："泗上亭长为天子，齐王东走沧海里。洛阳一招不复还，五百壮士岛中死。碧血沉埋两千年，水底盘盘结石髓。割取云腴制砚田，温润不让端溪紫。"田横五百壮士的忠义碧血深深滋润于水底磐石，经年演化，品质超凡，将千古英雄的豪迈气概寓于砚石，成全了"田横义砚"之说。

田横砚的制作讲究因材施艺，须在参透石材物理性质与精神气质的基础上进行，以浮雕、透雕、高浮雕手法来制作砚品。追慕高凤翰之遗风，继承鲁砚艺术传统，当代制砚名家石可创作了《田横石大义守信砚》《田横石苏轼像砚》等名作。中国工艺美术大师刘克唐等无不倾情于田横砚，将田横砚制作技艺推向了新的境界。作为新一代传人，刘振合从师姜书璞，精诚致力于田横砚艺术的融古开新，创作了《老子出关》《·花独秀》《静思》《荷叶》等名作。

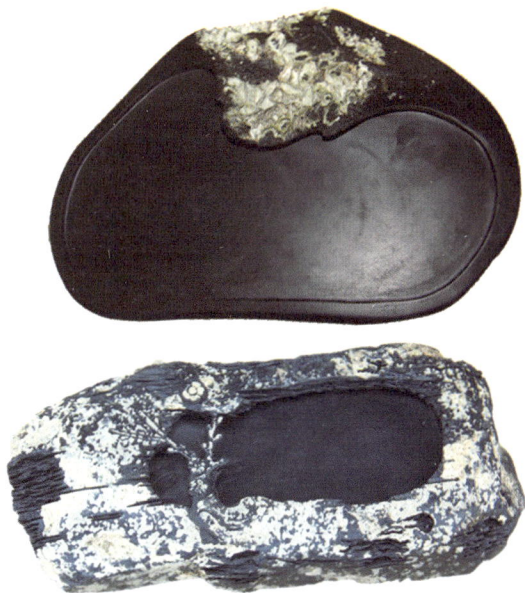

○ 两方田横砚（上）
○ 开采砚石（下）

高山流水

古琴觅知音

古琴为中华民族最早的弹弦乐器，历史久远，《史记·乐书》载："故舜弹五弦之琴，歌南风之诗而天下治。"高山流水淙淙，伯牙绝弦只为知音。

古琴形制上的对称，是中国文化"中庸"理想的一种物化表达，亦是中国人"见山立志，遇水生情"的审美境界。九嶷派对古琴的传承和创新，是传统文化走入主流社会的过程，也是民族古老生命记忆的延续。今天斫琴技术的发展，必将孕育中华民族雍容典雅的新国风。

历史地看，九嶷派斫琴法是随着九嶷派琴派的创立与传承而兴起的，伴随着琴派流传的始终，传入青岛是20世纪20年代的事。当其时，九嶷琴派创始人杨宗稷的弟子李静来青岛海关工作，并开办了九嶷琴社，一时从学者众多。缘此，在全国影响甚大的九嶷派花落青岛，而九嶷派斫琴法亦随之兴起。

琴界素有"善弹者善斫"之说，意为传统琴师在琴艺修养中，弹琴与斫琴都是不可缺少的，两者相得益彰，历史上许多著名琴师同时也是斫琴大师。九嶷派琴创始人杨宗稷不仅自己斫琴，而且善于培养人才，管平湖、李浴星均是其弟子。管平湖在斫琴法上尤擅为古琴断代，其文物古琴修复水平很高，为业界翘楚。李浴星一生斫琴近百张，经其手修复者倍之。在青岛，第五代传人司德潇师从张林，斫琴之道日渐精湛。

九嶷派斫琴法有独特的制作工序、审美取向和取音标准，在选材和工期上有着严格的标准，讲究适材而斫、形为音辅。制作上，九嶷派斫琴法有木材选料、木胎制作、古琴附件制作与安装、琴体灰胎制作和古琴髹漆工艺五道基本工序。形制选择上，遵循"中正平和"的审美原则，不以怪异为美。制作中，特别重视髹漆工艺，完美融合了形制之美与漆器之美，具有古朴大方、自然脱俗的审美格调。总体上看，九嶷派斫琴法工序严谨，取法古制，立足本派，以本派古琴的演奏风格为斫琴法的取音基础，斫制的古琴品质优良，琴声刚健雄浑，从声音上满足了本派刚柔并济的演奏要求。不仅如此，古琴制作在选材、用漆方面也颇为讲究。"面杉底梓""面桐底梓"是人们通用的选材搭配：面板用杉木或桐木，因为它们的质地较软且松透，利于琴弦的振动；底板用梓木，因为它质地偏硬，但又能参与声音的振动，促成声音的纵向波动，让琴声在悠扬之外还能产生下沉的感觉，直抵人心。

九嶷派斫琴法第五代传人司德潇在修理弦路

传统医药历史悠久，种类丰富，是内蕴深厚而特色鲜明的民族文化遗产。回溯中华文明起源、流变与发展的进程，从上古文明拓荒时代开始，先民就积极致力于对人体生命的认识和探索。古人有"不为良相，便为良医"的说法，意味着治病救人的卓越功德。在数千年漫长的历史进程之中，无数良医前赴后继，为黎民服务，为苍生的健康进行了筚路蓝缕、艰苦卓绝的探索，从实践中总结出了一系列关于疾病预防、治疗和生命健康的经验、方法和理论，对于中华民族的健康发展，对于中华文明的延续更新产生了非常深远的影响，可以说其功厥伟，善莫大焉。特别值得关注的一点是，传统医药学说和相关成果中，蕴含着阴阳和谐、天人合一等哲学观念，某种程度上也可以被视为传统哲学的一种延伸，或者说是传统哲学与生命科学探索的一种实践方式，其经验和理论至今依然有着广泛而深刻的适应力，对于中华民族和全人类的健康发展必将发挥更大的不可替代的作用。

青岛地区传统医药有着深厚的历史积淀，具体而微地展现了传统医药的传承与创新过程，特别是在针灸、推拿、接骨、养颜等方面形成了一批优秀成果，独树一帜，弥足珍贵。

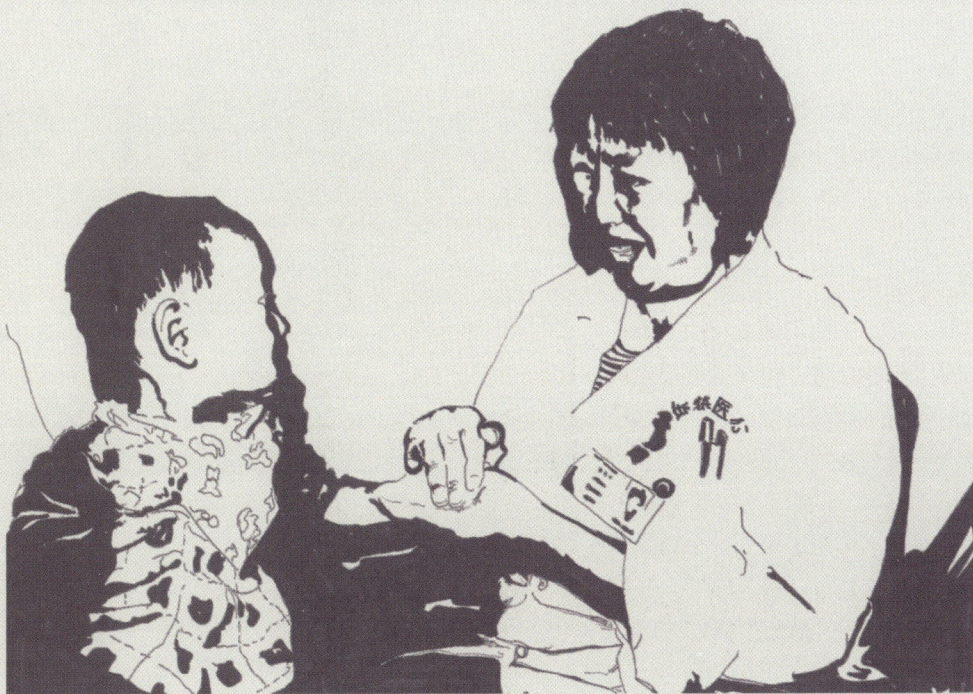

今古风华——青岛市非物质文化遗产图鉴
The Illustrated Handbook of Intangible Cultural Heritage of Qingdao City
Treasures of the Present and the Past

第九部分 传统医药

Part IX
Traditional Medicine

三字经流派推拿疗法

A Representative School of Modern Pediatric Massage Therapy

The Three-Character Classic Sect Massage Therapy

省级非物质文化遗产（青岛市中医医院）

近现代小儿推拿疗法的代表性流派

中医博大精深，有着至为深厚的哲学基础和非常独特的医学体系。其中，推拿就是一种行之有效的疗法。推拿亦称"按摩"，是一种非药物的自然疗法，指的是中医用手在人体上按经络、穴位，用推、拿、提、捏、揉等手法进行治疗，有着形式多样的手法和力道，以达到疏通经络、推行气血、扶伤止痛、祛邪扶正的目的。推拿历史悠久，被誉为"元老医术"，其起源可追溯到上古时代，有史可稽最早的推拿学专著为秦汉时期成书的《黄帝岐伯按摩经》，而其哲学与医学原理在《黄帝内经·素问》中已见昭显。今所言"推拿疗法"，是以中医的脏腑、经络学说为理论基础，并结合西医的解剖和病理诊断，而运用手法作用于人体体表的特定部位以调节机体生理、病理状况，达到理疗目的的方法。

青岛是我国小儿推拿疗法的中心之一，历史上素有"全国小儿推拿看山东，山东小儿推拿看青岛"之说。山东有四大小儿推拿流派，即济南孙重三派、青岛三字经派、青岛张汉臣派和青岛张席珍派，其中三派在青岛。

三字经流派推拿疗法（简称"三字经派""三字经推拿法"）属传统中医推拿范畴，是近现代小儿推拿疗法中的一个代表性流派，对腹痛、牙痛、惊风及脱肛等多种儿科疾病疗效显著。

1877年，山东牟平人徐谦光将其推拿技法总结、提炼为三字为一句，著成《推拿三字经》，三字经推拿法因此而得名。然成书后并未正式出版，仅以手抄本形式在民间流传。徐谦光的后人中，唯其孙辈徐克善继承祖业，成为胶东的小儿推拿名医，可是自此之后其家族中便再无传人。所幸者，李德修出现在了历史视野之中，避免了这一中医秘笈的失传并逐渐使之发扬光大。时为1910年，他获得徐谦光的《推拿三字经》一书，为威海清泉学校校长戚经含所赠。经戚校长指点迷津，经八年刻苦钻研，他深刻领会了推拿之道，遂以此安身立命，开启了行医之路。1920年，李德修从威海移居青岛，设立诊所，顿成岛上名医，因疗效显著，求治者纷至沓来。1955年，他被聘为青岛市中医医院小儿科负责人。他广行医者仁心，为无数患者带来了福音。临床行医的同时，他还热情提携后学，陆续培养出了王德芝、王安岗、孙爱兰、刘瑞英、赵鉴秋、王蕴华等高徒，使三字经推拿法在临床实践中获得了广泛应用。长期实践证

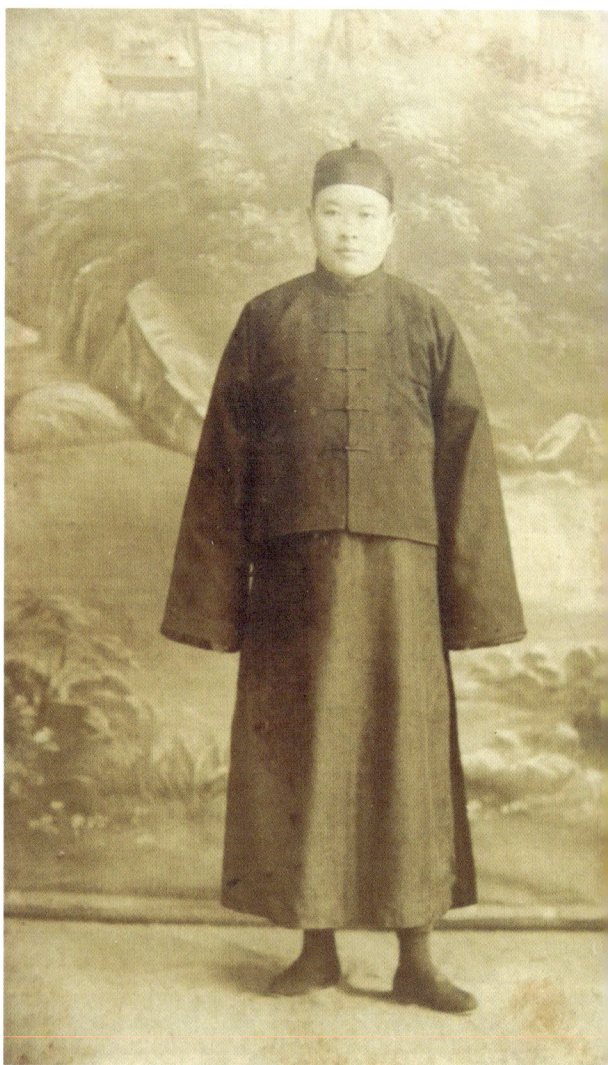

○ 中医名家李德修

明，三字经推拿法在治疗小儿常见病、多发病等方面效果显著，在中医学界产生了很大的影响。不仅如此，他还精于学术研究，在总结长期行医经验的基础上，撰成《小儿推拿三字经》《李德修小儿推拿技法》及《幼科推拿三字经派求真》等中医学专著，为系统传承三字经推拿法奠定了坚实的理论基础，进一步确立了本派的学术地位。

薪火相传，如今三字经推拿法得到了有效的传承、创新和推广。2002年至2008年，青岛市中医医院儿科主任葛湄菲赴济南、牟平、威海等地实地考察，查阅文献资料，走访创始人后代，完成了"三字经流派推拿文献整理研究""三字经流派推拿技术研究"及"三字经流派推拿治疗小儿泄泻临床验证"课题研究，编纂出版了《英汉对照三字经流派小儿推拿》一书，注册了"三字经流派推拿"商标。作为青岛市卫生行业的中医特色专科，青岛市中医医院儿科入选国家中医药管理局"十一五"重点专科协作组，成为"三字经流派推拿治疗小儿泄泻的临床验证"的牵头单位。2011年，三字经推拿法成为山东省卫生强基工程第三批适宜卫生技术推广项目。2012年，作为协作单位，参与编纂了卫生部主持的"十二五"高等中医药院规划教材《小儿推拿学》，其中载入了三字经流派推拿法。近年来，青岛市中医医院先后举办培训班数十期，学员遍布国内各地及荷兰、日本、德国等国家，为面向世界传播中医文化做出了积极贡献。

三字经推拿法之所以历经百余年而长盛不衰，关键在于其自然性、针对性和有效性。观察其治病之道，首先从"八纲辩证"出发，明辨阴、阳、表、里、寒、热、虚、实等各种症状，对病情做出全面分析，厘清主次，抓住治疗的关键，根据五行生克原则，选择最恰当的穴位而击中要害，战胜疾病。可以说，三字经推拿法是传统中医理论的有效实践。在治疗过程中，多用独穴和特定穴，少而精，疗效确切，可重复，可验证性强。三字经推拿法尊重自然，改变了对药物治疗的依赖，具有绿色医疗的概念。三字经推拿法所创造的"推某穴代替某方剂"的技术特色，蕴含着丰富的哲学思想和人文精神，体现了中医文化的软实力。其治疗方法简单，操作方便，成本低廉，效果良好，无风险，无痛苦，患儿易于接受。

要之，三字经流派顺应了人们崇尚自然、返璞归真的医疗消费理念，有助于改变单一治疗的生物医学模式和高技术崇拜，适应现代健康观念的转变，满足了群众日益增长的绿色医疗需求。目前，以三字经流派为代表的小儿推拿学业已成为国际医学交流热门学科。

三字经推拿法传承人
葛湄菲在为患儿治疗（上）

葛湄菲指导荷兰学员修习
三字经推拿法（下）

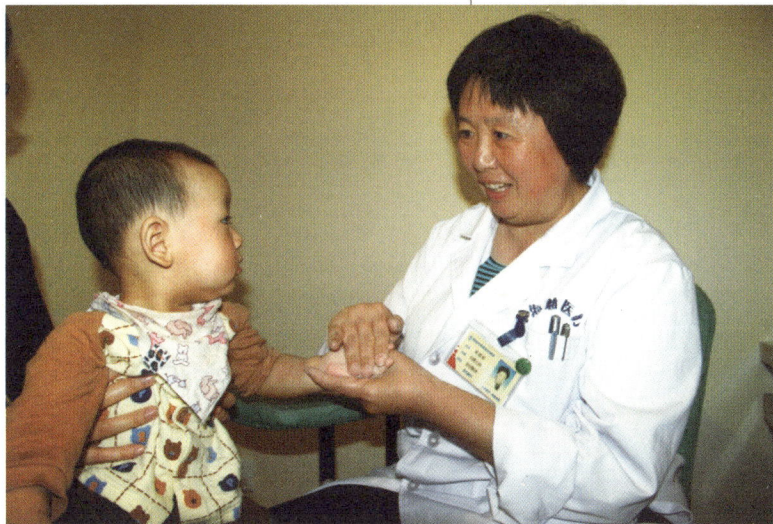

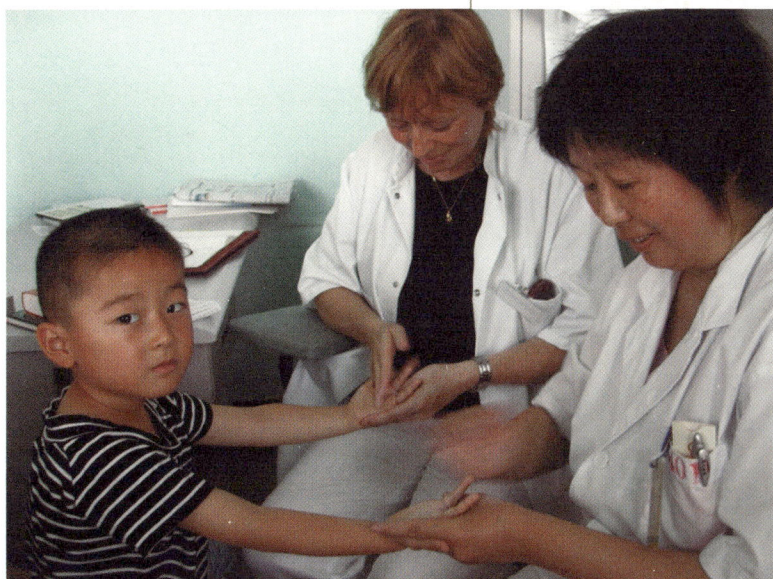

李氏小儿推拿秘笈 善用独穴治急症

Li's Pediatric Massage Secret Collection
Being Good at Treating Emergencies by Acupuncture Points

"李氏小儿推拿秘笈"与"三字经流派推拿疗法"同出一宗，均是由李德修依据清徐谦光所著《推拿三字经》而创立和发展起来的，可谓一脉相承。

李德修（1893—1972），山东威海人，亦名慎之。他幼时家贫辍学，靠在渔船上学徒打工谋生，17岁染疾，致耳聋。1910年，他幸运地遇到威海清泉学校校长戚经含。怜其疾苦，感其赤诚，戚校长便将所藏《推拿三字经》送给他，并给予悉心指教，引导他走上了中医推拿之路。他潜心钻研年八年后，终得其真谛，方独立应诊。1920年，李德珍来到了青岛，起初在鸿祥钱庄开设诊所，以推拿疗疾，颇具声望。1929年自设诊所，声望日隆。1955年起，他出任青岛市中医医院儿科负责人，1958年被山东省卫生厅确定为全省继承抢救名老中医，1962年先后收本院医师王德芝、王安岗及护士孙爱兰等为徒。后来，其子李守义及儿媳娄堃受亦开始认真研修小儿推拿技艺，传承秘法。

○ 李德修珍藏的中医典籍（左）
○ 1933年青岛特别市社会局发给李德修的营业执照（右）

"李德修小儿推拿秘笈"遵循传统经络哲学，取穴以五行生克为原则，多抓主症、主穴，善用独穴治急症，注重五脏辩证与五行取穴，取穴少而每穴操作时间长，达到"推某穴以替代某方剂"的目标。治疗过程中，取穴是关键，经过长期探索，在经验积累的基础上洞悉内在规律，摸清了一系列便于掌握与操作的特定穴，因此推拿的可重复验证性就大大增强了，疗效也就就更为确切了。

为弘扬李德修的精湛医术和崇高医德，其孙女李先晓整理出《李德修小儿推拿秘笈》，2010年由人民卫生出版社出版，深受读者欢迎。同年10月，李德修健康咨询中心在青岛成立，求医者盈门。2013年，《李德修小儿推拿三字经流派》由青岛出版社出版，书后附有"小儿推拿三字经原文注释"和"小儿推拿三字经手抄本"。2014年，《李德修三字经派小儿推拿精解》问世。

○ 李氏小儿推拿秘笈第二代传人娄堃

张氏小儿推拿技法 | 稚阴稚阳的扶正之道

Zhang's Pediatric Massage Technique
The Way of Strengthening Yin and Yang

清光绪十四年（1888年），张振鋆始创张氏小儿推拿技法，所著《厘正按摩要术》详述望诊、辩证、立法、取穴之法。1925年，蓬莱人张汉臣师从名医艾氏，得小儿推拿技法真传。20世纪30年代，张汉臣来青岛行医。1950年，他获全国首批"中医师证书"。1957年，他被聘入青岛医学院中医教研室及青医附院中医科工作。其间，在继承、发扬、充实、提高了《厘正按摩要术》的学术思想及临床经验。1962年，他被认定为山东省名老中医，"张汉臣推拿法"被写入全国中医学院教材，纳入《齐鲁推拿术》科教片。简言之，张汉臣对小儿推拿的贡献主要体现在三个方面：解剖学上，他开创性地精准定位57个常用穴，著《实用小儿推拿》；生理学上，他将小儿推拿与现代实验研究相结合，进行了小儿推拿史上的三大实验；教学上，他培养了侯英祥、李安域、田常英、初兰花、张锐等后起之秀。

○○○○○有张汉臣签名的医学著述（上）
张汉臣推拿手法示例：按弦走搓摩（下右）
张汉臣推拿手法示例：猿猴摘果（下左）

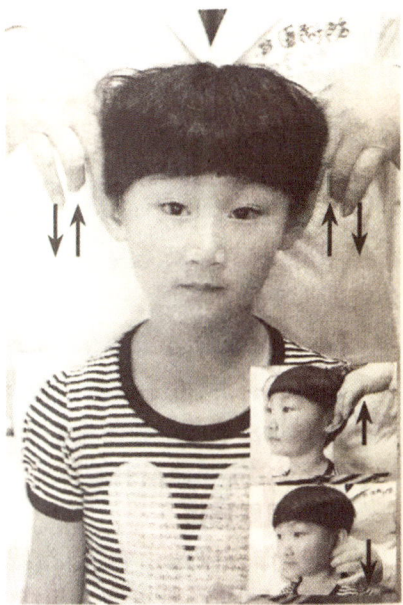

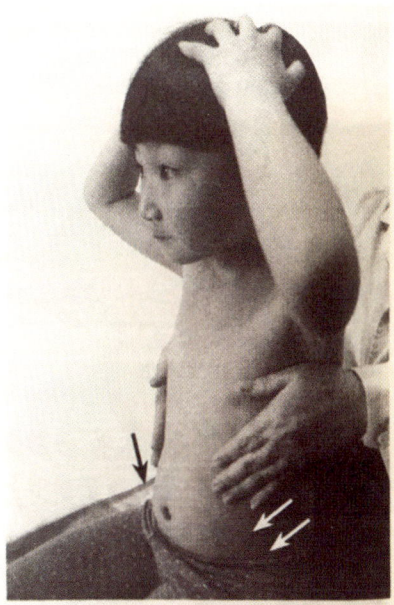

张氏小儿推拿推崇稚阴稚阳，注重"扶正"和"补泻兼治"，形成小儿推拿领域的扶正派。总体上看，"扶正"之道主要落实于如下维度上。其一是祛邪与扶正相结合，治疗过程中，医者须时时佑护小儿的正气，做到祛邪的同时不忘扶正。其二是以望诊为主，形成一套适宜于小儿生理特点的望诊之法，擅长望神、色、形、发和苗窍，尤其擅长望鼻及"滞色"。其三是讲究整体观念和辩证论治，认为辩证首先应"正确地认识疾病的本质，为治疗临床提供依据"。其四是注重审症求因，善于将中医与现代医学理论方法相结合，在结合中探明机制，开创小儿推拿实验先河。基于此，此派推出"小儿推拿治疗八法"，其中捏挤法为其独创手法，具有祛邪、清热、透达、化积等作用。

张汉臣曾将此派学术思想及特征归纳为"一掌四要"。"一掌"是说要掌握小儿无七情六欲之感，只有风、寒、暑、湿、伤食之症的生理特点。"四要"者，一要辩证细致，主次分明；二要根据病情，因人制宜；三要取穴精简，治理分明；四要手法熟练，刚柔相济。要之，张氏小儿推拿法特色鲜明而技法实用，取穴明了，便于掌握与操作，疗效确切，可重复性、可验证性强，治疗无痛苦，患儿易于接受。

班氏外科——针灸推拿法

传统家学与现代医学的结合

Ban's Surgical —Acupuncture and Massage Techniques

The Combination of Traditional Family Learning and Modern Medicine

清朝中医名家胡家法自幼入宫廷学医，精通打膏药、打丹药等外治法并有针灸、推拿方面的论著传世。弟子杨云亭得其真传，后将衣钵再传与弟子班心甫。班心甫为岛城名医，精通传统针灸、推拿，行医严谨，治学有道，潜心研究历代针灸文献，撰成《针法枢要》和《外科辑要》等著作。其子班永君秉承家学，融合现代医学，历经40余年临床实践，总结形成一套独特的针灸推拿手法，正式确立"班氏外科——针灸推拿法"，其中包括"宽胸理气针法""青龙摆尾拉伸复位法"等，遵"循经络，走穴道"之旨，用以达到通调脏腑气血、扶正祛邪的目的。

班永君认为，很多疾病是由颈椎、胸椎、腰椎小关节紊乱导致的。因此，他结合临床独创了"青龙摆尾拉伸复位法"。应用此法时，先用拨筋法弹拨脊柱两旁肌肉，待其完全松解，让患者坐在凳上，双手交叉放在项后或肩前，医者或穿患者手臂贴实患者双手，或交叉抱住患者肘部，胸腹部紧贴患者后背，先带动患者左右摇摆如青龙摆尾状，待患者充分放松之时，回到中立位时向后上方提拉患者，借患者自身之重力形成牵拉，瞬间对紊乱之关节复位，同时听到"啪啪啪"的弹响声，复位完成，患者感觉浑身上下畅快淋漓，因脊柱小关节紊乱导致的头晕、头痛、心慌、气短等症状顿消，脊柱中间循行督脉，督脉为阳经之海，总督一身之阳气，督脉顺则气运行顺畅，百病皆消。

班氏针灸推拿法特别强调审症求因，因人、因病、因症而施治。取穴少而精，处方配伍得当，尤善"一针透多经"，如"曲池透少海"以治疗心绞痛，"肩井透颈根"以治疗中风偏瘫出现的肩背酸痛症状。其"子午流注纳支补泻法"亦称"十二经流注时刻补母泻子迎随补泻法"别具特色，基于人体每一脏腑经气之旺盛与衰弱时刻相对应而取穴行经，统一协调各经的本穴、原穴、子穴、母穴，通过五行推算补母泻子及五腧穴的灵活运用，以达到纳络止痛之目的，多有奇效。

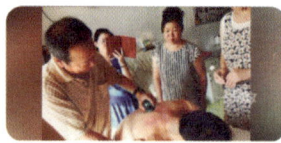

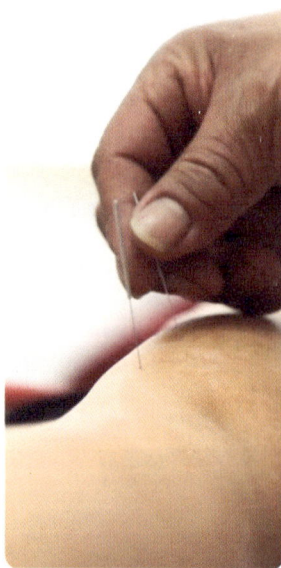

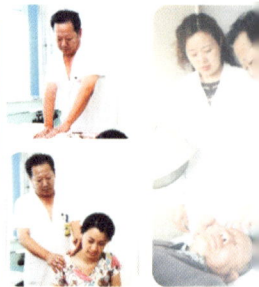

○ "班氏外科——针灸推拿法"第三代传人班心甫（前右三）与徒弟留影（上）
○ "班氏外科——针灸推拿法"第四代传承人班永君为患者治疗场景（下）

灸疗法是最古老的中医疗法之一，艾灸法是使用艾条燃烧熏烤人体穴位治疗的方法，作用原理和针疗相近，通常针、灸并用，故称针灸。

周氏艾灸法的始创者是晚清名医周丙荣，后将衣钵传与其孙周楣声。作为一代灸法大师，周楣声行医70余载，足迹遍布皖东、苏北、胶东等地，多次受国家卫生部（卫计委）委托举办全国灸疗培训班。有鉴于近代重针轻灸的状况，他精诚致力于传统灸疗的复兴，在所著《灸绳》中发出"桑榆虽晚，终存报国之心，灸道能兴，愿效秦庭之哭"的赤诚之音。

周氏艾灸法对各种疾病选穴原则是"少而精准"，甚至对危重病症也能精选一穴灸之，屡见奇效。为保证选穴精准，总结出灸感感传各种症候及感传三个基本时相特征，成为宝贵经验。周氏艾灸法分直接灸、间接灸与温和灸三大类别，又创新推出了"热流喷灸法"。直接灸中，对补泻作用突出疾徐强弱法和疾徐开阖法；间接灸即隔物灸，配合药物增强灸效。在雷火针与阳燧锭的基础上，研制出新灸具并形成"万应点灸笔快速点灸法"，把雷火针的隔布法改为隔纸法，适于多种痛症、炎症、热性传染性疾病；温和灸即艾条灸，强调"灸"字从火从久，发明具有艾条灸与温灸器双重作用的灸架，目前国内外已广泛应用；热流喷灸法原理是将灸力由片集合成点，使药气流直对孔穴及患处喷射，除对常规部位灸治外，还用于耳灸、肛灸、阴道灸等。

青岛市海慈医疗集团主任医师于青云得老师周楣声真传，研发出艾条熏灸器、周氏万应点灸笔、热流喷灸仪、汽灸仪等医疗仪器并获国家发明专利，著《说灸》，辑成《周楣声医学全集》中英、中日、中韩文版，致力于将周氏艾灸法的普及和推向世界。

《金针梅花诗钞》为周氏艾灸法的始创者周丙荣的遗著，经周楣声整理而问世。该书撷取历代针灸文献精华并萃集周氏四世传习之心得，成为灸法传承的名著。在总结数十年行医实践和理论思考的基础上，周楣声撰成《灸绳》，是一部对灸法传承、振兴和临床应用起决定性作用的中医名著，一如其名，为"艾灸之准绳"。书中重点论证了临床"热证贵灸"的诊疗特色，记载了灸法治疗流行性出血热病症验案，为研究灸法治疗热性传染病之方法奠定了理论基础。

灸法圭臬
《金针梅花诗钞》与《灸绳》

【周氏艾灸法】
Zhou's Moxibustion
The Inheritance and Revival of Moxibustion

千秋灸法的传承与复兴

○ 直接灸（左上）与间接灸（右下）

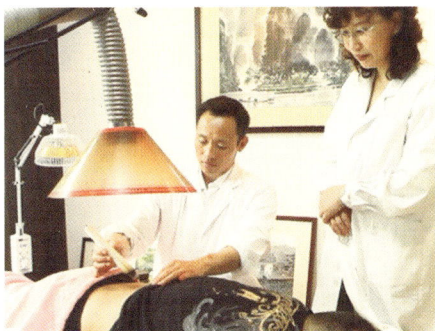

○○ 周楣声先生百年诞辰暨灸法培训班（左）
于青云在指导医师做灸疗（右）

省级非物质文化遗产（市南区）

八白散传统驻颜技法

Babaisan Traditional Beauty Retention Technique

从秘藏宫廷到普惠民间的养颜术

Beauty Cultivation Hidden from the Court to the People

金礼蒙等撰古朝鲜医书《医方类聚》记载，"八白散"源于"全国宫女八白散"，迄今已有800余年历史。清乾隆七年（1742年），宫廷御医吴谦所撰《医宗金鉴》载有"玉容散"，系选取全国宫女八白散中的大部分中草药而配成。光绪十四年（1888年），宫廷御医李德昌、王永隆在"玉容散"的基础上，为慈禧制成养颜方剂"加减玉容散"。清末民初，太医院院判李子余携众多方剂出宫，行医民间，张宪斌得其真传，将"八白散""玉容散"等养颜方剂收入所著《中医养颜方集》，并改良为"养颜八白散"。

八白散是由白丁香、白茯苓、白牵牛、白附子、白僵蚕、白蒺藜、白芷、白及八种中草药制成的散剂，辅之以排毒、通气血、穴位按摩等手法，利用中草药调理皮肤，此为八白散驻颜术。

1999年，刘伟琳师从张宪斌，潜心研修八白散，创建植秀堂，成立中医养生养颜研究所，在对传统配方进行挖掘和改良的基础上，研制成功了植物秀八白散及其驻颜术，可谓传统美颜技艺运用于现实生活的成功案例。植物秀八白散由多种名贵中草药配成，研磨成粉末状散剂，加入中药引片酵掺水调配成膜。配制过程中，合理利用了崂山绿茶、崂山矿泉水等特色资源进行调配，使得这一传统医方具有了新的地方特色，其养颜功效得以进一步加强。如今，以青岛为中心，八白散养颜术已推向国内数十个城市及马来西亚、印尼、新加坡等东南亚国家。缘此，秘藏宫廷800年的八白散养颜术得以传播天下。

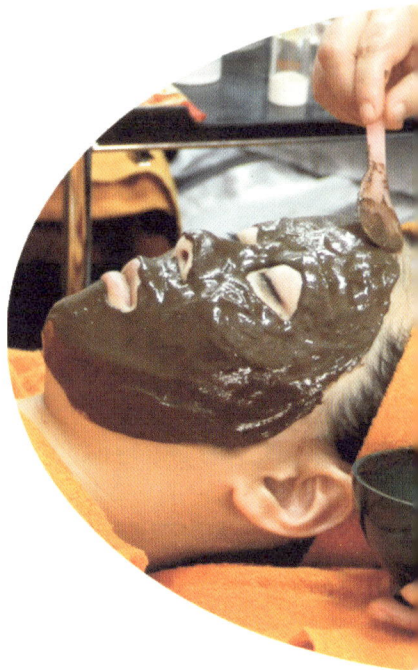

○ 植物秀八白散敷膜（上）
○ 砭术疗法·拨经步骤（下）

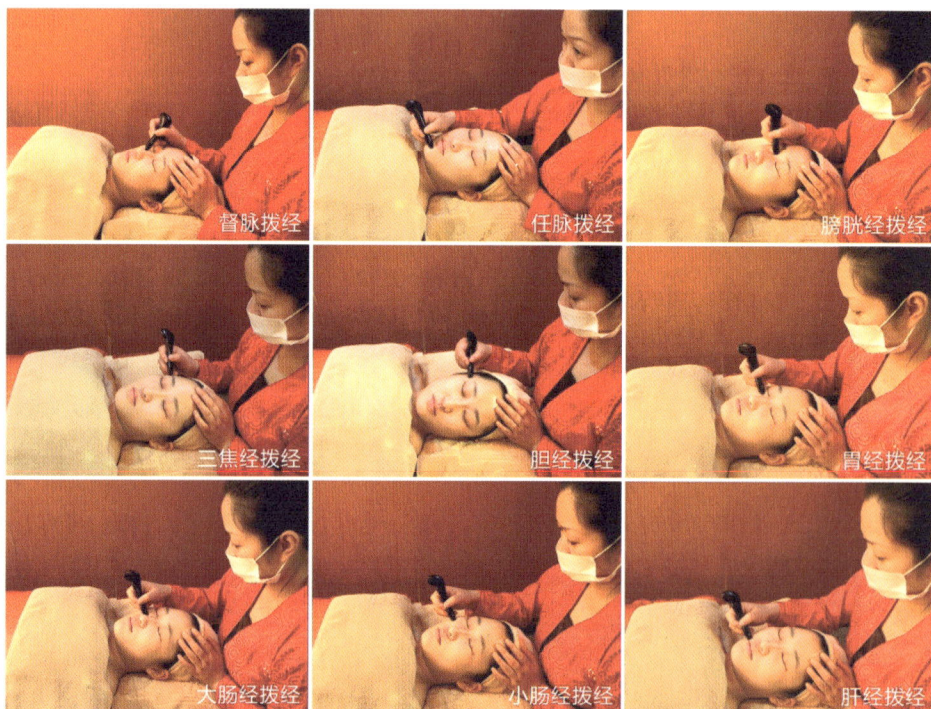

督脉拨经　任脉拨经　膀胱经拨经
三焦经拨经　胆经拨经　胃经拨经
大肠经拨经　小肠经拨经　肝经拨经

"郭氏秘传接骨"肇始于明末清初，历尽沧桑，延续至今。

20世纪80年代，"郭氏秘传接骨"第二代传人郭培伦开设了接骨专科门诊，在继承祖辈传统医术的基础上，由原来的土办法接骨发展成为集现代化诊断、医疗、康复为一体的骨科专门医院。近年来，第三代传人郭衍恒秉持"医者仁心"之旨和"行医即行善，爱德不爱钱"的祖训，将"郭氏秘传接骨"进一步发扬光大。

"郭氏秘传接骨"是采用家传秘方、配以物理疗法和定位肢体运动的特色骨折治疗方法。在诊断上，主要采用望、问、触诊的方法，快速有效诊断病情。在复位手法上，特别擅长对骨折及脱位的处理，以祖传正骨手法进行复位，并结合郭氏特制夹板给予固定，治疗效果快速有效，并能有效减少相关后遗症和并发症。在药物方面，创制了郭氏秘传接骨丹药，由文术、自然铜、接骨草等十余味中药秘制而成，具有活血、化瘀、通经活络、促进骨质增长的效能，可起到快速促进骨折愈合的作用。在康复上，采用郭氏物理疗法，针对不同病情采用相应的锻炼疗法，打破了骨折病情只能静养、不宜活动的观点，将合理的支撑、拉力、甩手、起蹲等运动引入骨折治疗，充分调节人体内部机能，促进骨质生长，并减少了骨伤后遗症和并发症的出现。要言之，"郭氏秘传接骨"融合传统医学与现代医药科学手段，讲究"内外兼治、动静结合，筋骨并重"，具有治疗时间短、愈合效果佳、肌肉关节后遗症少等优势。

明崇祯年间（1628—1644年），名医郭敬海曾在太医院工作，擅长接骨术。崇祯帝去世后，他回到了家乡许昌，继续行医，并在家族中挑选天资聪颖者传授骨伤科医术。后来，郭氏子弟纷纷前往各地，在战乱中救死扶伤，多行善举。就这样，郭氏家族在中国北方各地生根繁衍，医术也随之传播开来。至民国初年，一位郭氏子弟辗转流落到胶州胶北店子村，受到旅店店主郭茂祥的热情救助与接济。感怀特殊的乱世友情，念及自己无后，而店主恰巧也姓郭，于是这位郭氏子弟索性就将家传秘方接骨术传给了郭茂祥。缘此，"郭氏秘传接骨"在胶州扎下根来。

市级非物质文化遗产（胶州市）

郭氏秘传接骨
Guo's Esoteric Bone Setting
From the Forbidden City to Jiaozhou Via the Central Plains

从紫禁城经中原传至胶州

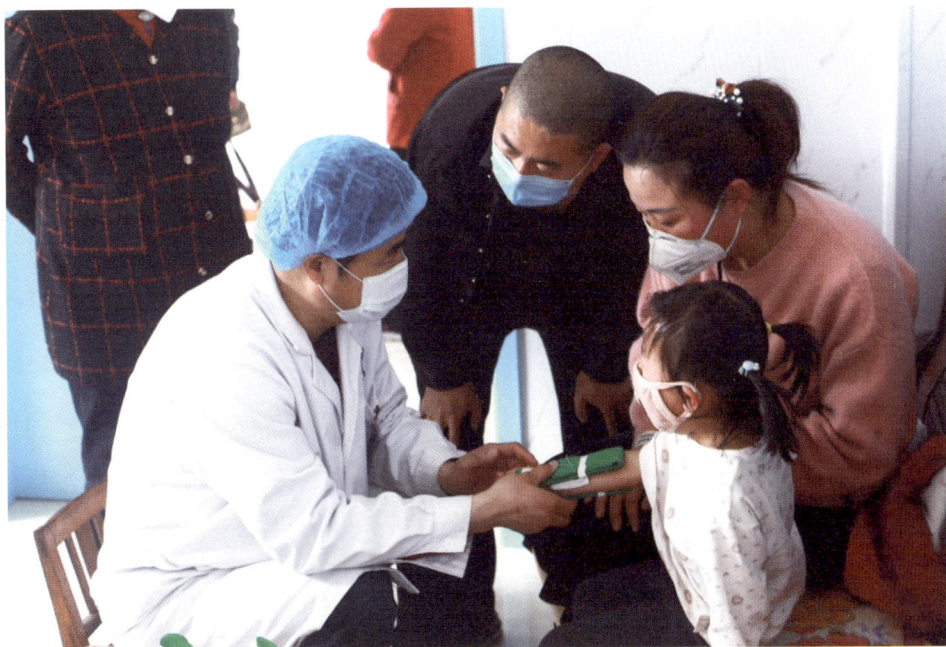

◯ 郭氏秘传接骨传承人郭衍恒在为患者治疗

181

李氏非固定学派骨伤疗法

身心同疗的快乐骨科

Li's Non-fixed School Bone Injury Therapy
Orthopedic Treatment with Physical and Mental Therapy

李相和与李维秀父子

仓公有道

中医治疗骨伤的最早记录

历史上中药治疗骨伤案例始见于《史记·扁鹊仓公列传》，其中载有仓公为齐王后之弟宋建治疗腰脊痛的案例，所谓"臣意即为柔汤使服之，十八日所而病愈"云云，言明治疗的方法与效果。《神仙通鉴》云"意乃临菑安丘人"。"意"即淳于意，人称仓公，古医名家。《史记》载其医案二十五例，称为"诊籍"，是中国现存最早的病史记录。

李氏非固定学派骨伤疗法与西医不同，以"治骨折，非固定，吃中药，加运动"为要，屡创奇迹。

清末民初，李彦甲首创李氏疗法，以口服中药丸剂辅以适当运动为特色，不固定骨折部位。行医过程中，他根据古传秘方并结合自己的临床经验，将中药加工成竹丸，为乡邻治病。其子李相和承继父业，疗法日臻成熟。第三代传承人李维秀幼承庭训，1961年到上海第二军医大学修西医。在骨折治疗中，他验证了家传方药的益处，遂结合现代医学知识，将竹丸改成胶囊。中西医辩证治疗，"小中药"缘此而大显神威。

当今骨科，治骨折推行"内固定加外固定"的方法，往往给病人造成二次损伤。李氏非固定学派骨伤疗法则不然，达到"不接骨而骨自接，不止痛而痛自止"的效果，通过以药复筋，再以动接筋续骨，愈合快，康复效果好，其"六字诀要"即药、酒、汗、动、点、养。这一疗法，集医、药、武、儒、释、道等诸多妙术融为一体，让病人身心同疗、形神俱妙，故称"快乐骨科"。从治疗椎间盘突出症到颈腰椎骨折瘫痪和四肢骨折、半月板损伤、骨性关节炎等，尤其是老年人骨折，治愈病例不胜枚举。李氏非固定学派骨伤疗法继承中医传统，结合现代科学，诊断明确，疗效明显，无任何毒副作用。这是传承百年的医者之为，治病救人，造福苍生。

李维秀参加第七届世界传统医学学术交流大会

民俗文化与非物质文化遗产相互包容。作为非物质文化遗产十大类中的一个类别，民俗有着特定的含义，主要指庙会以及与其相关的大型节庆活动、祭祀风俗、礼俗、集市等。中国文化的包容力在民俗文化中得到了最基本、最广泛的体现。可以说，每个人都是民俗文化的主角，简洁的奥秘渗透在日常生活的方方面面。

对于青岛来说，民俗文化有着三个显著特点：其一是海洋性，充满海洋特色，或者说洋溢着海陆一体化色彩，反映了海洋文化在民俗生活中的典型存在方式。其二是多元性，近代青岛开埠以来，在东西方文化碰撞、对话过程中，本土文化与域外文化实现了融通。其三是复合性，近现代市井民俗与古来既有的民俗场景相互交融，形成今古一体的文化景观。

天穹下，海风中，在同一道光的盛大浸润中，丰富多彩的民俗之音此起彼伏，就像多声部的复合交响，贯通今古，将无边无际的生活连接起来，辽阔，深沉，生动……

第十部分 民俗

周戈庄上网节
Zhouge Village Sea Sacrificial Ceremony
The Folk Festival Centered Focusing on Sea Worship Activities

国家级非物质文化遗产（即墨区）

以祭海活动为中心的民俗盛典

○ 周戈庄上网节盛况

天地悠悠，瀚海茫茫，波涛汹涌中，不变的是信仰和力量。

对渔民来说，如何与他们赖以生存而又充满不确定性的海洋达成默契？这是一个重要问题。对此，周戈庄上网节做出了回答。这是渔民在每年出海捕鱼前祭祀海神，向海神祈求平安丰收的盛大仪式，是渔村最热闹的节日。

周戈庄村位于即墨东北部的田横镇，濒临黄海，处栲栳湾西岸，世代以耕海捕鱼为业，被誉为胶东半岛上一颗璀璨的渔乡明珠。村中现有千余户，大小船只200多艘。早在6000年前的新石器时代，先民就在这一带靠渔猎繁衍生息。元末，因连年征战，航海捕鱼活动几乎消失殆尽。明永乐年间（1403—1424年），随着卫所制度的实施，大量移民从云南、山西等地迁徙到田横镇域内。伴随着渔业生产，对海神的崇拜和祭海习俗逐渐兴起。起初是渔民单户的零散行为，无固定日期，因"谷雨百鱼上岸"而多选谷雨时节一吉日举行。至民国初年，形成以家族或船组为单位的集体祭海活动。1984年，祭海风俗得以重现，称"周戈庄上网节"，每年阳历3月18日举行。2005年起，其改称"田横祭海民俗文化节"，时间定为每年3月18日前后三天举行。2006年，这项民俗节庆正式定名为"田横祭海节"，并首次提出了"人海相谐，兴我家邦"的主题口号。

祭海包括仪式前、仪式中和仪式后三大阶段。仪式前是筹备阶段，主要包括七项内容。第一项是选三牲：以猪、鸡、鱼为三牲，猪以黑毛公猪为佳，宰杀后脖子上要留下一撮黑毛，说明是带毛全猪，置于四短腿红漆长方矮桌上，呈昂首站立姿势，并在猪头和猪脖子上系上红绸彩带；鸡要选个头大的红毛公鸡，寓意披红挂彩、大发洪财；鱼要用大个儿的鲈鱼，以示名贵。第二项是蒸面馍：主要造型有寿桃、圣虫、斗等，其中寿桃上饰有双狮戏绣球、龙凤呈祥、喜鹊报春等图案，寓意长寿吉祥；圣虫，其形如龙，多圈盘绕在莲花座上，寓意财源广进；斗，形如旧时盛粮的斗，斗口处要做上一条小圣虫，寓意有粮有钱。第三项是写太平文疏：由村里德高望重的老人用黄表纸书写，共五份，分别呈与龙王、海神娘娘（天后）、财神、仙姑和观音菩萨。第四项是写对联：内容一般为"力合鱼满船舱，心齐风浪平""海不扬波，水上太平"等，祭海前一天贴在龙王庙和船上。第五项是装饰龙王庙：将龙王庙打扫干净并装饰一新，在庙前

何谓"上网"？其实，这是当地关于"祭海"的一种俗称，是当地渔民祈望丰收平安的一种古老风俗，是渔民在漫长的耕海牧渔生活中形成的一种独具地域特色的渔家文化。最初的祭海没有固定日期，由渔民单独或按渔行零散进行，仪式比较简单。各家各户在年初检修船只、添置渔具等工作准备就绪后，于谷雨前后到清明期间，根据各船家的进展情况，采取查黄历的方式来确定适宜的黄道吉日，把渔网抬上船，杀鸡宰猪，焚香烧纸，到龙王庙祭海，祈求海龙王保佑风调雨顺，出海平安和渔业丰收。祭海的第二天，渔船就要出海远航，因此祭海也被称作"上网"。

悬挂大红灯笼。第六项是扎松柏门：在龙王庙前的海滩上扎起重檐式松柏门，宽十余米，高约八米，其上层悬挂匾额，两边为二龙戏珠和鱼跃龙门的图案，整个松柏门张灯结彩。第七项是列船：祭海日前一天，各船船主将船只开到村前海湾，一字排开，船尾朝岸，船头面海，然后下锚定位。各船彩旗飘扬，渔具、网具整齐摆在船上。

仪式中以"祭典"为中心展开。首先要摆供，天一亮，在龙王庙前的海滩上，渔民便以船为单位开始摆供。桌上摆面塑圣虫、寿桃、斗、鱼及各类糖果、点心等，桌前摆猪和鸡。在每组供桌前要架起一束用竹竿绑扎成的"站缨"，这是渔船海上下网用的标志。同时将准备焚烧的黄表纸划好，香炉摆好。接着就要举行祭祀仪式了，这是整个祭海节的核心。旧时祭海时辰是越早越好，有占先发财的说法，现在统一为上午八时举行。全村渔民推举出一位德高望重的船把头，待到吉时，宣布"祭海仪式现在开始"。于是，鞭炮齐鸣，人们焚烧香纸，并把太平文疏点燃，磕头祈福。各船老大纷纷往空中大把抛撒糖果，海滩上众人争抢糖果，有"谁捡的糖果多，当年即交大运"的说法。渔民相信鞭炮声势越大，持续时间越长，谁的船便在一年中兴旺发财。因此祭海多是千万响的大鞭炮，船家们把几挂鞭绑在大木杆上同时燃放，场面壮观，气氛热烈。

仪式后阶段，主要内容是唱戏和聚餐。要连唱三天大戏，烘托祭海节的欢乐气氛。与此相应，各种民俗文化活动一并展开，琳琅满目。祭海当天必聚餐，先前是在船上聚餐，争相欢迎客人登船一同享用，人越多表明接到的祝福越多。现在是在家里设宴，款待前来参加祭海活动的亲朋好友，祭祀时用的三牲、面塑成为聚餐的主要食品。聚餐后主人和客人共同参与听戏等娱乐活动。祭海后第二天，便出海开始一年的渔业生产。

目前，田横祭海节已发展成全国渔文化特色最浓郁、原始祭海仪式保存最完整、规模最大的民俗盛会之一，成为青岛市最受市民欢迎的十大文化活动品牌之一。

田横祭海节一角（上）
三牲及其他供品（中）
等待出航的渔船（下）

田横祭海节

市级非物质文化遗产（城阳区）

龙王节

从龙王到日常生活的神光流转

Dragon King Festival

Divine Light Circulation from Dragon King to Daily Life

千百年以来，中国渔民心目中就有一个至为沉博的龙王情结，由来久矣。

中华民族记忆中，龙为精神图腾，是天地祥瑞的象征，有行云布雨、消灾降福的神力。那么"海龙王"意味着什么呢？其中固然有龙图腾的印记，但两者又有着严格的区别。海龙王信仰是在汉唐时期形成的，其原型出自《华严经》等佛教典籍，随着佛教中国化的进程而传入中国，逐渐演变成海洋之神。海龙王住在水晶宫中，统率龙子龙孙、海中水族，拥有奇珍异宝。《西游记》中多言四海龙王（东海龙王敖广、南海龙王敖钦、北海龙王敖顺、西海龙王敖闰），使之成为妇孺皆知的神灵。要言之，海龙王体现了古代龙神崇拜、海神信仰的诸多内涵，在沿海地区广受尊奉。对渔民来说，龙王的重要性不言自明，关乎航海与渔业生产的顺利与否。所以在沿海地区，凡渔村几乎皆有龙王庙，渔民出海前，必先到龙王庙焚香祭祀，以祈海事平安，渔业顺利。

城阳区棘洪滩街道前海西村的龙王节肇始于明万历年间（1573—1619年），是一项独具特色的传统民俗活动，充满历史感、生活感和仪式感。溯其源，与当地渔民遇到龙王牌位有关。时当农历六月十三日，天降暴雨，海边冲出一个龙王牌位，村民捡到后，奉若神明。于是，大伙就在村东南方盖了三间龙王庙，将龙王牌位供奉了起来。前海西村的村民多从事海洋捕捞、海上运输和海水制盐，深信龙王能保佑海事平安、风调雨顺。缘此，每年农历六月十三日遇见龙王牌位的这一天，船家、盐户、渔民、赶海者及农户便会自发涌到龙王庙，举行以颂祭文、奏祭乐、献祭品、敬祭酒为主要内容的祭祀龙王活动，祈求海事平安、渔盐收获、五谷丰登。就这样，年复一年，终成前海西村所独有的节日"龙王节"，又称"龙王会"或"雨节"。明清以迄民国，龙王节活动绵延不绝，趋于鼎盛。中华人民共和国成立后，这一传统节日得以保留，未曾间断。龙王节为胶州湾北部沿海劳动人民在长期的生产生活中所孕育，具有鲜明地域特色和浓郁的生活气息，在当地民间有着广泛的社会影响。

日出前，人们带着供品、香火、鞭炮从四面八方涌来。祭祀前，摆上猪、鸡、鱼"三牲"，连同大馒馒、水果、糕点、糖果等一字排开，好不壮观。祭祀开始，先由会首、族长行三拜九叩大礼首祭，后船家、盐户、渔民、农民等依次叩拜。祭祀仪式结束后，人们各自回到家中，迎宾待客，款待亲友。村内连唱三天大戏，以示庆祝。

○ 龙王节场景

琅琊祭海

Langya Sea Sacrificial Ceremony

Looking Back on the Changeable Situation of the Marine Culture in China

回望海洋中国的千古风云

琅琊镇位于青岛西海岸新区，自古即为中国海洋文化的集结地之一。追溯历史，琅琊古港是春秋战国时期形成的中国五大古港中地位最显赫的一处，标志着海上丝绸之路的起源。秦汉时期，秦始皇三次登临琅琊台，遣徐福出海求仙。后来，汉武帝四度登临琅琊台。历史地看，琅琊祭海活动有着深厚的历史积淀，是伴随着春秋战国以迄秦汉时期的海上求仙运动而出现的。古时，航海者扬帆出海之前，辄祭祀海神，祈求平安。唐宋以后，随着海龙王信仰的普及，祭海活动有了新的历史内涵。到了明清时期，琅琊镇区域兴建了许多龙王庙、海神庙，祭海活动趋于完备，已然成为渔民们日常生活的必行之礼，乃有"出海祭龙王、丰收谢龙王、求雨靠龙王"之说。

胶南年画《祭海祈福》

祭海的日子

每年农历正月十三为琅琊镇祭海的日子。当其时，渔民们会像过除夕一样为海守夜。五更前，即在海边备好供桌，摆上香炉，各船船主将彩旗猎猎的渔船开到村前海湾，船头朝向大海，威严列阵。清晨，男人们抬着宰好的整猪，渔妇们身穿节日盛装，提着供品，从四面八方汇集到海滩上。在九炮、九鼓、九锣后，祭海仪式前礼开始。布仪、主祭人、陪祭人就位，三炮、三鼓、三锣声后，祭海仪式正式开始。海滩上，鞭炮齐鸣，礼花喧天，万头攒动，一片欢腾。剧团扎台唱戏三天三夜，伴随着秧歌、腰鼓等各种民俗表演。祭海活动结束后，渔民们带着分来的供品，配足船上用的粮食和蔬菜，赶赴大海捕鱼，一年的航海捕捞开始了。

琅琊祭海场景

崂山鲅鱼礼俗

传统孝道的表现形式

Laoshan Spanish Mackerel Custom
The Manifestation of Traditional Filial Piety

鲅鱼礼俗源自一个美丽动人的传说。古时，有位老人将一个叫小伍的孤儿抚养成人，并将女儿许配给他为妻。某年春天，老人突然病倒，垂危之际想吃鲜鱼。可天公不作美，刮起大风，小伍冒着生命危险出海了。女儿守在父亲身边不停地说："爹啊爹，等等，小伍一会儿就回来了。"老人点点头，说："好孩子，难为小伍了，罢了，罢了……"话没说完老人就咽了气。小伍捧着大鱼跑回来了，夫妻二人抱头痛哭，只好把大鱼做熟后供在老人灵前。从那以后，小伍夫妻每年都要在老人的坟前供上这种初春刚捕到的大鱼，并按老人去世前口中念叨"罢了"之音，为其起名为"罢鱼"，即鲅鱼。

鲅鱼礼俗别具韵味，是一种民间饮食文化的礼仪形态，流行于胶州湾地区，在崂山沙子口一带表现得尤为突出。沙子口海域为闻名全国的"鲅鱼湾"，素有"鲅鱼之乡"的美誉，故而为鲅鱼礼俗的传承提供了自然条件。当地有"谷雨始见鲅鱼汛"一说，每年谷雨之后，沙子口渔港百船骈至，人涌如潮，车水马龙，一派繁忙热闹景象，数万吨新鲜鲅鱼从这里销向市场，进入千家万户的餐桌。此际，"儿女孝敬老人送鲅鱼，全家团圆吃鲅鱼"的情形令人倍感温馨，年复一年，代代相续。

"送鲅鱼，吃鲅鱼"礼俗因孝而生，久有流传。每到春季鲅鱼上市时，沙子口民众就抢先买来鲜活的鲅鱼送给长辈，以尽孝道。女婿们还会精心挑选一份"鲅鱼之礼"送给岳父母。沙子口流传着"鲅鱼跳，丈人笑"这样一句谚语。收到鲅鱼后，长辈会在第一时间将鲅鱼烹饪成美味的鲅鱼宴，其中必有鲅鱼丸子、鲅鱼水饺、炖鲅鱼等几道菜，再配上茼蒿（谐音同好）、豆腐（谐音都福）等菜，寄托子孙同好、有福同享的吉祥祝福。开餐前，老人会先端起一盘鲅鱼分别向北、东、南、西四个方向点点，表示先请祖先和天地四方神灵享用。鲅鱼菜端上餐桌后，必须是长辈老人先动筷，此为"见鲜"，然后儿女们才可享用。

○ 送鲅鱼

○ 手捧春鲅鱼的姑娘们

【萝卜会】正月里的『咬春』事

Radish Fair
"Biting Spring" in the first Month of the Lunar Year

○ 清溪庵旧影

萝卜会是青岛一项传统民俗盛典，自清溪庵庙会衍生而来，每年正月初八至正月十一举办，以萝卜为纽带，汇聚起丰富多彩的民俗文化活动。自古及今，热闹景象延续了近700年。1964年，清溪庵被拆毁，萝卜会也因此而终止，1991年恢复举办。

萝卜雕刻大赛是萝卜会的一项主要活动，吸引了来自全国各地的民间高手。在他们的刻刀下，普通的萝卜转瞬变成《百鸟朝凤》《二龙戏珠》《雄鹰展翅》等艺术品，令人叹为观止。同时，萝卜会还汇聚了来自全国各地的民艺表演、美味小吃和民间工艺品，可谓美不胜收。如今，萝卜会、元宵山会与糖球会合并举办，规模宏大，人山人海，洋溢着一派喜庆景象。

清溪庵位于老台东，始建于元代，为道教庙宇，奉祀玉皇大帝、太上老君、火神、五谷神和送子观音等。道教中，正月初九为玉皇大帝的生日，这一天要进行祭祀玉皇的活动，逐渐演化为民俗节日。每年正月初九，当地百姓携老带幼到庙里进香祈福。庙里所奉祀的五谷神，支配着一年的收成，所以老百姓就把一年中最先上市的蔬菜——萝卜作为供品献给诸神。说起来，萝卜会亦与北方的一个风俗密切相关，每年立春当天要吃萝卜，俗称"咬春"，民间有"正月初九吃萝卜不牙疼、可防病"的说法。农历中，正月初九恰在立春前后，人们来这里卖萝卜、买萝卜、吃萝卜，久而久之，清溪庵庙会就被人们称为"萝卜会"。

○ 萝卜会及萝卜雕刻比赛场景

省级非物质文化遗产（市北区）

海云庵糖球会

Haiyunan Sugar-coated Haws Fair

The Carnival of People's Livelihood that has been Celebrated for 500 Years

流传五百年的民生嘉年华

海云庵糖球会系由古老的海云庵庙会演变而来，是青岛地区最具历史感的民俗节庆之一。因以传统糖球暨相关糖球文化为特色，故而称作"糖球会"，深受广大市民和海内外游客喜爱，业已成为"中国十大民俗节"之一。

海云庵亦称大士庵，俗称四方大庙，始建于明成化元年（1465年），坐落于老四方海云街一带，奉祀观音大士、太上老君、文财神比干、武财神关公及东海龙王诸神佛。建成后，海云庵成为四方村、湖岛村及小村庄等附近村民进香许愿、祭奠神灵之所。数百年间，这里洋溢着浓郁的城乡风俗气息，是本埠民生风貌与民俗文化的一大集结地，因而也就成为连接今古的一个纽带，成为追寻青岛乡土情怀与城市格调的一个代表性场所。1926年，海云庵重修后恢复庙会。1990年，海云庵重建，随后恢复举办糖球会，热闹非凡，盛况空前，与会群众日均逾百万人次。盛会上，最受欢迎的当属光彩夺目、晶莹剔透的糖球了。而红色本就是大吉大利的象征，正月十五闹花灯，一串串红彤彤的糖球增添了节日的欢庆气氛，加之当地有出海前吃一串大红糖球以图吉利的风俗，故而糖球生意成为庙会的主角，老百姓便习惯称其为"海云庵糖球会"。

海云庵糖球会以糖球为主题，搭建起经贸活动和民俗文化交流的平台。来自各地的糖球厂家展示了丰富多彩的糖球制作技艺，各种特色糖球流光溢彩，成为主要看点。与此同时，其搭建起民间艺术的彩虹之桥，可视为全国各地非物质文化遗产的盛大荟萃，其中不仅有出自本地的柳腔、茂腔、民间杂耍、民间吹奏乐、木偶戏、胶州剪纸、平度草编、莱西刻葫芦等，也有诸多来自外地的精品，如全国三大木版年画（天津杨柳青、苏州桃花坞、潍坊杨家埠）悉数登场，惠山泥人、天津泥人张等各具异彩，而各地特色小吃更是令人回味无穷。多种主题展览与演出活动琳琅满目，如"中国民间工艺精品展""黄河流域民间艺术展""湖南民间美术品展""龙的图腾""世纪中国结""民间彩塑""民间工艺大师作品展暨民间工艺作品比赛"及"回家看看"全国京剧名家演唱会，"中国年画王"杨洛书、剪纸艺术家范祚信、刻纸艺术家张海全、泥塑老艺人程学义、彩绘泥塑大师胡梁、剪纸艺术家樊晓梅、"北京兔儿爷"双起翔、面塑艺术家

○ 海云庵糖球会场景一组

190

有这样一个传说，明成化元年（1465年）某日，四方村、湖岛村的几位老人同时在夜里梦见观音大士要来四方定居。翌日，西边的胶州湾果然漂来了一棵大树，其上竟有一尊铸铜观音像。看到这情景，村民们就推选长者恭敬地将观音像请下树，并派十几位青壮年到海边拖树，一开始倒是很顺利，但是拖到曾是大群鹤鸟栖息的地方，也就是现在的海云庵庙址时，却再也拖不动了。老人们就说道，可能是观音大士看中了这地方吧！于是，大伙就在此处用大树建庙，以供奉海上漂来的观音像。建成后，常有云一样的海雾飘荡在上空，颇有"海为龙世界，云是鹤家乡"之意蕴，缘此而得名"海云庵"，并以每年潮汐的第一个高潮日——农历正月十六为庙会。当其时，庵内香火鼎盛，庵前海云街及周边摊位云集、百货杂陈，赶庙会者扶老携幼、摩肩接踵、络绎于途，一派八方同乐的民生图景。

海云往事 海为龙世界，云是鹤家乡

海云庵旧影

李芳清、剪纸艺术家魏文娥等30余名全国工艺美术大师先后应邀到糖球会上进行展示活动。在保留传统的基础上，不断推陈出新，如青岛市糖球公主评选活动及汽车模特大赛等一批新颖、互动性强的文化活动令人耳目一新，海云庵糖球会的群众性、地域性、兼容性与多样化特征得到进一步凸显。

自1990年重新举办以来，经过了30余载春秋，如今海云庵糖球会业已成为青岛市区规模最大的民俗节庆活动，也是岛城人民及海内外游客参与度最高的民俗盛会之一。历史地看，海云庵糖球会历久弥新，成为500年来社会发展与文化演进的生动写照。

海云庵糖球会上的人物影像

191

天后宫新正民俗文化庙会

青岛湾畔的春节风情

Tianhou Palace Xinzheng Folk Culture Temple Fair
The New Year Customs by Qingdao Bay

○ 天后宫耍春图（青岛民俗博物馆藏）

新正往事

天后宫的耍春时光

潮起潮落间，天后宫庙会始于明，盛于清，民国绍其余绪。在胡存约写于1897年的《海云堂随记》中，有如下两条记载，其一为："每届新正，口上商民人等群集天后庙，焚香祝祷，年复一年，代代如此，已成积俗。自元旦至元宵，日日人群络绎，杂耍、小场、大书、兆姑（茂腔）、梆柳（柳腔）、秧歌、江湖把式，无所不有……"其二为："口上商家循例至天后庙上香，叩拜财神、天后、观音、吕祖诸神佛。此时庙中香火最盛，四乡村镇民妇人等，来者亦多。天后庙则设台耍景，或一台，间或二台……"据此可知，人们到天后宫赶庙会，一是上香，祭拜天后及诸神佛；二是看戏，多种民间戏曲和民间游艺活动开展得有声有色。旧时，谓之"耍春"。

追寻青岛前海老城区的历史渊源与民俗风情，当从天后宫开始。

明成化三年（1467年），随着青岛口（今称青岛湾）的日渐繁荣和鲁闽交通的广泛开展，源于福建的妈祖信仰传入青岛。当其时，青岛村胡姓族人捐地、本埠与福建船商共同捐资兴建天后宫，青岛因此而成为妈祖文化北传的重要一站。在青岛的历史演进过程中，这是一个重要节点，青岛口成为海上交通要津，天后宫成为南北文化交流秘府，亦成为民俗文化活动中心，相关场景可透过旧画《耍春图》有所察见。

○ 天后宫新正民俗文化庙会

天后宫与众不同，适应所在地的地理特点，解决空间狭小的局限，其山门直接建为戏楼，两者合二为一。戏楼既可向院内敞开，亦可向院外敞开，因而整个庭院乃至庙外街道俱可成为观戏的场所，就此形成一种密致而开放的空间逻辑。或许，这是中国距海最近的一座戏楼，青岛湾近在咫尺，潮起潮落间那绵绵不绝的海音成为最佳伴奏。戏楼建成后，自然成为岛上民间戏曲艺术的集萃地，天后宫有了更为明确、更为丰富的民俗文化内涵。缘此，一座明朝古庙的社会化意义得以凸显，为苍生保平安的妈祖精神亦得以更好地实现。

Chinesischer Tempel.

20世纪初的天后宫戏楼

越过500年风雨，天后宫重光。1999年，青岛市全面修复天后宫并将其设为民俗博物馆对外开放，2001年恢复新正庙会，定名为"天后宫新正民俗文化庙会"。所云"新正"者，乃新春正月之谓。新正庙会从除夕拉开序幕，以新春第一响钟声为标志，延及正月十五元宵节，是为新春正月青岛第一会。其中，最具标志性的是妈祖祭典和新年撞钟仪式，上第一炷香，撞第一响钟，这在许多人心目中已然成为一个充满神圣感、仪式感的行为，多少希望和梦想凝结于中。届时，连年举办新春对联竞猜和元宵灯会，另外还会举办民间戏曲、民间美术、民间体育、民间游戏展演等各种丰富多彩的民俗文化活动。如今，天后宫新正民俗文化庙会已连续举办了20多届，业已成为青岛市一个有特色、有内涵的品牌文化活动，深受广大市民和海内外游客的喜爱。

新年撞钟仪式（上左）
灯谜竞猜活动（上右）
民间戏曲展演（下左）
烙画艺人和观众互动（下右）

中国是渔业的故乡，其前缘肇始于炎黄时代的东夷部落。当其时，部落领袖郎君氏在胶州湾北部教人们结网造船，出海捕鱼，被尊为"渔祖"。后世渔民为纪念郎君，就把他教民造船捕鱼之地称为郎君港，并建起了郎君庙。清嘉庆年间（1796—1820年），阴岛（现红岛）韩氏家族将庙宇扩建并立渔祖神像，供族人祭祀，每年清明节前举行盛大的祭祀仪式，以表达对这位渔业始祖的崇敬，感恩大海赐予的福祉，祈祷海不扬波、鱼虾满仓。作为古代山东海盐的主要产地之一，红岛地区的居民们一直崇尚渔盐文化，至今仍有拜祭渔祖和盐宗的风俗。勘验风俗之心，内中浸润着深沉的民生光影，而每年清明节前一日开始举行祭祀活动和为期三天的庙会就是这深沉光影的激扬。岁月绵延，渔祖郎君庙庙会逐渐演变为当地最重要的民间祭典和商贸活动。

清明是人们祭祀祖先、寄托思念的传统节日。当其时，方圆几十里的人纷至沓来，焚香跪拜，祈祷渔祖保佑一年的平安幸福。香火旺盛，商客云集，小摊小贩、行医问药、占卜算命的应有尽有。各种渔具，造船的木材、铁锚，耕地的牲畜、农具及种子等等，交易十分活跃。粮食、果蔬、海产品及土产品等更是琳琅满目。另外，还有来自江浙的鱼篓、竹器，莱阳的叉、耙、扫帚，平度的风箱，崂山的山货，不一而足。伴着香火缭绕和阵阵烟花鞭炮声，熙熙攘攘的街旁，胶州茂腔、即墨柳腔、板凳戏等围栏设场，演出传统剧目。渔祖郎君庙会以祭祀渔祖郎君氏、祈求风调雨顺、海波不兴、渔业丰收为主题。祭奠仪式上，当地韩氏家族的族长或德高望重的老者担任主持和主祭，他们诵读祝文，带领民众一起开展行礼、敬酒、上香等仪式。

民国时期，渔祖郎君庙会一度昌盛，但由于抗战爆发而停止，后渔祖郎君庙倾圮。如今，在韩家村后人韩平德和全村人共同努力下，渔祖郎君庙在韩家民俗村重光，消失已久的渔祖郎君庙会又重新回到大众生活中。以"东夷渔祖郎君庙会"为主要依托的"郎君节"是中国首个以渔祖郎君命名的节日，获中国特色示范性渔业文化节庆称号。

○ 撒渔网

○ 东夷渔祖郎君庙会

玄阳观庙会

天地灵气
玄阳观与紫竹水的由来

古时传说，戴家山下有一位地主叫藏永昌，家有良田万亩，骡马无数，雇长工割草喂牲口。其中一个小伙计每天晚出早归，但割草数量多质量又好。藏永昌感到蹊跷，便派人盯梢。原来，小伙计每天都会到一个水潭后面去割草，翌日那里又会长出同样多的草。藏永昌觉得地底下一定埋有宝物，便带人去挖，结果只挖出一口破铁锅，便随手扔在墙根，用作喂狗盆。谁承想，放入破铁锅里的狗食却总也吃不完，丢入他物，竟也取之不尽。他不禁喜出望外，就将这口破铁锅供若神锅，很快聚起万贯家产。福祸相倚，神锅的事被县官得知，便令其交出。可藏永昌怎么舍得，就把神锅埋在戴家北山上，并栽上一棵竹子作为记号。他因抗上而被发配到云南，多年后归乡，再去找神锅时，漫山遍野早已长满了竹子，哪里还能找得到神锅呢？人们就把玄阳观建在竹林中，冀望这里的灵气会给他们带来富裕安康。得此竹缘，玄阳观庙会最有特色的一个环节是布施紫竹水。

玄阳观位于李沧区戴家北山，相传始建于东晋咸康三年（337年）。因周边长满竹林，又名竹子庵；另因起初所建石屋状如铃铛，而称铃铛石屋。院内，有树龄达1600年的银杏树。2006年修复，随后古老庙会重现。

玄阳观庙会于每年正月十五举行，主要包括斋醮科仪和民俗活动两大类内容。斋醮科仪分三个步骤进行，第一步为启坛：众道士入坛敬香，跪奏祝告，醮坛被幻化成瑶坛仙境，以分灯法点燃全坛之灯，击金玉之声，然后漱水，净洒坛场。第二步为请圣：奉安五方神圣、请圣、降圣。第三步为拜表：请三师降坛场，高功默念薰香咒，行祭礼于司表仙官，劳请仙官递表文于天庭。经封表、焚表环节后，高功步罡踏斗，以示元神飞升天庭，默念表文，禀告上苍，祷祝万福。做完了，便收敛元神，回归本位，众道士致谢众神并献上供品。仪式结束后，众道士就开始布施紫竹水，给前来上香还愿的人们喝，有驱病辟邪之意。民俗活动丰富多彩，有戏班子来唱大戏，有做小买卖的和玩杂耍的，周边村庄车水马龙，好不热闹。当天，家家户户亲朋满座，平日里所有误会和摩擦全然消解，一派其乐融融的氛围。古时，村民们用鸣放桐子枪的形式来欢度庙会，后来被震耳欲聋的鞭炮声所代替。夜晚的时候，一团团礼花腾空而起，绽放在空中，星空被映红了、映绿了、映紫了……人在其中，犹如置身仙境。

沙子口庙会

市级非物质文化遗产（崂山区）

从祭海仪式到海洋民俗盛会

莫非龙王的信使

鹁鸽于飞

明初，王、曲两姓搬来崂山姜哥庄定居。作为渔民，他们就在沙子口湾西侧，用石块堆砌成小神龛，祀龙王。后来，因连年丰收，大家便商量着给龙王爷盖一座像样的庙宇，就在神龛所在处挖地基。忽然飞来一对鹁鸽（野鸽子），在众人头顶盘旋了一会儿，一边叫着一边向海边飞去。见人们不理，就又飞回来，如此三番五次，大伙便注意了，想着：莫非这对鹁鸽是龙王爷派来的信使？遂决定把庙建在鹁鸽停留的海边。不久即建成沧海观（俗称海庙），奉祀龙王和三官大帝，由全真教华山派道士主持。清康熙十八年（1679年）重修，大梁雕有两条彩龙，每遇恶劣天气，神龙辄长吟。

沙子口庙会在沧海观举行，起源于明永乐二年（1404年），至今已有600余年历史。起初，庙会是当地人民祭祀龙王、祈求神灵保佑的海祭仪式，后来就逐渐演变为集祭祀、祈福、商贸、娱乐和旅游于一体的民俗文化盛会。

每年正月十三日为庙会日，举办龙王节。当天，四乡八疃的乡亲、天南地北的客人纷至沓来，人山人海，万民欢庆。其时，上百艘装扮一新的渔船排满沙子口湾，五颜六色的网标迎风飘扬，鞭炮如雷，号子震天，气势恢宏，场面震撼。庙会当天，最隆重的是祭海仪式，主祭人面对大海宣读祭文，千百渔民鞠躬行礼，随后将祭品撒向大海，以感谢大海的恩泽。上完香后，大家在海边放鞭炮，各种民俗表演纷纷登场，大戏开演，连唱三天三夜。民生古祥，周围村民都喜欢在这一天到姜哥庄一带走亲戚、逛庙会。

1998年，沧海观重建，庙会随之恢复。如今，古老的祭海活动被注入了新的时代内涵，祈福之际，更增添了保护海洋、人海共荣、建设生态文明和可持续发展的主题。从内容到形式，过去单纯的祭海仪式业已演变成欢送渔民出海、祈祷渔业丰收、共享太平盛世的海洋民俗盛典。

○ 沙子口沧海观（海庙）

○ 沙子口庙会

明初，曲氏始祖曲江从"小云南"迁来崂山姜哥庄定居。后来，其子曲万离开此地搬到石湾居住，将这片荆棘丛生、豺狼出没的荒地开发成宜居之所，渐形成村落。于是，村民便选址于黑尖山下的九条涧谷建起庙宇，主祀观音大士，故名大士寺。历史上，曾作为石佛寺之下院，许多外地云游僧欲到石佛寺修行，往往要先到大士寺挂单。群山环抱中的大士寺，自古即引人入胜，文人墨客和游客纷纷前来游览观光。明进士蓝田来游，赋诗曰："古庵正倚黑尖山，居民来就水甘泉。"庙前庙后有三棵银杏树，已成参天之势，见证着历史沧桑。2005年，大士寺重修，古老庙宇重光，成为崂山重要的佛教寺院和民俗文化集结地。

大士寺亦名大石寺、大士庵、石湾庙、石院庙，坐落于崂山区沙子口街道石湾村西北，黑尖山（子午山）南麓的山涧中，始建于明成化年间（1465—1487年）。

每年农历正月十四日为大士寺庙会日，逛庙会成为当地及周边区域人们广泛参与的一大乐事。是日，首先要举行礼佛仪式，祈求新的一年幸福美满、太平安康。庙会上，各种摊贩云集，有卖糖球的，有吹糖人的，有相面算卦的，有捏面人的，有卖皮老虎和小泥人的，有卖山货和日用小商品的。庙前搭有戏台，地方戏柳腔、高跷、秧歌及说唱大鼓书等轮番登场，各种民间杂耍亦纷纷亮相，都拿出看家本领来吸引观众，喝彩声此起彼伏，锣鼓鞭炮声不绝于耳。当天，石湾村家家亲朋满座，户户酒菜飘香，不亦乐乎。近年来，每逢庙会，石湾村的锣鼓队都会奏响《石湾春潮》《太平鼓》和《威风锣鼓》等曲目，而周边各村的舞蹈队、秧歌队也会热情表演助兴，喜欢跳广场舞的大妈们也都会装扮得花枝招展，翩翩起舞。与此同时，村里还会组织编排一些新节目，宣传党的富民政策和社会主义核心价值观。

○ 大士寺

○ 大士寺庙会

白云为家

菩提寺之缘起

灵珠山即小珠山，为近海名山，北麓有菩提寺（白云寺）。其为寺，始建于明永乐年间（1403—1424年），据传与名将阳武侯薛禄有关。薛禄的祖籍是距小珠山不远的薛家岛村，少时他曾被一位奇人收为徒弟，授以兵书。薛禄出师后屡建奇功，得到明成祖朱棣重用，授奉天靖难推诚宣力武臣，封阳武侯。随后薛禄便派人专程到小珠山寻找恩师，憾未果。他记得恩师自号白云老人，乃于其当年所居之处建庙，名白云寺，以感念恩师。当然，寺院所处峰谷间自有白云缭绕，故以"白云"为名，亦是自然而然的事。

灵珠山庙会亦称小珠山庙会，以菩提寺为中心展开。菩提寺为明朝古刹，距今已有600余年历史。建筑规模宏大，有山门、天王殿、大雄宝殿、藏经阁、观音殿、舍利塔、钟鼓楼等，建筑面积8000平方米，曾是江北最大的佛教寺院。建成后，春节到菩提寺及其对面石屋洞上香，渐成风俗。为上第一炷香，人们在除夕夜里就会排起长长的队伍，蜿蜒于庙前山中。人太多，排不上的，就索性到独垛子大油坊上香。数百年间，这一习俗在当地很风行。后来，就逐渐形成了庙会，成为大山里面的盛大节日。

近年来，灵珠山庙会恢复举办，在传承历史的基础上予以创新，使之兼具历史底蕴和时代内涵。庙会以"相约灵珠山水·品赏庙会民俗·传承非遗文化"为主题，旨在亲近自然、弘扬传统、共享风俗，使广大市民和海内外游客深切感受西海岸新区的太平盛世风貌，体验"养生福地灵珠山"的独特魅力。庙会设置了多个主题版块，其中包括：纪念佛祖诞辰、体会佛教文化的"菩提寺版块"，弘扬传统文化的"非遗传承版块"和"民俗嘉年华版块"，贴近百姓生活的"旧时光版块"和"健康养生版块"，突出灵珠山街道内涵的"社区特色版块"，展现灵珠山旅游魅力的"珠山景区版块"和"动物世界版块"。再者，还根据十二生肖组织特殊版块，如羊年的"羊人表演版块"、猴年的"西游师徒巡游版块"。另外，还举办了"国学文化传承周"活动。

○ 灵珠山庙会场景

泊里大集为青岛地区著名集市之一，每逢农历四、九日举办，每年农历十月二十四日是山集，也是其一年当中规模最大的集市。

据清道光抄本《程氏谱书》载，明洪武二年（1369年），程氏六公由安徽徽州迁至此地立村，因地势低洼有水泊，故名程家泊，后他姓增多，改称泊里。清中期设集，距今已历300年光阴，是西海岸新区尚存的最古老、规模最大的集市之一。

泊里镇为古藏马县城所在地，处南北交通要道，周边村落众多，因而成为重要的农产品集散地。每逢大集日，八方商客云集于此，不仅本地，周边日照、诸城等地的商贩也会远道赶来，场面十分热闹。计划经济时期，农村物资供应由供销社统一支配，生活必需品如布、油、面都得凭票购买，乡村自由贸易受到管控。当地居民想调剂一下生活，只有等到农历十月二十四这天的大集。当其时，一年的农忙已经结束，公社会给村民们放假一天，村民们就把收获的农产品拿到集上换钱，以备置办年货用。久而久之，这天也就成了放假出山的"放山日"，亦称为"泊里山集"。人们在山集头天半夜就会整备好待出售的商品，不待天亮，就全家总动员，肩挑背扛，赶着驴车，推着小车，三五成群，一路欢笑地赶往集市。这一天，成为大人小孩最盼望的充满希望的一天，他们期待着用一年的劳动成果卖出个好价钱，换来自己心爱的日用品。

大集包罗万象，有布市、鞋袜市、玩具市、书画市、杂货市、食品市、肉市、蔬菜市、海鲜市、干货市、五金市、农具市、木材市等等。当地人过年有铺"泊里红席"的风俗，讲究红火喜庆，所以红席成为必办的年货之一，泊里大集专门设有红席市场。2001年，大集由原来的中心街搬迁至胶南二中河以西，集市面积扩大到五万平方米。目前，泊里大集已发展成为集日用百货、五金建材、花鸟书画等为一体的大规模综合性集市。

对于孩子们来说，这里是认识世界的一扇窗口，看到的事物是新奇的光景；而对于老人们来说，这是回忆人生的一面镜子，看到的所有光景都是亲切的影子。

○ 在大集上看世界的孩子

○ 在大集上看戏的老人

○ 泊里大集

胶南泊里大集

Jiaonan Poli Fair
People's Livelihood Fair in the Center of Ancient Zangma County

古藏马县中心地带的民生大集

市级非物质文化遗产（李沧区）

李村大集 另一种风格的『清明上河图』

Licun Fair
Another Style of "Riverside Scene at Qingming Festival"

李村大集提供了一个深邃景深，透射出今古之变的光影。明初，大量移民自"小云南"迁来，在李村河两岸立村，那时即有了市集的萌芽，万历年间（1573—1620年）已形成规模。岁月绵延数百年，至20世纪中叶，李村大集已跻身山东省四大乡村集市之一，闻名遐迩。100多年来，李村大集都是青岛城乡农副产品和日常百货的重要集散地。

因李村河有着相对开阔的河滩，集市得以沿河滩展布开来，绵延数百米，其中有粮食市、布匹市、杂货市、猪市、鱼肉市、条货市、灯笼市、鸟市以及花市等等，林林总总，多姿多彩，热闹非凡。农历逢二逢

○ 20世纪初的李村大集（上）
○ 20世纪末的李村大集（下）

七为集日，全年共72个集日，尤其是春节前的年集更加热闹，成为青岛地区民众置办年货的重要市场，布料、服装、窗花、对联、花鸟、各色食品等，五花八门，琳琅满目，人山人海，摩肩接踵，川流不息，一派喜气洋洋的景象。逛李村大集久已成为当地百姓过年不可或缺的组成部分，浓浓的民俗年味洋溢在空气中。

在物资相对匮乏的时期，李村大集充分发挥了自由贸易的优势，对社会商品流通起到了重要的补充作用。在那个年代，如果你有在市场上买不到的特殊用品，别人会建议你去李村大集上找找看，十有八九你会在那里有所收获。1978年改革开放后，李村大集重现生机。随着农村体制改革，农产品日益丰富起来，城乡人民的生活水平不断提高，李村大集进入了繁盛时期。人们赶集，不再为了温饱，而更注重生活享受，对集市商品的需求结构也发生了变化。20世纪90年代以来，经多次改造，河边摊点已迁入岸上室内经营，李村大集已成为常年经营的综合性市场，范围包括李村河底及两岸，东至东李村，西至杨哥庄，南北近百米，东西绵延3000米。自东向西，东李段为汽车摩托车交易市，可容纳2000余车辆。东北庄段主要是服装市、鞋帽市、旧货市，摊位约600个。河北段为固定市，主要经营蔬菜、海鲜、粮食、肉类产品，摊位400余个。杨哥庄段主要有花鸟市、农产品市、木材市、日用品市、自行车市等，摊位达千余个。

历史地看，李村大集呈现了原生态传统民生风貌，是一幅地地道道的城乡市井生活画卷。有人气才会有商机，李村大集带动了李村现代商业的萌动、发展与裂变，李村大集的最大优势就是民俗传统形成的人脉资源和消费习惯。保护李村大集，一方面可以使这种延续数百年的民俗传统继承流传下去，另一方面对推动李沧商圈的发展、活跃居民的文化生活都具有重要意义。李村大集的民俗价值就在于它已经远远超出了经济交往范畴，而有了社会生活更为广泛、深刻的内涵，它成为集中展现最普通民生的途径，可以说是青岛百姓的民俗盛会，是现代版的"清明上河图"。

劈柴院市井民俗

青岛开埠后的市井风俗写照

Pichaiyuan Folk Custom
A Portrayal of the Custom after the Opening of Qingdao

近代开埠以来，坐落于大鲍岛的劈柴院成为青岛市井商贸与民生风俗的写照。

1897年德国占领胶澳后，德国殖民当局实行"华洋隔离"政策，以当时的霍恩洛厄路（今德县路）为界将主城区划为南、北两部分，以南为欧人区，以北为华人区，规划建设中国城，所在地即明朝古村落大鲍岛村。而劈柴院，即处于大鲍岛的中心地带。早先，这地方为劈柴市，后逐渐发展出多种业态，成为各类生意人、艺人、工匠等的聚集场所。1901年，华商领袖胡存约与平度商人官某合作在大鲍岛山东街（今中山路北段）的西侧购地建房，翌年建成沿街围合的里院，称劈柴院，其内呈"人"字形蜿蜒的街巷名"江宁路"。

建成后，沿街陆续开设商店、饭馆、酒肆，聚集了大量杂耍卖艺以及唱鼓说书者，成为民众消遣娱乐、采买日常物品的场所。据1933年出版的《青岛指南》记载，当时劈柴院内有知名中餐馆瀛海居、三盛公、增盛楼、增源楼、增福楼、同顺楼、三福楼等，有知名点心店义友斋等。1936年以后，院内又增添了福兴楼、新美斋、元惠堂、异美斋、新顺馆、义盛楼、天兴楼和协聚福等中餐馆。除此之外，劈柴院内沿街还开起了不少小饭铺、小酒馆以及花样繁多的民俗小吃滩儿。就此，劈柴院已然成为岛上民间商贸、餐饮和各种娱乐业态最为集中的场所，呈现出五方杂处、南北交会、华洋混合之状，各种小型茶馆、酒肆、饭铺、货栈、书坊及土产摊等罗列其间，伴之以戏曲、相声、评书、琴书、大鼓乃至电影等娱乐形式，纷纭杂陈之间展开了一面市井生活之镜，光影变幻之中照出了世情百态。

要之，100多年以来，作为大鲍岛记忆的一个重要凝结点，作为中山路街区历史文化的一个基本组成部分，作为青岛老城区民生风情的一个丰富集结地，劈柴院充满怀旧感，其延续和更新耐人寻味。它浓缩百年市井风俗事象，对于近代以来城市的原生态民生景观及相关商贸文化嬗变轨迹具有独特的融合力与见证力。

○ 夏夜灯影里的劈柴院（上）
○ 漫过劈柴院的怀旧时光（下）